KB165068

문예신서
315

중세의 기사들

그 영광과 쇠락

에마뉘엘 부라생

임호경 옮김

東 文 選

중세의 기사들

Emmanuel Bourassin

Les Chevaliers
splendeur et crépuscule

© Editions Tallandier, 1995

차 례

"12세기 초반, 신성한 문장(紋章)들로 치장한 기사들은 스스로 두 개의 과업을 부여하고 있었다. 이는 성군 루이왕이 그 누구보다도 이루려 애썼던 '청렴인(淸廉人)'의 과업인데, 그 첫째는 교회와 가난한 이들을 지키는 것이며, 둘째는 그리스도의 적들을 물리치는 것, 즉 하나님의 평화가 이 땅에 임하도록 하는 것이었다."(조르주 뒤비, 《기사도 사회》)

"오직 욕망만이, 그 어떤 다른 재산도 아닌 오직 욕망만이 나를 가득 채워 주기를."(15세기 부르고뉴 공작 선공 필리프의 궁전의 기사, 테르낭 경의 가문 명구(銘句))

"환희 이외의 다른 보물은 없다."(15세기 브르타뉴 공작인 프랑수아 2세의 가문 명구)

머리말

연대상으로 보면 제4차 십자군 전쟁과 제5차 십자군 전쟁 사이에 일어난 부빈 전투(1214년 7월 27일)는 무엇보다도 기사들의 전투였다. 이 전투중에 프랑스 자유 도시의 민병들 역시 모종의 역할을 담당한 것이 사실이고(낭만주의 역사가들은 이 역할을 과장하고 있다), 또 말에서 떨어진 존엄왕 필리프가 브라반트 용병의 칼에 목숨을 잃을 뻔한 창피스런 일화가 있기도 했지만, 이 전투에서 '8월 왕'이 승리를 쟁취할 수 있었던 것은 결국 그가 거느린 철갑 기사들 덕분이었다. 승리한 기사들은 특히 많은 포로들을 잡으려 애썼다. 그들은 플랑드르의 페르난두 백작, 불로뉴의 르노 백작을 사로잡았고, 신성 로마 제국의 오토 황제도 생포할 뻔했다. 이들보다 지체가 낮은 무후(武候)들인 남작들 역시 포로가 되었지만 이들은 몸값을 지불하고 석방되었다. 이 몸값이야말로 중세 초기 전쟁들을 좌우한 키워드라 할만 했다. 부자가 되느냐, 아니면 파산을 하느냐, 그것은 포로로 잡은 인물들이 어떠한가에 달려 있었다.

하지만 보병들 역시 하나의 음험한 무기를 지니고 있었으니, 그것은 바로 석궁이었다. 처음에 교황과 종교회의는 잔인하게도 이 무기를 같은 기독교도들에게 사용한 자들을 파문하였다(하지만 이교도에 대한 사용은 허용되었다. 이교도들에게는 모든 것이 합법적이었던 것이다). '카로'(carreaux; 프랑스어로 '작은 정사각형'을 의미하는 단어로 여기서는 석궁의 활촉 모양을 암시하고 있다)라고 불리는 석궁의 큼직한 활촉은 가장 견고한 사슬갑옷, 즉 '트레슬리' 사슬갑옷마저 꿰뚫어 버리지 않는가? 하지만 존엄왕 필리프와 사자심왕 리처드는 임의로 이 용병대 가운데 석궁수들을 포함시켰다. 그리고 나서 이것은 모든 군대의 관습으로 정착되었고, 이렇게 하여 로마의 금지령은 잊혀져 버렸다.

하지만 가문에 대한 긍지와 자신의 권리에 대한 확신으로 가득 차 있는 기사는 아직 전장의 주인은 바로 자신이라고 느꼈다. 훌륭한 군마 한 마리만 있으면 그는 곧 세계의 주인인 것이다! 이것은 파르티아 중기병대가 그때까지 불패를 자랑하던 로마 군단을 궤멸시킨 이후 항상 그래 온 사실이었다.

13세기 유럽의 기사들 세력은 그 절정에 달해 있었다. 그 전 세기에 교회는 기사들을 약간 더 부드럽게 만드는 데 기여했었다. 여성적 우아함이 기사도에 도입되었던 것이다. 이제 철갑 기병은 더 이상 그의 군주만을 위해서가 아니라 '하나님과 귀부인들,' 그리고 과부와 고아의 보호를 위해서도 싸우게 되었다. 그러나 이 찬란한 이상을 이루는 데 있어서 기사들은 수많은 실패를 겪는다. 하지만 이 이상은 위대한 왕이기도 했던 한 명의 성인을 통해 실현되었으니 그가 바로 루이 9세, 그의 후손들과 그가 너무도 사랑했던 이 땅 위에 아직도 수호의 그림자를 드리우고 있는 성군 루이 9세였던 것이다.

1

코르트레이크의 해자

(1302년 7월 11일)

그들은 모두 다——혹은 거의 모두가——거기 모여 있었다. 프랑스의 모든 지체 높은 제후들…… 지극히 오연(傲然)한 용모의 아르투아 백작 로베르, 프랑스 대원수 라우 드 넬, 대법관 피에르 플로트, 자크 드 샤티용, '단려왕'이라는 별칭의 필리프 4세와 브라방 공작을 대리하는 플랑드르 총독 생폴 백작, 위·불로뉴·오말·다마르뗑·수아송·탕카르빌 등지에서 온 백작들, 그리고 기타 수많은 인물들, 아르투아·노르망디·플랑드르·피카르디의 각처에서 온 사람들…… 머리에는 투구를 쓰고, 손아귀에는 창을 불끈 쥐고, 그리고 몸은 견고한 사슬갑옷으로 휘감고 있는 이들은 황금과 비로도천으로 장식된 갑주로 휘감은 멋진 전마(戰馬)들을 올라타고 있었다. 이들이 말을 달림에 따라 제후들의 방패와 전마들의 마의(馬衣) 위에 새겨진 전설의 짐승들 역시 힘차게 같이 뛰는 듯했다. 뛰어가는 형상의 사자들, 날개를 활짝 편 독수리들, 그리고 포복하고 나아가는 모습의 표범들…….

오만한 귀족들은 자유 도시들에서 온 민병들과 이번 정벌전을 위해 특별히 고용된 제노바의 석궁수들 등, 군의 전위대를 이루고 있는 경멸스런 보병들에게는 거의 눈길조차 던지지 않았다. 마치 멍청한 짐승 무리같이 그들 앞에서 헐떡대며 구보하고 있는 이 자들이 도대체 무엇을 할 수 있단 말인가? 그들의 공정한 군주 필리프 4세에 맞서 감히 반란의 깃발을 쳐든 이 고약한 플랑드르 사람들을 다시 한번 징벌할 것은 바로 그들, 지난번 퓌르네스 전투의 승리자였던 프랑스 기사들이었다. 준엄한 대법관 피에르 플로트는 이들에게 엄중한 판결을 내리기 위하여 무장한 채 그들과 동행하고 있었다. 군대의 종졸들이 운송하고 있는 통 속에는 반란자들의 교수형에 사용될 밧줄이 가득 담겨 있었다. 플랑드르 여인들에게 호사스런 접대를 받아 오히려 그녀들에게 고약한 시샘을 품게 된 ("여기엔 왕비들밖에는 없는 모양이군!" 하고 그녀는 분해서 소리를 질렀다고 한다) 프랑스 왕비 잔 드 나바르는 전장으로 떠나는 제후들에게 다음과 같은 잔혹한 권고를 내렸다. "귀공들이 플랑드르의 돼지들을 잡을 때, 그들의 암돼지들 역시 남겨두지 마시오!"

프랑스군을 맞서고 있는 적군은 전혀 다른 모습을 하고 있었다. 어렸을 때부터 전투를 위해 길러지고, 무수한 전쟁으로 인해 잔뼈가 굵어진 이 프랑스 기사들과 맞서 싸운다는 것은 정말로 끔찍한 일이었다. 하지만 코르트레이크·브뤼게, 그리고 웨스트플랑드르의 직조인들은 승리하든지, 아니면 죽든지 둘 중의 하나를 택하겠다는 굳은 결의에 차 있었다. 그들의 좌우명은 "나의 친구, 그리고 나의 방패"였다. 그들은 '구텐탁' (안녕하세요!)이라는 명칭의 무기의 자루를 손 안에 굳게 쥐고 있었다. 이것은 날카로운 날이 박힌 일종의 몽둥이였는데, 이것으로 전마의 발목들을 싹둑 잘라 버릴 수 있을 것이었다. 이들을 이끌고 있는 것은 당시 프랑스 왕의 포로로 잡혀 있는 백작의 아들인 기 드 나뮈르와 손자인 미남 청년 기욤 드 쥘리에였다. 또 직조공 동업조합이나 정육인 동업조합 같은 각종 동업조합의 우두머리들도 이 플랑드르 자유 도시 민병들을 이끌고 있었다. 직조공들 우두머리의 이름은 피터 코닝크였다. 그는 가난했으나 긍지가 높았고 특히 뛰어난 능변가였다. 전투가 시작되기 전에 플랑드르의 영주들은 부르주아와 동업조합의 우두머리 40인과 함께 그에게 기사 작위를 수여하였다. 그리고 나뮈르·랭부르·브라방, 그리고 라인 등지에서 철갑 기병들을 이끌고 달려온 귀족들은 그들이 타고 온 말들을 후위로 보내 버리고, 전위의 자유 도시 민병들과 나란히 섰다. 그렇게 그들은 서로 어깨를 나란히 하고 싸웠다. 사람들은 이때 플랑드르인들의 수가 2만에 달했다고 말한다. 하지만 꾸며대기를 잘하는 연대기 작가들은 분명히 숫자를 부풀렸을 것이다. 완티 장군은 약 7,8천 명으로 추산하고 있다. 그앞에 있는 프랑스 왕의 군대는 엄청났다. 종복들과 보병들을 제외하고 기사의 숫자만도 1천5백이었다.

왜 프랑스 왕의 군대와 플랑드르 자유 도시들은 이렇게 싸우려 했는가? 지금 그들이 벌이려고 하는 무자비한 전투의 동기는 무엇이었는가? 사실 '단려왕 필리프'는 긴 재위 기간중 오랫동안 그를 골치 아프게 만든 해결하기 어려운 일을 두 가지 가지고 있었다. 1294년부터 성 베드로의 옥좌(바티칸의 옥좌를 의미)를 차지하고 있던 이는, 로마의 가장 유력한 가문 중의 하나인 카에타니가의 소생, 오만하기 그지 없는 교황 보니파키우스 8세였다. 2세기가 넘는 세월 동안 온갖 스캔들과 참혹한 사건들로 전 유럽을 떠들썩하게 했던 성직계와 제국 사이의 권력 투쟁 끝에 결국 승리한 것은 교황청이었다. 보니파키우스 8세는 이전에 그레고리우스 7세와 이노켄티우스 3세가 품었던 세계왕국이라는 원대한 꿈을 다시 꾸고 있었다. 그가 원했던 것은 기독교권 세계 전체에 교회의 보호 아래 '로마의 평화'를 이룩하는 것이었다. "모든 것이 교황으로부터 나오고, 모든 것이 교황으로 돌아간다." 그레고리우스 7세는 성 베드로 대성당 발코니에서 그 유명한 《그레고리우스 개혁)을 공포할 때 이렇게 선언했다.

1297년부터 로마와 파리 간의 갈등의 골은 점점 더 깊어 가고 있었다. 이런 상태는 잠시 동안 수그러드는 듯하더니 다시 격렬하게 재발되어 이번에는 인정사정 없는 싸움으로 변했다. 1301년 단려왕 필리프는 배신죄의 명목으로 한 주교를 체포했다. 교황은 그를 풀어 주라고 요구하면서 마치 말 안 듣는 어린아이에게 하듯 프랑스 왕을 꾸짖었다. 그는 다음과 같은 서신을 보냈다. "나의 아들이여, 아버지 말을 잘 들으라. 그대 위에 더 높은 사람이 없다고 생각하는가? 또한 그대가 교권의 위계 질서에 복종할 의무를 갖고 있지 않다고 생각지 마라." 이런 식으로 교황의 칙서는 시작되고 있었고, 필리프왕은 이것을 자신에 대한 극도의 모욕으로 여겼다.

자신을 보좌해 주는 법관 피에르 플로트, 그리고 기욤 드 노가레 등 우리가 나중에 그 혹독한 인물됨을 언급하게 될 이 '국왕의 기사들'이라는 든든한 신하들의 지지에 힘을 얻은 필리프 4세는 정직하다기보다는 능란한 하나의 방법을 사용하게 된다. 그는 교황의 칙서를 위조하여 거기에 프랑스 국왕에 대한 심한 모욕의 내용을 집어넣었다. 그리고 1302년 4월 10일, 파리의 노트르담 성당에 귀족·성직자·평민들을 소집했다. 여기서 국민의 대표자들은 '왕국의 자유와 교회의 자유'를 지키겠노라고 열정적으로 맹세했다.

그러나 필리프왕의 살 속에는 또 하나의 괴로운 가시가 박혀 있었으니, 그것은 플랑드르인들의 반란이었다. 호전적인 플랑드르 민족과 영국 사이에는 전통적으로 동맹 관계가 존재해 왔고, 플랑드르 백작 기 드 당피에르는 영국 왕 에드워드 1세와 다시 동맹 관계를 맺었다. 이것은 우선 미슐레의 표현에 따르면 '플랑드르의 직조인'에게 양을 파는 '영국 푸주한'의 동맹, 즉 경제적 동맹이었다. 또 이것은 공격적인 동맹이기도 했다. 이 두 동맹자는 서로 군사 원조를 지원하기로 되어 있었다. 1294년 9월 28일 단려왕 필리프는 플랑드르 백작에게 파리에 와서 해명하라고 명했다. 기 드 당피에르가 그의 면전에 섰을 때 왕은 그의 '불충'을 꾸짖었다. 필리프 4세는 이 거물급 봉신에게 딸을 인질로 내놓으라고 명령했다. 소녀를 자신의 궁전에서 양육하겠다는 것이었다. 플랑드르 백작은 명령에 따를 수밖에 없었지만 속은 분노로 들끓어 올랐다. 그리고 후에 그는 복수하게 될 것이었다. 전쟁이 일어났고, 영국과 플랑드르의 동맹군은 승리와 패배를 반복했다.

결국 당대의 지장으로 명성이 높던 프랑스군의 아르투아 백작 로베르 2세는 1297년 1월 30일에 영국군을 보네타블에서, 그리고 뒤이어 8월 20일에는 플랑드르군을 퓌르네스에서 격파했다. 정말이지 당시 프랑스 기병대는 무적이었던 것이다! 늙은 기 드 당피에르 백작은 두 아들과 함께 파리에 와서 '단려왕 필리프'에게 자비를 베갈 것을 애원했다. 필리프왕은 이 세 명을 각각 다른 성 안, 험한 감옥 속에 감금했다.

"아르투아 백작 로베르의 무공(武功)은 플랑드르와 아키텐을 필리프왕의 수중에 들어가게 했다"고 프란츠 풍크 브렌타노는 기술하고 있다. 필리프 4세는 플랑드르의 총독으로 생폴 백작 자크 드 샤티용을 임명했고, 그는 '릴라어르트'(백합의 무리들, 즉 프랑스를 지지하는 현지인)들을 기반으로 나라를 다스렸다.

플랑드르의 평민들은 처음에는 그들의 백작(사실 그들은 백작을 몹시 싫어했다)과 '착취자' 유력 가문들에 대해 반감을 느끼고 있었기 때문에 프랑스인들에 대해서는 호의적인 태도를 보였다. 그러나 점차로 점령군들에게서 등을 돌리고, 기 드 당피에르의 막내아들 기 드 나뮈르와 그의 손자 미남 청년 기욤 드 쥘리에, 그리고 대중의 존경을 받는 인물인 평민관 피터 코닝크에게 희망을 걸게 되었다.

그리고 1302년 5월 18일 마침내 '브뤼게 새벽 기도' 사건이 일어났던 것이다! 동이 터 오를 무렵, 프랑스 주둔군 병사들은 미처 전투 대형을 갖추기도 전에 참혹하게 목이 잘려 나갔다. 샤티용 총독은 소요자들이 엄청난 노략품에 정신이 팔려 있는 틈을 타서 간신히 도망칠 수 있었다. 브뤼게 사람들은 자기네끼리의 식별을 위한 신호로 "방패와 친구!"라고 외치고 다녔다. 이 말을 제대로 발음하지 못하는 패잔병은 모두 반란군의 칼 아래 쓰러져 갔다.

카페 왕조의 두려운 군주, 필리프왕에게 승리하기 위해 플랑드르라는 벌집이 터지기만을 은근히 기대하고 있던 교황 보니파키우스는 크게 환성을 질렀고, 반면 파리는 경악과 분노로 들끓어 올랐다. 필리프왕은 여전히 냉정을 잃지는 않았다. 하지만 창백해진 낯빛에 이를 악물고 죽은 기사들의 원수를 자기 손으로 꼭 갚아 주겠노라고 중얼거렸다. 그는 생드니의 깃발을 높이 올린 후 전 병력을 소집하여 전군 통수권을 퓌르네스의 승리자였던 아르투아 백작 로베르와 국왕의 충직한 참모인 넬 대원수에게 맡겼다. "플랑드르의 방자한 사자여, 너의 발톱을 모두 뽑아 버리리라!" 이렇게 7월은 거센 불길로 타오르고 있었다. 천지를 짓누르는 무더위 속에서, 이렇게 당시 가장 드높은 위명을 떨치던 프랑스 기사들은 그들 앞에 잔혹한 운명이 기다리고 있는 줄도 모르는 채 힘차게 말을 달려 전진하고 있었다.

*

전투가 곧 시작되려 하고 있었다. 플랑드르인들은 전투 전에 성체 배령을 받기 원했다. 성체는 모든 전사들에게 돌아가기에 양이 충분치 않았으므로 어떤 이들은 신부들이 미리 축사한 조그만 흙덩어리들로 성체 배령을 받는 수밖에 없었다. 성체 배령을 마친 후 그들은 결연한 표정으로 전단형을 갖추고 그들의 무기 구텐탁을 적군을 향해 겨누었다. 그들은 백작의 아드님과 손자가 친히 자신들과 함께 걷는 것을 보고 한없는 긍지를 느꼈다. 프랑스군 보병은 지체없이 밀집 대형을 이루어 노도와 같이 짓쳐들어오기 시작했고, 이것을 본 각자는 자신의 영혼을 신에게 맡기고 다가오는 적을 기다렸다. 신이여, 우리를 도우소서!

플랑드르인들과 프랑스 보병들은 얼마간 교전을 벌였다. 하지만 어느 쪽도 쉽사리 우위를 점하지 못하였다. 벌써 사상자들의 몸이 대지 위에 흩어져 있었다. 필리프왕의 제후들은 안달이 나 있었다. 가장 신분이 높은 귀족이라면 누구나 첫 전투에 참가하고 싶어했으며, 적군과 직접 충돌하는 전위대에 서고자 했다(이는 당시 귀족들의 관습이었다). 가장 신분이 낮은 귀족들, 그리고 마부들은 후위를 이루고 있었다. 그리고 그들은 이 사실에 대해 거의 어떤 수치심 같은 것을 느끼고 있었다. "우리에겐 칼 한번 휘두를 기회도 남겨지지 않을 것이다. 다른 사람들이 적군을 다 죽여 버릴 것이다!"고 그들은 원통해 했다.

넬 대원수와 아르투아 백작은 신경이 날카로워져 서로 언쟁을 벌이고 있었다. 국왕이 부재하는 상황에서는, 원칙적으로는 군의 전체 통수권은 대원수가 갖게 되어 있었다. 그러나 (이것은 치명적인 일이었다) 제후들은 언제나 그렇듯이 대원수의 권한들에 대해 이의를 제기했다. 그들은 걸핏하면 따지고 들었고 귀에 거슬리는 말들을 내뱉었다. 분별력 있는 대원수는 코르트레이크로 향하는 길을 차단시켜 플랑드르군을 고립시키자고 제의했다. 하지만 로베르 백작은 쏘아붙였다. "당신은 이 토끼들이 무서운 것이오, 아니면 그들의 털이 무서운 것이오?"

(로베르 드 넬은 플랑드르 백작의 사위였다.) 그러자 모욕을 받아 낯빛이 창백하게 된 대원수는 큰 소리로 대답했다. "로베르 경, 당신은 내가 가는 방향으로 같이 가고 싶소? 그렇다면 앞으로 똑바로 전진하시오!" 그는 프랑스 보병에게 대형을 갖추라고 명한 다음 지형을 자세히 조사하지도 않고 기병대 전체를 이끌고 미친 듯 앞으로 돌격했다. 휘두르는 무기들은 윙윙거렸고, 전마들은 그 위에 올라탄 기사들이 찍어대는 박차질에 고통으로 울부짖었다.

그런데 이때 기사들이 보지 못한 것이 하나 있었다. 그것은 그들과 적군 사이에 폭이 약 5발[1발은 두 팔을 펼친 정도의 길이] 정도 되며, 바닥은 반월형으로 파인 해자가 있었다는 사실이었다. 이 해자는 사전에 플랑드르인들이 그 위에 망과 풀 따위를 덮어 은폐시켜 놓았으며, 그 바닥에는 뾰족한 말뚝들이 잔뜩 박혀 있었다. 아무것도 모르는 프랑스 기사들은 그 위를 달렸고, 결국 참혹한 일이 일어났다. 말들이 혼비백산한 주인들과 함께 이 구덩이 속으로 굴러 떨어진 것이다. 이 혼란의 와중으로부터 간신히 벗어난 자들 앞에는 플랑드르인들이 기다리고 있었다. 기사들은 자신들을 인질로 잡아서 몸값을 받고 귀환시켜 달라고 애걸했다. 하지만 플랑드르인들은 조금도 귀기울이지 않았다. 구텐탁들이 공중에 날았고, 플랑드르인들은 그들의 끔찍한 작업을 시작했다. "쳐라! 죽여라! 숨통을 끊어 버려라!" 이렇게 그곳에서 대원수·대법관·브라방 공작·아르투아 백작 로베르를 위시하여 위·오말·다마르탱·비엔·플룅·드뢰, 그리고 탕카르빌 등 각처에서 온 백작들이 목숨을 잃었다. 부상자들은 납 망치들과 농부들의 투박한 무기들로 쳐죽였다. 이르는 말로는 이 플랑드르 전사들 가운데는 수도승들도 끼어 있었는데, 이들은 살인을 금지하는 교회법에도 불구하고 다른 이들과 함께 작업을 훌륭하게 치러냈다고 한다. 약 7백에서 4천 개에 달하는 (이것의 정확한 숫자에 대해서는 학자들의 의견이 일치하지 않는다) 몰사한 기사들의 황금 박차들, 이 핏물에 젖어 번쩍이는 선리품들이 코르트레이크 교회당의 벽들을 장식했다고 한다. 겁에 질린 후위는 발을 돌렸다. 한편 자유도시의 민병들은 놀란 참새떼들같이 사방으로 흩어져 버렸다. 그들은 그렇게 달리고 달려서 투르네까지 도망쳐 갔다.

그토록 찬연한 명성의 프랑스 기사대가 당한 피로 얼룩진 패배로 인해 교황은 기뻐 날뛰었으나 기독교 세계의 모든 귀족들은 경악을 금치 못하였다. 도대체 무슨 일이 일어난 것이란 말인가? 직조공들 · 축융공들 · 양말 제조인들, 이런 자들이 드높은 혈통의 기사들을, 그것도 평원에서 격파하는 것이 과연 가능하단 말인가? 어찌 이런 순리에 어긋나는 일이 일어날 수 있단 말인가? 하나님은 당신의 용맹한 기사들을 더 이상 사랑하지 않으신단 말인가? 그들이 그 어떤 흉측한 죄를 지었기에 하나님은 이런 가혹한 징벌을 내리신단 말인가? 이때까지 신분의 명예에, 또 전리품 획득에 민감했던 기사들은 패자들의 목숨을 살려 주었었다. (그들을 극도로 미워하는 경우가 아니라면) 포로들의 몸값은 기사들의 가장 중요한 재원의 하나가 아니었던가? 그런데 이 치사한 플랑드르놈들은 최소한의 게임의 규칙도 지키지 않았던 것이다!

하지만 이 사건이 일어나기 전 봉건 시대의 기사들에게는 이미 경고가 주어진 바 있었다. 1298년 폴커크에서 '롱바우(long bow; 주목나무로 만든 약 2미터에 달하는 대궁)로 무장한 웨일스의 '바우맨(bow-men; 궁수)' 들은 윌리엄 월리스가 이끄는 스코틀랜드 기사들을 물리치고 그들의 군주인 영국의 에드워드 1세에게 완벽한 승리를 안겨 주었던 일이 있었던 것이다. 하지만 이 전투는 당시로서는 하나의 예외적인 사건에 불과했을 뿐이었다고 에밀 완티 장군은 쓰고 있다.

'단려왕 필리프'는 물론 속이 뒤집혔겠지만, 이 끔직한 소식을 전해 들었을 때에도 그의 돌로 빚은 듯한 얼굴 표정은 털끝만큼도 움직이지 않았다. 소식에 접하자마자 그는 곧바로 이 상황 변화에 어떻게 대처해야 할까만을 생각하고 있었던 것이다. 교황 보니파키우스 8세는 이 기회를 놓치지 않을 것이기 때문이었다. 로마의 오르시니 가문, 케타니 가문 일족은 크게 기뻐했다. 반면 프랑스 국왕에 충성을 바치던 콜로나 가문은 비통한 감정을 숨기지 않았다.

아마도 필리프 4세는 교황과의 타협을 생각했을 것이다. 하지만 기욤 드 노가레의 설득으로 그렇게 하지 않았다. 대신 국왕 법률 고문 노가레는 보니파키우스 교황에 대한 기소장을 작성하였고, 이를 통해 교황이 가증스런 범죄들을 범했다고 비난했다. 그리고 '교회의 이름으로' 그를 체포하고, 전체 종교회의를 통해 심판하겠노라고 으름장을 놓았다. 1303년 6월 14일, 왕궁의 정원에 모인 군중들 앞에서 로마 교황에 대한 고소문이 낭독되었다. 군중들은 필리프왕의 이름을 연호했다. 사실 그때까지 필리프는 그다지 인기가 없었던 왕이었다. 세금을 엄청나게 거두는 군주였기 때문이다…….

1303년 8월 15일, 보니파키우스는 차갑게 응수한다. 이제 프랑스인들은 교황을 무시한 그들의 왕에게 충성 서약을 할 필요가 없다고 선언한 것이다. 곧 프랑스 왕의 반격이 뒤따른다. 그것은 1303년 9월 7일 일어난 아나니 시해 사건(1303년 9월 7일, 필리프 4세의 밀명을 받고 파견된 기욤 드 노가레는 교황 보니파키우스를 생포하기 위하여 스키아라 콜로나가 모집한 스위스 용병들과 함께 아나니의 교황 거처의 문을 부수고 침입했던 사건으로, 충격을 받은 교황은 로마로 돌아간 후 죽게 된다)이었다. 이 사건으로 말미암아 만인의 아버지는 모욕당했고, 교황청의 권위는 조롱되었으며, 교황청의 기치 아래 전 유럽에 평화를 실현한다는 그의 꿈은 무너져 버렸다. 보니파키우스 8세는 화병으로 죽었고, 이로써 그의 전임자들이 품었던 위대한 꿈들 역시 무덤 속에 묻혀 버렸다. 이렇게 중세사를 지탱하던 한 기둥이 무너져 내린 것이다.

*

필리프왕은 플랑드르인들에 피비린내 나는 복수를 하게 된다. 1304년 8월 14일, 그는 몽장페벨에서——꽤 힘들게——그들을 격파한다. 전사자 가운데는 쾰른 대주교, 미남 청년 기욤 드 쥘리에가 포함되어 있었다. 그러나 '단려왕'이 이 승리를 통해 자신의 왕국 영토 안에 편입시킬 수 있었던 것은 릴·두에, 그리고 베튄 등 몇 개의 도시에 불과했다. 대규모의 중심 도시들, 즉 겐트·브뤼게·레퍼르 같은 부가 넘쳐흐르는 곡간은 아직 그의 손밖에 있었다.

기사들의 황금 박차들이 코르트레이크 교회당의 벽면에 걸려 있는 한 1302년 7월 11일의 프랑스 전사자들에 대한 복수는 이루어졌다고 볼 수 없었다. 이 사실을 생각하면서 프랑스 기사들의 형제들과 아들들은 주먹을 불끈 쥐었고, 그들의 눈에서는 불똥이 튀어 올랐다. 이 너무나도 잔인한 모욕은 프랑스 귀족 전체의 심장에서 피가 멎게 했던 것이다.

2
필리프왕의 기사들

　'단려왕 필리프'는 그 자체로 하나의 살아 있는 수수께끼였다. 그의 정적, 베르나르 세세 주교는 다음과 같이 쓰고 있다. "우리의 국왕은 공작(公爵)과도 비슷하다. 그는 가장 아름다운 새〔새는 귀족을 비유하는 말이다〕이지만 아무런 가치도 없다. 그는 이 세상에서 가장 잘생긴 남자이다. 하지만 그는 아무 말 없이 사람들을 뚫어질 듯 응시하기만 한다."

　이 평가에 대해 왕의 조언자이며, 그를 너무나도 잘 알고 있는 기욤 드 노가레는 다음과 같이 반박하고 있다. "그는 순결하고 겸허하며, 용모에 있어서나 언행에 있어서 겸손함이 넘친다. 그는 결코 화를 내는 법이 없다. 그는 아무도 증오하지 않고, 아무도 질투하지 않는다. 항상 우아함과 자비심과 긍휼이 넘치며, 언제나 진리와 정의에 따라 행동한다. 하나님은 그의 손을 통하여 기적들을 일으키고 있다."

　물론 이것은 좀 아첨 섞인 인물평이라 할 수 있다. 하지만 비밀스럽고도 신중한 왕, 항상 분별력을 잃지 않으면서도 대담했던 국왕 필리프 4세는 실제로 위대한 군주였다. '단려왕'은 그의 법률 고문들을 전적으로 신뢰하고 있었으니, 늙은 보마누아르(1296년 사망)·피에르 플로트·기욤 드 노가레, 그리고 일인지하, 만인지상의 권력을 지닌 대신 앙게랑 드 마리니가 바로 그들이었다. 앙게랑 드 마리니는 자기 권세를 과신한 나머지 시테 섬에 있는 팔레 뇌프 궁 안에 있는 군주의 석상 옆에 화려한 색으로 채색된 자신의 석상을 나란히 세워 놓는 대담하기 짝이 없는 행동까지 보여준 적이 있었던 인물이었다.

이 새로운 유형의 인간들이 부상하기 시작한 것은 입법의 왕, 성 루이 치하 때부터였다. 성왕 루이는 파리의 행정관 에티엔 부알로·페롱 드 퐁텐, 그리고 조프루아 드 빌레트 등을 등용했다. 성왕 루이의 아들 '용담왕(필리프 3세)'은 지금까지도 중세를 이해하는 데 너무나도 귀중한 자료가 되고 있는 《보베지의 관습들》을 저술했으며, 풍부한 경험을 지닌 대신 보마누아르를 물려받았다. 하지만 이 두 왕은 이 법률 고문들의 권한을 그들의 전문 영역 안에 묶어 놓았었다. 이들에게 명확하게 규정된 임무를 부여함으로써 그들에게 각자의 영역 가운데서 능력을 마음껏 발휘하게 하였던 것이다.

필리프 4세 치하 때 대귀족들의 입에서 불평이 나오기 시작했다. 법률 고문들이 그들의 본래 책무에서 벗어나 모든 것에 관여하기 시작했던 것이다. 그들은 왕국을 직접 다스리기 시작했다. 그들 중 한 명인 기욤 드 노가레는 자신들을 다음과 같이 규정하고 있다. "그들은 귀족은 아니다. 그러나 그들 역시 기사, 즉 국왕의 기사이다. 왜냐하면 국왕께서 그들을 당신의 신하로 받아들였기 때문이다. 이것이 그들의 영예와 긍지의 이유이다……. 그리고 프랑스 왕국 가운데 이들의 숫자는 실로 많다." 귀족이 아니라고? 그렇다고 치자! 하지만 13세기말부터 카페 왕조의 왕들은 왕좌를 든든히 보좌해 주는 충직한 신하들인 이들을 귀족으로 만들어 주기 시작했다. 바로 이러한 사실 또한 귀족들에게는 위협적으로 느껴졌던 것이다.

법률 고문들의 최대 그리고 최악의 적은 국왕의 아우 샤를 드 발루아 공이었다. 필리프 4세에게는 또 다른 동생인 루이, 즉 에브뢰 백작이 있었다. 하지만 에브뢰 백작은 현명한 사람으로서, 신중하게도 정사(政事)에서 한 걸음 물러서 있었다. 반면 샤를 공은 항상 큰 소란을 일으키고 다녔으며, 마지막 순간에 가서 불발되곤 했던 원정전 따위를 계획했고, 또 궁전 안을 휘젓고 다니면서 숱한 언쟁을 벌였다. 그는 열변을 토하며 성왕 루이 시절의 '옛 관습들'을 부활시키라고 요구했다. 이 존경스러운 선왕이 살아 계셨더라면 법률 고문들이 자기들의 본래 직무를 벗어나 활개치고 다니는 작태를 용납하지 않으셨을 텐데! 그리고 이분은 왕국의 대공들과 제후들이 드리는 충언을 얼마나 존중해 주셨던가!

성왕 루이 치세 때, 그 축복받은 시절에 기사가 품는 이상은 부자가 된다거나 많은 봉록을 받는 것이 아니었다. 그것은 한 명의 '프뤼돔(prud'homme)〔청렴인(淸廉人)이라는 뜻〕'이 되는 것, 다른 모든 기사들이 인정해 주는 한 명의 '오네톰(honnête homme),' 즉 기사가 지녀야 할 모든 미덕을 갖춘 신사가 되는 것이었다. "요즘 사람들은 이 프뤼돔이라는 단어를 입에 달고 살고 있어"라고 루이 9세는 농담삼아 말하곤 했다. 그것은 당시를 지배한 하나의 윤리 체계 그 자체였던 것이다…….

그것이 게르만 무사들간에 맺어졌던 군사적 우호 관계에서 나온 것이든, 아니면 로마 시대 말기의 장교 계층이던 이른바 '밀리티아'의 연장이든 간에, 중세의 기사 계급은 인류사의 한 페이지를 화려하게 장식한 시대의 드높은 이상을 구현하고 있었다. 그리고 성왕 루이의 치세는 기사들의 황금기였다. 하지만 이 블랑슈 드 카스티유의 아들 당대에 벌써 어떤 까다로운 사람들은 기사도의 고귀한 풍습들이 타락해 가고 있다며 불평하고 있었다. 음유 시인 뤼트뵈프는 13세기 중엽에 다음과 같이 쓰고 있다. 기사들 가운데 "충성심은 흔들리고, 진리는 쇠락하고, 자비심은 냉각되고, 진리는 사라져 간다." 음유 시인은 옛적의 위대한 기사들이었던 '롤랑이나 올리비에' 같은 이들은 더 이상 찾아볼 수 없다며 한탄하고 있다. 티보 드 샹파뉴 백작은 이 '배신으로 가득한 시대'를 혐오했다. 사람들이란 언제나 '옛날의 백설'을 그리워하는 성향이 있는 것이다.

성왕 루이의 치세 기간은 기사 세계가 그 절정에 달한 때이기도 했지만, 다른 한편으로는 레진 페르누에 의하면 봉건 제도가 몰락하기 시작한 때이기도 했다. 사실 13세기에 들어서 군주는 국가의 전 영역, 전 영토 위에 기존의 봉건 질서를 대체하는 왕권을 부과하기 시작했다. 이때부터 지방의 소귀족들과 많은 도시들은 왕을 대리하는 지방 대법관들과 행정관들에 의해 감시되기 시작했다. 이 모든 과정은 별다른 충돌이나 마찰 없이 이루어졌는데, 그만큼 당시 국민들은 카페 왕조의 권위를 존중했던 것이다. 국왕은 '하나님의 종'이나 마찬가지였으니까.

샤를 드 발루아 백작은 형인 국왕에게는 기꺼이 복종했으나, 콘스탄티노플 왕위 계승권이 자기에게 있다는 주장까지 하고 있는 그로서는 국왕의 일개 대리인들이 권력을 남용하고 있는 사실은 잘 참아내지 못하였다. 그는 왕국의 2인자 행세를 하는 앙게랑 드 마리니를 특히 증오했다.

발루아 대공은 스스로를 롤랑이자 동시에 올리비에 같은 사람쯤으로 여기고 있었다. 하지만 그에게도 약점이 하나 있었는데, 그것은 바로 그의 허황될 정도로 거창한 꿈들과 호사스런 생활을 유지해 나가기 위한 돈이 항상 부족하다는 것이었다. 그래서 그는――그가! 이 대귀족들 중에서도 가장 오만한 그가!――어쩔 수 없이 알프스 산맥 너머에서 건너온 롬바르디아 지방 상놈들과――그 어떤 상놈들인가!――

타협하지 않을 수 없었다. 시에나, 피렌체에서 온 자들, 그리고 무치오가 · 비치오가 · 톨로메이가 출신의, 필리프왕의 비호를 받고 있으나 교회는 극히 경계하고 있는 인물들과 말이다……. 제2 라트란 종교회의(1139년)에서부터 제3 라트란, 제4 라트란 종교회의를 거쳐 비엔 종교회의(1311-1312년)에 이르기까지 로마 교황청은 고리대금 행위를 단죄하는 옛 전통을 부활시켰고, 이에 따라 징세 청부인들을 파문시켜 지옥의 불 속으로 내쫓았다.

그러나 이제는 귀족들, 성직자들, 그리고 교황 자신들까지 이 돈이라는 천한 금속을 너무나도 절박하게 필요로 하게 되었다. 교권과 왕권 사이의 권력 투쟁으로 인해 교황청은 많은 돈을 지출해야 했던 것이다. 불운한 보니파키우스 8세의 후임 교황들이 프랑스 아비뇽에 정착했을 때, 그들은 교황청이 이전되는 과정 속에서 많은 재산을 잃었던 것이다. 교황청은 살아남기 위해서 돈을 만들어 내야만 했다. 그래서 그들은 성직자 소득세제의 창설, 각종 형식의 저축, 그리고 교황의 서신 발송 등 갖가지 방법을 사용하여 과거 위대한 시대의 긍지 높았던 고위 성직자들은 사용하기 꺼려했던 프랑스 · 스페인, 그리고 이탈리아 등지의 금화를 긁어모았다.

심지어는 대금업자들에게까지 손을 벌려야만 했다! 그런데——자크르 고프의 표현에 따르면——이 대금업자들이 성직자들에게 요구하는 것은 '돈주머니와 (영원한) 생명' 이었다. 따라서 이들로 하여금 이들에게도 속죄의 길이 남아 있으며, 아직 그들에게 천국의 문이 결정적으로 닫힌 것은 아니라는 사실을 알게 해줄 필요가 있었다. 그래서 회개한 죄인들이 생전에 지은 죄를 씻을 수 있는 일종의 천국 대기실이라 할 수 있는 연옥(煉獄)의 개념을 분명히 했던 것이다. 물론 '연옥의 형벌들' 의 개념이 단지 이런 금전적 동기에 의하여 만들어졌다고 단언하는 것은 부정확한 일일지도 모른다. 하지만 자크 르 고프의 말대로 연옥은 이렇게 하여 하나의 편리한 '실사(實辭)'로 정착되었다는 사실을 인정해야 할 것이다. 이렇게 12세기 말엽에 나타나기 시작한 새로운 시대에 대한 교회의 적응 움직임은 1세기 후에는 보다 빠른 속도로 진행되게 될 것이다.

롬바르디아인들에게는 그들과 국왕의 총애를 다투는 경쟁자들이 있었다. 그것은 당시 큰 세력을 지니고 있던 성당 기사단 기사들이었다. 성 요한 종단의 환대수도회(歡待修道會) 수도기사들처럼, 이 승려-군인들의 교단은 12세기초 그리스도의 성스런 무덤을 방어하고 예루살렘에 건설된 라틴 왕국의 방벽의 임무를 다하고자 팔레스타인에서 결성되었다. 예루살렘 라틴 왕국이 붕괴되고 난 후 성당 기사단 기사들은 서유럽으로 돌아와서 수많은 사령부를 세웠다. 교단은 부유했으나 당시 사람들이 생각하고 있었던 정도는 아니었다. 그들은 그들이 얻는 황금 가운데 많은 부분을 원조금으로 다시 동방으로 보내 주어야만 했던 것이다.

프랑스를 떠나 성지로 향할 때, 필리프 오귀스트는 왕가 재산의 일부를 성당 기사들에게 맡겼다. 사실 그는 자신의 재산을 두 부분으로 나누었다. 한 부분은 루브르 궁에 남았고, 또 다른 한 부분은 성당 기사들에게 맡겨져서 그들에 의해 증식되었다. 루이 8세, 성왕 루이, 그리고 필리프 3세는 성당 기사들에 대한 신뢰를 잃지 않았다. 필리프 4세 역시 오랫동안 선왕들의 태도를 따랐다. 사람들은 이들의 수상쩍은 풍습에 대해 말이 많았지만, 이 위대한 기사단의 힘은 아직 건재하고 있었다. 성당 기사들은 파리에 네 개의 감시용 소탑이 둘러싸고 높직한 주성루(主城樓)가 굽어 보고 있는 널찍한 요새를 하나 소유하고 있었다. 이 요새는 신성 불가침권도 가지고 있어서 소요가 일어났던 어느날, 이곳에 도피한 '단려왕 필리프'는 쉽사리 은신처를 찾을 수 있었던 것이다.

하지만 점차로, 붉은 십자가가 그려진 백색 망토를 전신에 휘감고 다니는 이 오만하고도 까다로운 수도 기사들이 단려왕 필리프에게 거북스런 존재로 느껴지기 시작했다. 왕국의 단일성에 대한 염원을 거의 강박관념처럼 지니고 있던 필리프왕으로서는 일종의 국가 속의 국가를 이루고 있는 이들 집단을 더 이상 용납하기 힘들었던 것이다. 이들에 비하면 환대수도회 기사들은 훨씬 더 바람직한 모습을 보여주고 있었다. 겸손한 태도와 질서정연한 모습 가운데 이 예루살렘 성 요한의 형제들은 그 누구의 의혹을 살 만한 행동을 하지 않았으며, 또 그들의 선박들은 아직도 그리스의 섬들에서 이교도들을 물리치며 자랑스런 공적을 올리고 있었던 것이다.

필리프왕은 성당 기사단을 파괴할 것을 결심했다. 그는 이를 위하여 앙게랑 드 마리니, 그리고 특히 기욤 드 노가레가 짜낸 극도로 치밀한 술책을 사용했다. 1305년부터 성 베드로 옥좌를 물려받은 사람은 보르도 대주교였던 베르트랑 드 고트, 즉 클레멘스 5세였다. 바로 그가 교황청을 아비뇽으로 옮긴 장본인이었다. 단려왕 필리프는 과거 보니파키우스 교황이 자신에 대하여 적대적이었던 것만큼이나 이 새 교황은 프랑스 왕에 대해 호의적이라는 사실을 잘 알고 있었다. 따라서 클레멘스 5세는 카페 왕조의 군주에게 아무런 두려움도 주지 않았다.

작전은 능숙한 고수의 솜씨로 이루어졌다. 1307년 10월 13일, 성당 기사들은 프랑스 전역에 걸쳐 거의 동시에 체포되었다. 사전 보안이 너무나도 철저히 지켜져서 노가레의 부하들이 성당 기사들을 체포할 때 아무도 항거할 생각조차 못했다. 이후 수도승 기사들이 거쳐야 했던 길고도 불공정한 재판, 그들에게 가해진 고문들, 그들이 겪어야 했던 험한 유폐 생활, 이 모든 것들은 앞으로의 연구들을 통해 밝혀질 것이다. 그러나 이 모든 일들은 독실한 신앙의 소유자 필리프 4세의 명성에 결코 걸맞는 것은 아니었다.

하지만 클레멘스 5세는 필리프왕이 생각했던 것보다 훨씬 더 완강하게 저항했다. 그는 기독교 세계 전체가 과거 그들 모두에게 너무나도 큰 영예를 안겨다 주었던 한 교단을 말살시켜 버리는 것을 보기 원치 않았던 것이다. 하지만 노련한 노가레는 강요에 의하여 교황으로 하여금 이 상황을 받아들이게끔 만들었다. 보니파키우스 8세의 운명의 전철을 밟게 되지 않을까 두려워진 클레멘스 교황은 협박에 굴복하고 만다. 필리프 4세가 직접 이끌고 온 군대의 칼날이 번득이는 가운데 개최된 1312년의 비엔 종교회의는 성당 기사 교단의 폐지를 선언했다. 2년 후 위대한 기사 자크 드 몰레에게 가해진 참혹한 형벌, 그가 마지막 순간에 프랑스 왕가와 클레멘스 교황, 기욤 드 노가레 등에게 던진 저주, 이 모든 것은 후세인들이 오래도록 다시 이야기하고, 또 몽상하게 될 전설의 일부분을 이루게 될 것이다……

이제 그것은 땅 위에 쓰러져 있었다. 오랫동안 십자군 운동의 상징이었으며, 성지의 그 무수한 격전장 가운데 교단기(敎團旗) '보세앙(beauséant)'을 휘날렸던 그 고귀한 성당 기사단이…… 이제 백의의 기사들은 "성전을 위하여! 성전을 위하여!"라는 전투의 함성을 더 이상 토해 낼 수 없을 것이었다. 그리고 교단과 함께 사라진 것은 기사도적 중세의 일부이기도 했다……

필리프왕은 1314년 11월 29일 세상을 떠났다. 그리고 기욤 드 노가레와 교황 클레멘스 5세 역시 같은 해에 죽었다. 그는 자신의 사냥 별장이 있었던 퐁텐블로에서 임종했다. 영원을 응시하는 그의 눈은 크게 열려져 있었다. 사람들이 애썼지만 결국 그 눈을 감길 수 없었다. 마지막 단말마의 순간에 그가 본 것은 과연 무엇이었을까?

코르트레이크의 참패, 새로운 권력자인 법률 고문들의 등장, 성당 기사단의 해체, 그리고 돈의 힘의 부상 등의 일들이 일어난 '단려왕'의 치세, 이 신비에 가득한 군주의 치세 기간, 기사들은 그 쇠락의 첫 단계에 접어든 것이었을까? 성왕 루이의 측근이었으며 지금은 아흔의 노인이 된 주앵빌 경은 당시의 기사들이 선조들이 즐겨 사용하던 거친 모직천을 경시하고, 비로도나 비단을 선호하는 것을 보고 경악과 분개를 금치 못했다. 이것은 기사도의 굳건한 풍속이 유약해져 가고 있는 실로 위험한 징조라고 그는 생각했다.

최후의 순간까지 명철함을 잃지 않았던 필리프 4세는 자신이 죽고 난 후, 힘 있는 자들이 자신의 시종장 마리니를 잡으려고 맹수처럼 달려들 것이라고 예측했다. 왕은 죽어가는 와중에서도 만일 수사(捜査)를 통하여 마리니가 왕가의 재정을 담당하는 중에 아무 책잡힐 일을 하지 않았다는 사실이 밝혀지면 그를 건드리지 말라고 분부했다.

왕이 숨을 거두자, 과연 마리니를 잡겠다는 사냥의 나팔 소리가 울려퍼졌다. 가장 앞장 선 사냥개는 샤를 드 발루아로 그는 앙게랑 드 마리니를 거짓말쟁이요, 부패한 관리라고 몰아세웠다. 새로 즉위한 루이 10세도 그의 삼촌과 행동을 같이했다. 이렇게 하여 왕국의 보좌 신부 마리니는 약식 재판을 거쳐 그 자신이 세운 몽포콩의 교수대에 매달리게 되었다. '완고왕' 루이 10세는 얼마 안 있어 1316년에 죽게 됨에 따라 그의 즉위와 함께 잠시 일었던 봉건적 반동의 움직임은 제대로 결말을 보지 못하게 되었다. 루이 10세의 동생이며, 정력적인 점이 그의 부친을 연상시키는 '장신왕' 필리프 5세의 치세 동안에는 살아남은 법률 고문들이 잠시 권력을 회복할 수 있었다. 필리프 4세의 아들 중 막둥이인 '단려왕' 샤를 4세는 그의 세번째 아내 잔 데브뢰에게

유복자를 남긴 채 1328년 2월 1일 세상을 떴다. 그러나 여인의 복중에서 자라고 있는 것은 계집아이였다. 그리하여 《살리카 법전》〔508년 클로비스 왕 때 프랑크족 계통 잘리어족의 법전으로, 여기에는 여성의 상속권을 배제하는 조항이 포함되어 있다〕을 적용하는 수상쩍은 과정을 통하여 얼마전 작고한 샤를 드 발루아의 아들 필리프 6세가 백합꽃들이 새겨진 프랑스 왕좌에 올랐다. 새 왕이 1328년 5월 29일 랭스에서 대관식을 거행하는 것을 보고 기사들은 제2의 아서왕이 환생했다고 떠들어댔다. 이렇게 하여 사람들이 '악마의 치세'라고 불렀던 필리프 4세의 치세는 완전히 잊혀진 것이다.

대관식 전날 발루아의 필리프 6세는 플랑드르 백작을 비롯한 수많은 신임 기사들을 서임했다. 하지만 필리프 6세는 영국의 젊은 에드워드와 그의 사촌 에브뢰 백작의 프랑스 왕위 계승권을 빼앗은 셈이 되었으므로, 그의 원수들은 벌써부터 그를 '주워온 왕'이라고 조롱하고 있었다.(가계도를 참조할 것)

3

모르가르텐, 라우펜, 젬파흐 전투

스위스의 신비한 계곡들, 거의 비현실적인 분위기의 푸르스름한 산 봉우리들, 그리고 깊은 녹색 숲들의 영향 때문일까? 스위스 연맹의 초기 시대는 신비스런 전설의 안개 속에 잠겨 있다. 그 전설들 중 오스트리아 공작들의 앞잡이 대법관 게슬러의 모욕스런 통치를 거부하고, 그 유명한 석궁 시합을 벌인 후 어느 산길 모퉁이에서 게슬러를 살해한 산사나이 빌헬름 텔의 이야기를 우리는 잘 알고 있다. 하지만 이 전설 못지않게 스위스인들이 강한 애착을 갖는 전통이 또 하나 있다. 그것은 베르너 슈타우파허 · 슈비츠 · 발터 푸르스트 · 우리 · 아널드 안 데어 할덴 · 운터발트 등이 러틀리 평원에 모여 오스트리아 앞잡이 탐관오리들의 지배에 종지부를 찍을 것을 맹세한 서약식이다.

산사람이자 동시에 도회인이기도 한 스위스 사람들은 14세기 초엽 스위스의 지배자 합스부르크가의 적인 룩셈부르크 황제 앙리 7세에 그들의 모든 희망을 걸고 있었다. 그랬던 만큼 앙리 7세와 오스트리아의 레오폴트 황제 사이에 이루어진 화해는 스위스 인들에겐 하나의 재앙이었다. 앙리 7세는 합스부르크가에게 그들이 아직 장악하지 못했던 중앙 스위스의 봉토들을 돌려주기로 약속했던 것이다. 앙리 7세는 이 약속이 실행되기 전에 죽었다. 하지만 스위스 연맹 구성원들(1291년 8월 1일부터 연맹에 통합된 자치주들인 우리 · 슈비츠 · 운터발트 등)

은 기어코 스스로를 방어하겠다는 결의에 차 있었다.

자치주의 자유 시민들인 스위스인들은 그 어떤 군주에게도 굴복하지 않았다. 또한 그들은 오스트리아 대공들에게 결코 고개 숙이지 않을 것이었다. 알프스의 거대한 각적 소리가 울려퍼졌고, 이에 16세에서 60세 사이의 모든 건강한 남정네들이 각 골짜기들의 기치 아래 모여들었다. 그리고 장정들은 모두 도끼 · 뭉치 · 굵은 몽둥이 · 활, 그리고 빌헬름 텔의 전설적인 무기 석궁을 가지고 훈련에 열중했다. 그리고 알프스의 주봉들 정상에는 거대한 봉화불이 타올랐다. 이 불들은 원수의 군대가 이동하고 있다는 것을 알려 주고 있었다.

한편 새로 즉위한 황제의 형제인 합스부르크가의 레오폴트 대공은 아르가우 평원에 전신을 철갑으로 휘감고 거대한 전마를 올라탄 거친 기사들로 이루어진 정예군을 집결시켜 놓고 있었다. 보병을 구성하고 있는 추크와 취리히의 민병들 이외에도, 대공은 용병들, 즉 피 · 겁탈 · 약탈에 굶주린 무뢰배들인 이른바 '화적들'('브리강단'이라는 이름의 가죽 재킷을 입은 화적들)을 거느리고 있었다. 그리고 이 군대는 먹이를 노리는 맹금과 같은 기세로 스위스의 자치주 캉통(canton)을 향해 짓쳐들어오고 있었다. 오스트리아 대공의 병사들은 나중에 포로로 잡아갈 스위스인들을 포박하기 위해 긴 끈까지 준비해 가져오고 있었다.

골짜기들은 천연적인 요새를 이루고 있었다. 이에 덧붙여 스위스인들은 일종의 돌성벽인 '레치넨'을 쌓아 올렸고, 그뒤에 숨어 손에 무기를 쥐고 다가오는 적군을 기다리고 있었다. 멀리서부터 들려오는 알프스 각적 소리(이 뿔나팔 소리는 5킬로미터 떨어진 곳까지 울려 퍼진다)가 침략군들이 도착했음을 알렸다. 산봉우리에서 피어오르는 봉화들 역시 그들이 가까운 곳까지 접근했음을 확인해 주었다. 모르가르텐, 바위 절벽들이 늘어서 있는 곳, 에게리제 호수 한 귀퉁이 부근에서 스위스 연맹군은 침략군에게 조그만 틈을 내주었다. 그리고 그것은 덫이었다.

레오폴트 대공의 전위대는 평야를 점령했다. 그의 군대는 "수천 미터 길이로 펼쳐져 있었다"라고 완티 장군은 쓰고 있다. 이 영웅적인 싸움을 기술한 장 드 빈터허는 "슈비츠 주 사람들은 (고지대에 엄폐되어 있는 진영에서) 기도와 금식과 연도(連禱)를 계속하며 하나님의 가호를 빌고 있었다"고 말하고 있다.

덫은 완벽하게 작동했다. 대공의 철갑 기병들은 함정 속 깊숙이 빠져들었던 것이다. 그들은 마치 '통발 속에 갇히듯' 함정 속에 빠졌다고 연대기는 기술하고 있다. 산봉우리에서부터는 연맹군이 밀어내리는 바위 덩어리들이 우박처럼 쏟아져 내렸고, 이것을 맞은 말들의 척추는 그대로 꺾여졌으며, 낙마한 기사들의 머리통과 팔·어깨가 부서져 나갔다. 걷잡을 수 없는 혼란 속에서 공포에 질린 전마들은 미친 듯 질주하며 울어댔고, 기사들은 철갑이 우그러드는 음향과 함께 땅 위에 떨어져 뭉개졌다. 어떻게 보이지 않는 자들과 싸울 수 있단 말인가? 용병들은 도주했고, 추크와 취리히 민병들 역시 그들을 따랐다.

장 드 빈터허에 따르면 레오폴트 대공은 부하들이 패주하는 가운데 '충격으로 반쯤 죽은 상태로' 전장을 떠났다고 말한다. 그러자 비로소 슈비츠 사람들이 산에서부터 내려왔다. 그리고 그들의 발밑에 널려 있는 것은 돌덩이 아래 반쯤 뭉개져 부상당했거나 아니면 죽어가고 있는 기사들뿐이었다. 스위스인들은 이들에게서 은장식, 귀중한 무기들, 그리고 전쟁 도구 중 손상되지 않은 것들을 탈취했다. 그리고 거기에서 그들은 서약했다. 레오폴트 대공의 군대가 진멸된 곳에 예배당을 세우고, 슈비츠에 단 한 명이라도 남아 있는 한 1315년 11월 15일에 있었던 이 모르가르텐의 승리를 영원히 기념하겠노라고.

이것은 무자비한 격전을 통하여 시골뜨기 농부들이 기사들을 패퇴시킨 두번째의 사건이었다. 어떤 사람들은 이것이 코르트레이크의 경우에는 비겁하게 파놓은 해자, 그리고 모르가르텐의 경우는 오스트리아군이 롱스보에서 롤랑의 용맹한 무사들이 그러했듯 분하고도 참혹한 죽음을 당하게 만든 함정 때문이라고 주장하기도 했다. 하지만 이 '신사적인' 기사들이 당한 두 번의 패배는 많은 것을 생각하게 만들었다. 다시 보병의 시대가 돌아온 것일까? 지금까지 고귀한 철갑 기병이 전장에서 누려온 헤게모니가 위협받고 있다는 것일까? 무식한 촌뜨기들에게 그들의 주군들을 격퇴할 능력이 있단 말인가? 문제는 심각했다. 명철한 정신을 가지고 있는 사람들은 깊이 생각하기 시작했다. 영국인들은 훌륭한 궁수들을 보유하고 있다는 사실을 기뻐하고 있었다. 하지만 이 궁수들 역시 유약한 에드워드 2세의 총신들의 무능으로 말미암아 1314년 6월 24일 배넉번에서 스코틀랜드의 영웅 로버트 브루스에게 패배하였다. 이 스코틀랜드 기병들의 승리가 모르가르텐에서의 참패를 보상해 주고 있지 않은가? 이렇게 기사들은 전장의 왕은 아직 기사 자신들이라는 사실을 스스로에게 확신시키려 애썼다.

*

1332년, 루체른 자유시는 모르가르텐에서 승리를 거둔 세 자치주들을 경외하게 되었고, 자신 역시 그들에 합류하게 해달라고 요청하였다. 이렇게 하여 1332년 11월 7일 연맹 조약이 조인되었고, 13세기초부터 자유시로 남아 있던 취리히도 루체른의 뒤를 따랐다. 이렇게 과거의 적들은 서로 포옹하게 되었다. 하지만 이것은 단지 군사적인 연맹일 뿐, 각 자치주는 여전히 전적인 주권을 지니고 있었다. 조그마한 자치주인 글라루스는 1352년 6월 4일 '보호령'의 자격을 획득했다. 같은해 추크 시가 정복되어 강제로 연맹에 합류되었다. 부르주아들은 마지못해 따랐지만, 농부들은 열광적이었다. 프리부르 · 비엔 · 뇌샤텔 · 졸로투른 등을 포함하는 거대한 영토, 강력한 경제력, 찬연한 명성, 엄청난 금과 은을 소유하고 있는 부유한 부르주아들⋯⋯ 이 모든 것을 가지고 있는 베른 주 역시 그의 오만함에도 불구하고 거의 미개인에 가까운 자치주의 시골뜨기들과의 연맹 조인에 동의했다. 이로써 연맹은 아무도 무시 못할 세력으로 거듭나게 되었다.

쥐라와 보〔독일명으로는 바트〕 지방의 기사들은 모르가르텐에서 죽은 이들의 원수를 갚겠노라고 맹세한 바 있었다. 이들은 1339년부터 스위스인들과 접전을 벌이기 시작했는데 이때 스위스인들은 나중에 가공할 만한 위력을 발휘할 무기, 즉 미늘창〔도끼가 함께 달려 있는 창〕으로 무장하고 있었다. 이들은 베른 주와 수림 지역 자치주들에서 온 자들이었다. 이들은 고슴도치 형상의 밀집 대형을 이루고 중세 기사들의 맹렬할 공격을 격퇴시켰다. 베른군에 의해 측면을 공격당한 기사대는 타격을 견뎌내지 못했다. 이 또 한번의 패배를 통해 80명의 제후와 수백 명의 기사, 시종이 목숨을 잃었다. 나라 안의 모든 기사 가문들은 깊은 슬픔에 잠겼다.

하지만 합스부르크 왕가는 과거 그들이 스위스에서 소유했던 것을 결코 포기할 수 없었다. 1386년, 레오폴트 대공 2세는 슈바벤과 티롤 지방의 정예 기사 4천 명을 모아 군대를 일으켰다. 오스트리아인들은 모르가르텐과 라우펜에서 받은 잔인한 교훈들을 잊지 않고 있었다. 그들은 루체른에서 25킬로미터 떨어진 곳에 위치한 커다란 성읍인 젬파흐에서 영국식 산개 대형으로 싸울 것을 결정했다. 하지만 창을 꼬나쥐거나 도끼를 휘두르는 스위스인들은 세 개의 강력한 대오를 이루어 그들에게 밀어닥쳤다. 이들의 측면에는 궁수들이 이른바 '미아(迷兒)'라는 이름의 별동대로 움직이며, 무거운 철갑으로 몸놀림이 둔해져 있는 오스트리아 기병들에게 화살을 소나기같이 쏟아 부었다. 또여기에 스위스 나무꾼들은 커다란 도끼를 휘두르며 돌격해 왔다.

그들은 투구도 갑주도 걸치고 있지 않았다. 어떤 연대기 기자는 이들이 '짐승과도 같은 인간들, 저주받은 족속'이라고 쓰고 있다. 사람들은 말하기를, 빈켈리트 폰 운터발트라는 이름의 헬베티아 사나이가적 진영 가운데 단기로 뛰어들어가 그중 몇 명의 창을 빼앗아 아군공격의 활로를 뚫어 주었다고도 한다. 하지만 그는 이 영웅적인 행동끝에 결국 전사하고 만다.

이렇게 스위스 나무꾼들은 기사들의 첩첩한 창들 가운데서 좌충우돌하며 끔직한 도륙(屠戮)을 계속해 나갔다. 1천 명이 넘는 오스트리아인들이 쓰러져 간 반면, 스위스 연맹군의 손실은 2백여 명에 불과했던 것이다! 전사자 가운데는 강인한 합스부르크가의 남자, 레오폴트 대공도 포함되어 있었다. 쾨닝 펠덴 수도원 경내에는 젬파흐 대첩의 도끼날에 쪼개진 오스트리아 기사의 두개골 몇 개가 아직도 보존되고 있다. 실로 으시시한 전리품이 아닐 수 없다.

이날 1386년 7월 9일은 스위스 보병의 패권이 확인된 날이었다. 이대첩은 '젬파흐의 맹약'을 탄생시키는 계기가 되었다. 엄숙한 분위기속에서 열린 회의를 통하여 여덟 자치주의 대표자들은 만약 새로운외적의 침입이 있을 경우, 서로 병력 원조를 제공할 것을 맹세했다. 이렇게 승리를 거둔 스위스인들은 적어도 반세기 동안 평화 속에서 살수 있었다.

주권을 지닌 자치주의 행정관들은 복속 자치주들을 통치했지만, 이들이 행한 회계 활동은 자치주들의 대의원들에 의해 감사되었다. 이를 위하여 각주의 대의원들은 일종의 법무실에 모였는데, 이것은 오늘날 베른에 소재한 헬베티아 의회의 모태가 되었다.

우리·운터발트·슈비츠·루체른·취리히·글라루스·추크·베른 등 여덟 자치주는 이제 함께 연맹을 이루면서도 또 각자의 자유권을 누리는 하나의 견고한 덩어리를 이루게 되었다. 이 가운데서 디스바흐·부벰베르그, 그리고 플루에 같은 귀족 가문들은 정신적으로는 여전히 큰 위명을 누리고 있었으나 자치주 장관이나 지사들에게 복종해야만 했다. 스위스는 베른 주로 말미암아 경제적 강국이었고 농업에 종사하는 다른 자치주들 덕분으로는 부요한 곡창이었으며, 사나이들의 튼튼한 팔뚝으로 인해 아무도 넘볼 수 없는 강력한 군사 세력이기도 했다. 하지만 가난한 자치주들은 깊은 빈곤 상태 속에 머물러 있어서 주민들은 식솔들의 주린 배를 채우는 데 큰 어려움을 겪고 있었다. 이 시대에는 일자리가 없는 청년들이라 할지라도 좀더 살기 좋은 땅으로 망명을 간다든지, 혹은 다른 외국 군주의 깃발 아래 봉사하겠다는 생각은 꿈도 꿀 수 없었던 것이다.

4

왜가리에 걸고 유산 탈환을 맹세한 에드워드 3세

영국 왕가와 프랑스 왕가는 서로 밀접한 인척 관계로 맺어져 있었다. 단려왕 필리프 4세의 딸인 이자벨라는 플랜태저넷 왕조의 에드워드 2세와 결혼했다. 그러나 도버 해협을 사이에 둔 두 왕가는 서로를 깊이 증오했다. 영국 왕들은 기엔(Guyenne; 프랑스 남서부 아키텐 지방에 위치했던 옛날의 프랑스 지방 이름. 1259년의 파리 협정 이후 프랑스령이 되어 영국 왕이 기엔 공작직을 갖게 되는 상황으로 인하여, 영국 왕은 프랑스 왕에게 충성을 서약할 의무가 있었다) 공작령을 이유로 프랑스 왕에게 충성 서약을 해야 할 의무가 있었다. 이 때문에 영국 왕들은 분통이 터져 숨이 막힐 지경이었다.

반면 스코틀랜드 왕들은 카페 왕조의 왕들의 친구들이라 할 수 있었다. 그래서 로버트 브루스가 배넉번에서 거둔 빛나는 승리는 프랑스 궁전을 몹시도 기쁘게 했다.

에드워드 2세는 자신의 아내를 무시했다. 하지만 그녀는 아름답고도 긍지 높은 여인이었고, 왕과의 사이에서 웨일스 공 에드워드를 낳기도 하였다. 영국 왕은 소문난 남색가여서 온 백성이 이를 수치스럽게 생각했다. 그는 휴 더스펜서라는 이름의 미남 귀족과 함께 애정 행각을 벌였다. 화가 치민 이자벨라 왕비는 그녀의 오라비 샤를 4세(이 당시 그는 아직 생존해 있었다)와 어떤 협정을 맺고 오겠다는 핑계를 대고 도버 해협을 건너 프랑스로 갔고, 나중에 그녀의 아들 에드워드까지 자신을 합류하게 했다.

샤를 4세는 그녀에게 모든 원조를 거절했다. 하지만 당시 사람들이 '프랑스의 암늑대'라고 불렀던 이 여인은 그동안 그녀의 연인이 된 장 드 에노와 로저 모티머의 지원을 받아 여자의 몸으로 철제 갑옷을 몸에 걸치고 직접 소규모의 군대를 이끌고 영국에 상륙한다. 체포되고, 의회의 결정으로 왕권을 상실하고, 애인마저 잃은 에드워드 2세는 사형에 처해졌다. 그는 아들에게 왕관을 물려 주어야만 했으니, 이가 바로 1327년 1월 20일 영국 왕위에 즉위한 에드워드 3세이다. 하지만 그를 대신하여 실제로 나라를 다스린 것은 모티머와 이자벨라였다. 그들은 사로잡힌 전왕을 붉게 달군 쇠꼬챙이로 꿰뚫어 죽였다. 이렇게 14,15세기에 걸쳐 플랜태저넷 왕조를 피로 물들인 기나긴 살육극의 역사가 시작되었던 것이다.

한편 우리가 보았듯이 번영하는 프랑스 왕국에서는 법률 고문관들의 간계와 교묘히 부활된 살리크 법전 덕분으로 발루아 가문의 사람들이 카페 왕조를 끝내고 왕좌를 차지하고 있었다. 발루아의 필리프 6세는 우여곡절 끝에 권위를 확립할 수 있었다. 플랑드르인들은 그를 '주워온 왕'이라고까지 조롱하지 않았던가? 자신의 즉위를 자축하기 위해서였을까, 왕은 카셀에서 플랑드르인들에게 가혹한 패배를 안겨 주었다. 그리고 질투하는 무리들을 위압하기 위하여 왕은 '왕실의 규모를 크게 늘렸다'고 프루아사르는 그의 《연대기》에 적고 있다. 카페 왕조 때에 궁전의 어떤 부서에 조신(朝臣)이 한 명 있었다면 있었다면, 그는 네 명이나 들여앉혔던 것이다.

필리프 6세는 호사스러운 궁전 생활을 영위했다. 그는 식사 때 세 명의 왕을 동석시켜 향응을 베풀곤 했는데, 그 중 한 명은 눈이 멀어 '소경 장'이라고 불렸던 보헤미아 왕이었으며, 다른 두 명은 나바라 왕과 마요르카 왕이었다. 아무튼 이 왕들은 그들의 고향에서보다는 이곳에서 훨씬 나은 생활을 즐길 수 있었다. 그의 생활은 필리프 오귀스트나 성왕 루이가 보여주었던 지혜로운 검약 정신과는 거리가 먼 것이었다. 유럽 각지에서 몰려든 기사들이 맞붙는 호사스런 마상 결투시합, 격투시합, 혹은 기타 난투극들이 하루가 멀다 하고 궁정에서 벌어졌다.

영국 왕은 어머니 이자벨라쪽을 통하여 그 누구도 부인할 수 없는 프랑스 왕위 계승권을 갖고 있었다. 하지만 아직도 아들을 손안에 넣고 쥐락펴락하고 있던 '프랑스의 암늑대'는 그로 하여금 1329년 아미앵에서 프랑스 왕에게 기옌 및 그에 딸린 속지들에 대한 충성 서약을 하게 만들었다. 비록 그는 나중에 이 사실을 부인하게 되지만, 이렇게 플랜태저넷 가문의 왕은 발루아 가문의 왕에게 무릎을 꿇었고, 또 그의 손안에 자기의 손을 맡기고 '그의 신하'임을 선언했던 것이다.

하지만 에드워드 3세는 필리파 드 에노와 결혼한 후 다시 고개를 꼿꼿이 세우게 된다. 1330년 가을, 조정이 노팅엄에 체류하고 있을 때, 그는 자기에게 충성을 바치는 제후들을 이끌고 모티머를 잡아 처단한 다음 어머니는 수도원에 처박아 버렸다. 영국의 면양 사육자들과 이해 관계가 일치했던 나사(螺絲) 제조인들인 플랑드르인들, 그리고 프랑스 왕의 매형이자 고약한 문서 위조 사건 이후 영국 왕실에 피신해 있던 아르투아 백작 로베르의 부추김을 받아 에드워드 3세는 프랑스 왕권을 요구할 것을 생각하기 시작했다.

1337년 5월, 왕위 찬탈 기도를 사전에 분쇄하기 원했던 필리프 6세는 기옌의 압수를 선언하는 칙령을 발표했다. 이에 플랜태저넷 왕가의 군주는 스스로 프랑스 왕임을 공식적으로 선언하는 한편, 1337년

11월 링컨 대주교를 필리프 6세에게 파견하여 도전의 메시지를 전하게 함으로써 반격을 가했다. 필리프 6세는 이런 에드워드왕의 도전을 깡그리 무시하는 듯한 태도로 단지 웃기만 할 뿐이었다. 이 귀족 도련님이 너무 버릇이 없구만! 그러나 나중의 일이 증명하듯, 그가 그렇게 껄껄대고만 있을 형편은 결코 아니었다.

4년 전 에드워드 왕은 핼리던힐 전투에서 스코틀랜드 기병들을 격파한 바 있었다. 폴커크에서와 마찬가지로, 이 빛나는 승리를 거둘 수 있었던 것은 연대기들이 두번째로 언급하고 있는 가공스런 무기, 대궁으로 무장한 영국 궁수들 덕분이었다. 이 '바우맨〔영어로 궁수〕'들이 여러 차례 보여준 무서운 위력의 예들에 대해서는 나중에 자세히 언급할 것이다. 로마 군단이 파르티아 기병들에 의해 패배한 이후, 전투의 여왕은 기병대라는 것은 굳어진 사실로 통하고 있었다. 하지만 폴커크, 코르트레이크, 모르가르텐, 그리고 핼리던힐의 전투는 이 공식을 깨뜨리고 있었다. 다시 보병이 왕좌를 탈환할 것인가? 진실로, 프랑스 왕은 경계해야 마땅했던 것이다…….

*

예배당처럼 널찍한 윈저 궁의 연회실 안, 오늘 에드워드왕은 영국 귀족들 중에서도 핵심을 이루고 있는 인사들에게 향응을 베풀고 있었다. 그는 높은 곳에 있는 상석에 앉아 있었고, 그의 곁에는 다시금 임신을 한 필리파 왕비가 동석하고 있었다. 그들 주위에는 공작들이며 백작들이 제각기 자리잡고 있었다. 커튼 자락같이 치렁치렁 늘어진 섬세한 식탁보로 덮인 식탁들 위에는 금은제의 식기들이 번쩍이고 있었다. 말석에는 보다 신분이 낮은 남작들이며 기사들이 앉아 있었다. 영국 왕

에드워드와 식탁을 같이하기 위해서는 지극히 고귀한 혈통에 속해야 했던 것이다.

오만한 플랜태저넷 왕가의 군주는 눈부시게 아름다운 솔즈베리 백작부인에게서 시종 시선을 떼지 못하고 있었다. 당시 궁정 안에 나돌고 있는 것은 이 두 연인이 벌이고 있는 격렬한 사랑에 대한 이야기뿐이었다. 사람들은 왕비 필리파 드 에노의 눈가가 붉게 물들어 있는 것을 볼 수 있었다. 또 회식자들은 윈저궁의 명예로운 손님 로베르 아르투아 백작이 불참한 사실을 알게 되었다. 왕비 옆에 마련된 그의 좌석이 비어 있었던 것이다. 사람들은 그가 지금 인근의 숲에서 사냥하고 있다고 말했다. 그건 물론 고귀한 취미이긴 하지만, 이렇게 왕이 친히 주관하는 연회를 경홀히 하는 것은 법도에 어긋나는 일이 아닌가 하고 사람들은 수군대고 있었다.

네번째 순배의 요리들이 제공되었을 때, 연회실에 인접한 옆의 홀에서 요란한 발자국 소리가 들려오더니 곧 기이한 행렬이 연회실 안으로 들어왔다. 우아하고도 섬세한 여가수들, 그리고 교현금〔絞弦琴; 바퀴를 돌려 연주하는 중세의 현악기〕과 피리를 연주하는 악사들을 앞세우고 나타난 것은 로베르 아르투아 백작이었다. 가장 용맹한 자라도 겁을 먹을 만큼 거대한 체격의 소유자인 백작은 자신감 넘치는 걸음걸이로 왕이 앉은 테이블 쪽으로 다가왔다. 그리고 거기 모인 회식자들을 깜짝 놀라게 하는 일이 벌어졌다. 이 거인은 깃털로 장식된 구운 왜가리요리가 담긴 황금 쟁반을 번쩍 들어올린 것이다. 그는 이 기이한 선물을 에드워드 3세 앞에 내려놓은 후 높고도 분명한 목소리로 거기 모든 사람을 전율케 한 다음과 같은 말들을 쏟아냈다.

"전하! 여기에 소신이 잡은 왜가리가 있나이다. 이 세상 어느 새라도 이놈보다 더 겁이 많지는 않지요. 소신은 영국 사람들은 이 새에 충성을 바쳐야 한다고 생각하는 바입니다. 그리고 또 소신은 세상에서 가장 겁쟁이이신 전하께 이것을 바치는 바입니다. 왜냐하면 전하께선 용기가 없기 때문에 전하의 당연한 유업(遺業)을 되찾지 못하고 있기 때문입니다!"

아연실색한 참석자들 위로 죽음과 같은 침묵이 감돌았다. 에드워드 3세는 안색이 극히 창백해지긴 했으나 그렇다고 평정을 잃지는 않았다.

"경은 귀부인들과 신하들 앞에서 과인을 겁쟁이로 취급하시는구려. 자, 그렇다면 경의 말에 대답하겠소" 하고 그는 그 어떤 분노의 감정에 의해서도 떨리지 않는 목소리로 천천히 말했다.

"······좋소. 짐은 이 왜가리에 걸고 서약을 하겠소. 이 해가 끝나기 전에, 자칭 프랑스 왕이란 자와 맞서기 위해 바다를 건널 것이라고 말이오. 경이 과인에게 준 선물에 대하여 감사하며, 그것을 흔쾌히 받아들이겠소."

이에 프랑스 대공은 대답했다. "나의 존귀하신 사촌이여, 바로 소신이 기대하던 대답이었나이다. 소신의 동포들을 다시 볼 희망이 소신의 가슴을 가득 채우고 있습니다. 소신 역시 한 가지 서약을 하겠나이다. 어디에서든 전하의 앞에 서서 전투의 가장 치열한 장소에 몸을 던져 전하께 봉사하고, 또 소신의 원수들에게 진 빚을 갚겠노라고······."

이어 로베르 아르투아는 거기 있던 다른 회식자들에게도 서약할 것을 권유했다. 솔즈베리 백작(그의 아내가 왕의 정부였다)은 자신은 영국의 대원수인고로 프랑스의 대원수와 맞서 싸우겠노라고 서약했다. 그 뒤를 이어 더비 백작은 플랑드르 백작과, 그리고 서퍽 백작은 보헤미아 왕과 싸우겠노라고 서약하는 등 모든 기사들의 서약이 줄줄이 이어졌다. 왕이 매우 사랑하는 기사인 고티에 드 모니가 한 서약은 참으로 기이하면서도 섬뜩한 것이었다. 그것은 그가 만일 에노 백작령 주위의 프랑스 마을들을 모조리 불태워 버리지 못한다면 자신의 오른쪽 눈을 파버리겠다는 서약이었다.

약간 떨리는 목소리로 필리파 드 에노는 남편에게 자신도 한 가지 서약을 하게 해달라고 간청했고, 이에 왕은 허락했다. 그러자 젊은 여인은 그녀의 아기는 프랑스 땅에서 태어날 것이며, 만일 국왕이 자신을 함께 데려가지 않는다면 가슴 한복판에 비수를 박아 아기와 자신의 영혼을 동시에 없애 버리라고 맹세했다. 가장으로서의 의무를 일깨워 준 이 말에 동요된 에드워드 3세는 오늘은 윈저궁 안에서 더 이상 서약하지 말 것을 분부했다. 그리하여 다시 연회가 재개되었고, 플랜태저넷 왕가의 군주는 깊은 생각에 잠겨 벌써부터 전쟁 계획에 몰두해 있었다. 만일 신이 도우신다면 나는 나의 유산, 즉 내가 획득할 능력만 있다면 나에게 주어진 아름다운 프랑스 왕국을 되찾을 수 있을 것이다…….

*

당시 영국은 인구가 희박(3백만의 인구)한 나라였다. 황야와 깊은 숲이 국토의 대부분을 차지하고 있었지만 이 거대한 섬 가운데에는 전투로 뼈가 굵은 용맹한 백성들이 살고 있었다. 영국의 귀족들은 프랑스 귀족들 못지않게 자신들의 혈통이나 가문에 대해 강한 긍지를 지니고 있었다. 그럼에도 불구하고 그들은 평민 혹은 천민 출신의 보병들과 어깨를 나란히 하고 싸우는 것을 서슴치 않았다. 이 보병의 정예를 이루는 것은 바우맨, 즉 앞서 이미 언급한 바 있는 가공스러운 궁수들이었다. 높이가 약 1미터 50에서 2미터에 달하며, 주목(朱木)이나 느릅나무로 만들어진 활로 무장한 이들이 날리는 화살은 유효 사거리인 2백 미터 떨어진 곳에서는 결코 목표물을 벗어나는 일이 없었으며, 순풍이 불 경우에는 3백 미터나 떨어진 곳에 있는 표적도 맞힐 수 있었다. 게다가 그들의 화살을 발사하는 속도는 놀라울 정도였다. 이들은 분당 15개의 화살을 날린다고 앙리 드 바이이는 크레시 전투를 자세히 다룬 그의 탁월한 저서 가운데 적고 있다. 영국인들에게 이 무기를 선물한 것은 과거에 그들에게 정복당한 웨일스인들이었다.

그들 뒤에는 검수(劍手)들이 뒤따라 걷고 있었다. 이들은 거의 대부분 웨일스인들로, 목제 자루에 단단히 맞물린 길다란 강철 검으로 무장한 사나운 사내들이었다.

전투시에 영국군이 이루는 대형은 매우 합리적인 것이었다. 과거 로마 군병이 그러했듯, 각 보병은 끝이 뾰족한 말뚝을 하나씩 어깨에 메고 있다가 그것을 자기 앞의 땅에 꽂는다. 이렇게 일렬로 세워진 수천의 말뚝들은 하나의 방벽을 형성하게 되어 맹렬히 달려드는 말들의 공격을 일차적으로 저지할 수 있었다. 영국 기사들은 궁수와 검수들 사이에 위치하고 말에서 내려 발을 땅에 딛고 싸우는 습관이 있었다. 그들이 다시 전마에 올라타게 되는 것은 오로지 패주하는 적의 뒤를 추격해 그들을 진멸하기 위해서였다. 경우에 따라서는 몇몇 무리를 이룬 기병들이 말을 타고 있다가 필요한 경우엔 개입하는, 이를테면 기동 타격대와 같은 역할을 하기도 했다. 기병과 보병들 사이의 이러한 친밀한 관계는 프랑스나 독일의 철갑 기병들이 그들의 평민 보병들에게 보이는 경멸적인 태도와는 뚜렷한 대조를 이루는 것이었다.

모든 군대 가운데서 최고 지휘관과 휘하의 지휘관들 사이의 연락은 '앙탕뒤르(entendure)' 란 이름의 양피지 조각에 의해 이루어졌다. 양자는 서로 다른 크기의 두 조각으로 잘린 이것을 한 조각씩 다음의 접촉이 있을 때까지 보관하였다.

대륙의 군대들에서 보병은 후한 봉급을 받기는 하지만 천시받는 용병들로 이루어져 있었다. 반면 영국에서는 병역의 의무가 필수적이었다. 물론 신체 건강한 모든 평민이 전투에 참여하는 것은 아니었다. 하지만 각 마을마다 왕이 파견한 모병관들이 와서 강건한 장정들을 뽑았다. 선발된 이들은 평화시에는 일요일마다 활쏘기 훈련을 하고, 전쟁 나팔 소리가 울리면 즉각 소집에 응해야 할 의무가 있었다. 국가적 자존심으로 충만하고, 그들이 지닌 군사적 가치로 인하여 모든 이들로부터 존중받는 이들은 거의 무적에 가까운 전력을 지니고 있었다. 프랑스인들은 영국인들을 '쿠에[꼬리 자르지 않은 개]' 혹은 '고동(Godon)' 등의 별명을 부르며 조롱했지만, 얼마 안 있어 그들은 적군을 죽이는 데 있어서는 제대로 깃털 박힌 화살 하나가, 앉아서 야유나 하고 있는 것보다는 훨씬 더 효과적인 무기라는 사실을 깨닫게 될 것이었다.

플랜태저넷 왕가의 군대에서는 왕과 웨일스 대공, 그리고 기타 왕가 출신의 대공들만이 지휘권을 갖고 있었다. 영국 대원수, 그리고 원수 백작 등은 하나의 명예로운 칭호에 지나지 않았다. 물론 이 칭호로 인해 그들은 큰 명예를 누리긴 하였으나 그 외의 별다른 권한은 가지고 있지 않았다.

당시 영국인들은 대포를 보유하고 있었을까? 물론이었다. 피렌체인들은 1325년부터 대포를 사용했으며, 스페인 반도의 아랍인들 경우는 이보다도 훨씬 일찍부터 사용하고 있었다. 프랑스인들 역시 보유하고 있었으나 단지 공성 작전을 위해서만 사용했다. 영국인들이 대포를 사용하여 크레시 전투에서 승리했다는 전설이 있다. 하지만 이것은 프랑스인들이 자신들이 당한 참담한 패배를 정당화하기 위하여 나중에 교묘하게 꾸민 이야기일 가능성이 있다.

하지만 포병대의 등장으로 인해 기존의 기사 전투 체계 내에 커다란 틈이 생겨나게 것은 사실이다. 폭격은 견고한 성탑에 구멍을 낼 수도 있고, 말등에 버티고 앉아 있는 명예로운 기사 양반을 비겁한 방식으로 죽일 수도 있었던 것이다. 그래서 철갑 기병들은 옛날 석궁에 대하여 그러했듯이 대포를 비열한 무기로 여겼다.

프랑스 왕국은 왕국 내의 봉신들을 군역에 소집하는 전통적인 체제를 고수하고 있었다. 왕의 군사(軍使)가 상대방 왕에게 가서 도전 의사를 전달하면, 그때부터 왕국 전체는 전쟁 상태에 들어간 것으로 간주되었다. 국왕은 생드니 성당에서 그곳 신부가 보관하고 있던 이른바 '성 진홍기'라는 이름의 깃발을 들어올리는 엄숙한 의식을 거행한다. 한 명의 노련한 기사가 만인이 부러워하는 깃발 수호자라는 칭호를 갖게 되는데, 그는 유사시 항복보다는 영예로운 전사를 택해야 하는 의무를 갖고 있었다.

원칙적으로 봉신들은 그들의 군주에 대하여 40일간 무상으로 병역의 의무를 수행해야 했다. 이 기한이 초과되면 귀족들 자신은 물론 그들이 전장으로 데려온 시종들과 하인들에게까지 급료를 지불해야 했다. 신분이 높은 제후들은 그야말로 하나의 소규모 군대를 이룰 만한 인원을 이끌고 왔다. 국왕들이 보유한 상비군이라고 해야 왕궁에 상주하는 기사들·시종들·무장 하인들 전부 합쳐도 1백여 명을 넘지 않았다. 그러나 전시에 국왕들은 강력한 호위대에 둘러싸여 있었다. 예를 들어 1382년의 루즈베크 원정전 때에는, 백합[프랑스 왕가의 상징]군의 제후들은 어린 샤를 6세의 경호를 위하여 3백인의 무사를 차출해야 했을 정도였다.

만일 국왕이 전쟁에 직접 참가했을 경우에 프랑스 대원수는 국왕의 명령에 따라 군대를 지휘했다. 하지만 군주는 대원수의 여러 특권을 존중해 주었으며, 작전을 수립함에 있어서 항상 그에게 사전 자문을 구했다. 국왕이 없을 경우 대원수는 군대에 대한 전권을 행사했다. 그를 보좌하는 이들로는 원수들, 프랑스 제독, 석궁수대 대장 등이 있었고, 여기에 15세기에는 포병대 대장이 합류하게 된다. 베르트랑 뒤 게클랭 같은 명성 높았던 대원수는 어렵지 않게 대공들이며 귀족들을 통솔할 수 있었던 반면, 부하들로부터 별로 존경받지 못했던 알베르 대원수가 지휘한 아쟁쿠르 전투에서는 그렇지 못했다는 것을 보게 될 것이다.

호언장담을 일삼는 프랑스 기병들은 진실을 받아들이려 하지 않았지만, 당시 '걸음뱅이 병사'라는 천한 별명을 가지고 있던 보병은 어떤 군대에나 반드시 필요한 존재였다. 평민층 가운데의 징병 대상으로는 우선 자유 도시의 민병들을 들 수 있었는데, 이들은 성벽 뒤에 숨는 것 이외에는 별로 쓸모가 없는 존재들이었고, 또 현지에서 농민들을 즉석에서 모아서 데려오기도 하였는데, 이들 역시 자기들과 관계없는 귀족 양반들의 전쟁놀음에는 별다른 관심이 없는 터라 적들이 쳐들어오면 얼마 저항하지 않고 무너져 내리곤 했다. 그래서 12세기부터 봉급을 받는 용병들을 채용할 필요성이 생겨났다. 이렇게 필리프 오귀스트와 사자심왕 리처드는 '코트로'라고 불리는 용병들을 고용했던 것이다.

14세기에 이르러서 프랑스인들은 모자라는 병력을 충당하기 위하여 그 어느때보다도 용병 집단들에 의존하지 않을 수 없게 되었다. 당시 존재했던 용병 부대들이 바로 혐오스럽기 이를 데 없는 '그랑드 콩파니[큰 규모의 중대, 혹은 큰 무리를 이룬 떼거리 등]'들이니, 당시 이 이름은 강간과 살인과 약탈의 동의어였다. 필리프 드 발루아는 이들 대장 중의 한 명인 크로카르에게 자기에게 봉사해 주는 대가로 기사 작위와 2천 파운드의 연금까지 약속했다. 또 베이컨이라는 이름의 또 다른 '노상강도'는 무기장(武器長)으로 승진했다. 장 2세는 일명 '수석 사제'(그는 실제로 그랬다) 아르노 드 세르볼을 그의 대부 겸 고문으로 삼았다. 이 반(半)도적 무리들은 백성들에게는 역병 같은 존재들이었다. 이들의 존재는 1358년의 그 격렬한 농민 폭동이 일어난 원인 중의 하나였다.

활은 프랑스군 가운데에도 널리 퍼져 있는 무기였으나, 프랑스인들은 이것의 위력을 경시했다. 백년 전쟁시 최초의 교전들이 일어났을 때, 발루아 왕가의 필리프 4세는 제노바 석궁수 수천 명을 고용했다. 석궁의 '카로'는 가장 견고한 쇠사슬 갑옷도 관통할 수 있었으나 발사 속도가 매우 느렸다. 영국인들이 네댓 개의 화살을 날리고 있는 동안에 제노바 석궁수들은 겨우 하나의 카로를 발사할 수 있을 뿐이었다. 샤를 5세는 이 심각한 약점을 깨닫고, 영국인들에게 대항하기 위하여 프랑스 병사들에게도 화살을 사용할 것을 장려했다. 하지만 그의 부친과 조부는 활의 절대적 필요성을 모르고 있었다. 그들의 꽉 막힌 정신은 칼과 창으로 찌르고 베는 것이 전부인 기병대의 전투 외에는 그 어떤 다른 가능성도 고려하지 않았던 것이다.

*

1338년 7월 16일 에드워드 왕은 탄탄한 전력을 갖춘 군대를 거느리고 안트워프에 상륙했다. 7주 후 영국 왕은 합스부르크 황제를 만났고, 그와의 동맹 관계를 확보할 수 있었다. 아비뇽의 교황 베네딕트 12세는 여러 차례에 걸쳐 평화를 호소했다. 기독교인들의 피의 물결이 꼭 이렇게 흘려져야만 하느냐고 말이다.

하지만 처음에는 전쟁의 소문만이 무성할 뿐이었다. 대담한 호민관 야콥 반 아르테벨데가 이끄는 플랑드르 사람들은 그들을 다스리던 백작 루이 드 느베르를 추방했고, 이에 백작은 프랑스 왕궁에 피신했다.

에드워드 3세는 간트와 브뤼게 시민들에게 약속 공세를 퍼부었다. 신앙을 걸고 맹세코 자기는 플랑드르 시민들의 권리를 존중해 주는 군주가 되겠노라는 약속이었다. 북쪽의 평원들에서는 벌써 프랑스군과 영국군 사이에 몇 차례의 교전이 일어났다. 생드니의 깃발을 올린 필리프 6세는 강력한 군대를 이끌고 생캉탱의 성벽 아래에 진을 쳤다. 영국군은 가까운 곳에 있었다. 두 왕국의 운명을 결정할 대규모의 전투가 임박한 것일까? 그런데 기이하게도 필리프왕은 칼을 뽑지 않고 슬그머니 파리로 회군했다. 곧 이 회군의 이유가 밝혀졌다. 그는 수많은 전함들을 모아서 영국 왕이 프랑스땅에 와 있는 틈을 타 영국 본토를 기습하려 했던 것이다.

수천 명의 보병(그러나 기사의 수는 1백50밖에 되지 않았다), 제노바 석궁수, 노르망디와 피카르디 출신의 해군을 실은 2백여 척의 배가 1340년 6월 24일 영국 함대와 격돌하게 된다. 필리프 6세는 그의 제독들인 위 키에레와 니콜라 베위셰, 그리고 제노바 출신의 노련한 수부인 늙은 바르바라베라에게 큰 기대를 걸고 있었다. 경험이 풍부한 늙은 수부는 바다쪽으로 나갈 것을 권했다. 왜냐하면 적군은 순풍을 받고 있어서, 프랑스 전함들을 제방 쪽으로 몰아넣고 한 척 한 척 파괴할 수 있는 좋은 위치에 있었기 때문이다. 그러나 베위셰는 소리를 질렀다. "누구든지 여기에서 한 발짝이라도 뒤로 물러서는 자는 저주를 받을지어다!" 프랑스군에게 치명타를 가한 것은 언제나 이같은 헛된 명예심이었다.

에드워드 3세는 함대를 직접 지휘했다. 출산한 지 얼마 되지 않은 왕비 역시 오연한 자세로 그 옆을 지키고 있었다. 그녀를 섬기는 귀부인들도 감동에 전율하며 옆의 배에서 항해하고 있었다. 에드워드 왕은 상대의 어리석음을 이용해야 한다는 사실을 깨닫고, 그의 함대로 하여금 적함들을 향해 곧바로 돌격하게 했다. 이윽고 무서운 전투가 벌어졌다. 결국 자신들의 배들을 잃게 되리라는 사실을 깨달은 제노바인들은 승리를 목전에 둔 적의 칼 앞에 노르망디인들과 피카르디인들만을 남겨둔 채 도주해 버렸다. 파도 위에 떠다니는 시체들과 돛대들 사이로, 필리파 여왕의 공포에 찬 눈이 목격한 것은 얇은 베일들과 귀한 천들이 물결 위를 떠다니고 있는 광경이었다. 그녀의 시중을 드는 귀부인들이 탄 배가 침몰했던 것이다! 프랑스인들에게 그가 원하는 것은 인정사정 없는 전쟁이라는 사실을 분명히 보여주기 위하여 에드워드 왕은 생포한 프랑스 부제독 니콜라 베위셰를 자기 배의 활대에 매달아 놓게 했다. 이렇게 프랑스의 전함 '펠르린' '네프-디위' '생트마리 포르트주아' 호가 침몰했다. 그리고 이들과 더불어 영국을 침공하겠다는 꿈도 함께 침몰했던 것이다!

이때 에드워드 3세는 전통적인 기사도 정신을 상기시키는 어떤 모습을 보여준다. 새로운 전쟁에 대한 개념을 가지고 있었음에도 불구하고 그는 여전히 당시대의 인물이었던 것이다. 그는 기독교도들의 피가 더 이상 뿌려지는 일이 없도록 필리프 6세와의 일대일 대결을 요청한 것이다. 궁지에 몰린 프랑스로서는 더없이 좋은 기회가 아닐 수 없었다! 만약 일대일 결투도 싫다면, 막료들 가운데서 노련한 기사들을 1백 명씩 선발해 목숨을 건 결투로 승부를 가리자는 것이었다.

그러나 필리프 6세는 분개했다. 만일 영국 왕이 보낸 도전장이 합당한 형식으로 되어 있다면 짐은 결코 거절하지 않을 것이다. 하지만 영국의 에드워드왕이 신의 판결장에 나오라며 짐을 '발루아 백작'이라고 부르고 있는 것이 과연 가당하단 말인가? 이렇게 하여 이 기이한 신명 심판(神明審判; 중세 때 불·열에 손을 넣어도 다치지 않는 자, 결투에서 이기는 자를 무죄로 하는 심판이다)은 결국 성사되지 않았다. 오히려 교황 베네딕트 12세의 간청에 따라, 두 군주는 새로운 휴전 협정에 조인하게 되었다.

전쟁의 바람이 불게 되면, 한편에서 불길이 잦아들면 다른 쪽에서는 새로운 불길이 치솟는 법이다. 브르타뉴 공작이기도 한, 일명 '선공' 장 3세는 1341년 후사를 남기지 못하고 세상을 떴다. 그의 질녀이자 발루아 가문의 필리프 6세의 조카 샤를 드 블루아와 결혼한 '절름발이' 잔은 공작위를 물려받았다. 하지만 장 3세의 이복동생이며 잔 드 플랑드르의 남편인 몽포르 가문의 장 4세는 곧장 공작위 소유권을 주장하고 나섰다. 이렇게 해서 아르모리카[12세기 이전 프랑스 브르타뉴 지방을 일컫는 명칭] 공작령을 피와 무수한 눈물 방울들로 적시게 된 '두 잔의 전쟁'이 시작되었다. 오랜 전쟁 끝에 두 공작부인의 남편들은 모두 적군의 포로가 되었다. 이렇게 되자 '여자의 몸에 사자의 심장을 가진' 두 여인네 자신이 몸소 군대의 선봉에 섰다. 거친 시대에는 사람들의 심성도 거칠어지는 법이다……

전쟁 초기에 아르투아 백작 로베르는 반 농성전에서 치명적인 상처를 입었다. 이렇게 모리스 드뤼옹이 '전쟁 바람잡이'라고 불렀던 인물은 끔찍한 고통 속에서 죽어갔으니, 이것은 그 자신이 일으켰던 길고도 피비린내 나는 분쟁의 초엽에 일어난 일이었다.

5

영국 궁수들, 크레시 전투에서
대궁의 패권을 확립하다

(1346년 8월 26일)

　야콥 반 아르테벨데는 어떤 소요 사태중에 죽었다. 이로 말미암아
에드워드 3세는 열렬한 지지자 중의 하나를 잃게 되었다. 이제 플랑드
르는 이전만큼 안심할 수 있는 땅이 아니었다. 하지만 이제 외적 침입
의 강박관념에서부터 해방된 영국 왕은 능란한 작전가였으므로, 에클
뤼즈 해전에서 거둔 승리를 최대한 활용하였다. 그는 먼저 기옌 탈취
계획을 세웠고, 이에 따라 그의 군대들이 노르망디 공작(미래의 '선왕'
혹은 '강용왕'이라는 별명의 장 2세)을 상대로 현지에서 격렬한 전투를
벌이고 있었다. 그런데 노르망디 지방의 지체 높은 제후 중 한 명이며,
당시 영국에 피신해 있던 고드프루아 다르쿠르가 셰르부르에서 멀지
않은 곳에 상륙할 것을 영국 왕에게 설득했고, 결국에는 그 뜻을 이루
었다.

　1346년 7월 24일, 에드워드 왕은 1천2백 명의 무사와 같은 수의 시
종들, 그리고 1만 2천에서 2만에 달하는 궁수와 검수들로 구성된 강력
한 군대를 이끌고 생바스트라우그에 상륙했다. 당시 영국군은 매우 뛰
어난 기동력을 지니고 있었는데, 처칠이 저술한 《영어 사용 민족들의
역사》에 의하면 그것은 궁수들이 '날렵한 암망아지'를 타고 있는 경우

가 많았기 때문이라는 것이다.

그것은 기병들이 말을 타고 사방을 돌아다니며 벌이는 무자비한 전쟁이었다. 에드워드 3세는 지나치는 길에 작은 도시 몽트부르를 잿더미로 만들어 버리고, 카랑탕과 생로를 약탈한 후, 다시 캉을 향해 진격해 나갔다. 여기저기에서 전화(戰火)의 검은 연기들이 피어올랐다. '지옥의 대오,' 영국 군대가 휩쓸고 간 자리에는 다만 폐허와 비탄만이 남았다.

프랑스 대원수 위 공작과, 탕카르빌 백작은 캉 앞에서 밀려오는 영국군에게 대담하게도 대항을 시도했다. 하지만 노르망디 출신의 부르주아 민병들은 줄행랑을 쳐버렸고 무모하게 행동한 귀족들은 포로가 되고 말았다. 캉은 불태워지고 약탈되었으며, 다음에는 루비에와 베르농 차례였다. 에드워드 왕은 센 강을 따라 올라가 파리에서 2리위〔약 4킬로미터에 해당하는 프랑스의 전통적인 거리의 단위〕떨어진 곳에까지 이르렀다. 영국 왕으로서는 시작이 순조로운 셈이었다. 그는 이미 대원수, 60명의 기사, 그리고 3백에 달하는 부유한 노르망디 지방의 부르주아 등 많은 포로들까지 잡아 영국에 보내 놓은 참이었다. 이들의 몸값으로 전쟁 비용을 톡톡히 빼내게 될 터였다.

파리 시민들은 공포로 몸을 떨었다. 에드워드왕은 파리가 코앞에 보이는 곳에서 생클루와 불로뉴를 불태웠던 것이다. 곧 파리마저 함락되지 않겠는가? 불안을 느낀 필리프 6세는 생드니에 집결해 있던 그의 군대에 합류했다. 그러나 프랑스군과 영국군은 정면으로 충돌하지는 않았다. 에드워드 3세의 군대가 파리를 오른편에 남겨두고서 좌측으로 선회하여 보베 지방의 촌락들을 불태우며 아미앵 쪽으로 방향을 돌린 것이다. 프랑스 왕과 그의 막료들은 그들을 추격하여 거의 모든 다리가 끊겨져 있는 솜 강 쪽으로 몰아갔다.

에드워드 3세는 초조해졌다. 만약 여기서 프랑스군에게 맞서게 되면 뒤로는 강을 등지게 된다. 더 이상 불리할 수 없는 위치였다. 이때 사람들은 영국 왕에게 블랑슈 타크라는 이름의 도섭지(徒涉地; 강에서 물이 얕아 걸어 건널 수 있는 부분)가 하나 있다는 사실을 알려 주었다. 그런데 이곳에는 이미 필리프왕의 명으로 왕의 신임을 받는 기사인 고드마르 드 페이가 프랑스군의 상당한 부분에 해당하는 병력을 거느리고 지키고 있었다. 영국군은 이들을 맹렬하게 공격하였다. 그리하여 짧고도 격렬한 전투 후에 프랑스군은 완전히 와해되어 버렸다. 왕의 진노가 두려워진 우두머리는 재빨리 도망가 버렸고, 영국군은 패주하는 적들을 뒤쫓아가 가능한 많은 수를 도륙하였다.

에렌에 도착한 필리프 6세는 고드마르 드 페이의 완패 소식을 들었을 때 엄청난 분노에 사로잡힌 나머지 패배한 기사를 교수형에 처하고자 했다. 수많은 마을과 성읍들이 영국군의 '지옥의 대오'에 의하여 파괴되고 있는 광경을 목격한 왕의 분노와 슬픔은 더욱 커졌다. 다음날 그는 아직껏 파괴되지 않은 유일한 다리인 아베빌 앞에 있었다. 그는 거기서 그의 남은 병력들이 도착하기를 기다렸다.

"고아한 체격과 의상을 갖춘 이 기사들과 바람에 펄럭이는 막사(幕舍)들의 모습은 참으로 멋진 광경이었다"고 장 르벨은 적고 있다. 하지만 여러 차례 억수같이 쏟아져 내린 소낙비로 땅이 물에 잠겨 이 아름다운 군대의 행군은 너무나도 고통스러운 것이 되고 있었다. 적군보다 2일 행군에 해당하는 거리를 앞서 있던 영국군은 크레시 앙 퐁티의 마을 근처에 견고한 위치를 선점할 수 있었다. 피카르디를 잘 알고 있는 앙리 드 바이이는 이 지역의 지형을 면밀하게 연구해 놓은 바 있다. 독자들은 이미 언급한 바 있는 그의 훌륭한 저작을 참고하기를 권한다.

8월 26일 아침, 영국군 진영에서는 나팔 소리가 울려퍼졌고, 이에 전사들은 신속히 무장을 했다. 그리고 에드워드왕은 "어떤 숲 가까이에 군대의 마차와 우차들로서 입구가 하나 있는 큰 방책을 만들고, 그 안에 말들을 몰아넣게 하였다"고 장 르벨은 적고 있다. 플랜태저넷 가문의 왕은 제1 대대의 지휘권을 그의 아들에게 주려고 결심하고 있었다. 그는 황태자 에드워드의 젊음과 패기를 굳게 믿고 있었다. 하지만 그는 워릭·스태퍼드, 그리고 고드프루아 다르쿠르 백작들로 하여금 그를 호위하게 하였다.

노샘프턴 백작·서퍽 백작과 전투 승려인 더럼 주교는 제2 대대의 지휘를 맡았다. 국왕 자신은 앞의 두 대대 사이에 위치한 제3 대대를 지휘했다. 그는 풍차가 하나 서 있는 나지막한 언덕 위에 올랐다. 이 천연의 관측소에서부터 그는 인근의 전경을 한눈에 조망할 수 있었다.

전투가 임박했을 때 에드워드 3세는 친히 병사들의 대열 가운데로 돌아다니며 사열했다. 그는 전리품을 주으려 허겁지겁 달려가거나 전사자의 몸을 뒤지려고 각자의 정해진 위치를 벗어나는 소행은 결코 용서하지 않겠노라고 말했다. 만일 오늘의 운이 아군편이라면 굳이 좇아다니지 않아도 저녁에 승자들은 전리품을 푸짐하게 얻게 될 것이다. "만일 운이 불리하게 돌아간다면 약탈을 한들 그것이 무슨 소용 있겠는가?"(장 르벨) 하지만 집결 나팔 소리가 들릴 때까지 마음껏 먹고 마시는 것은 허용되었다. "모든 병사는 국왕을 너무나도 사랑했고, 동시에 두려워했기 때문에 아무도 그의 명을 감히 어기려 하지 않았다."(장 르벨) 영국 궁수들은 차분한 마음으로 기다리고 있었다. 조금전 비가 억수같이 내릴 때, 그들은 활시위를 두건으로 감싸 건조한 상태로 유지하고 있었기 때문이다.

하지만 보헤미아의 늙은 왕인 소경왕 장, 로마의 왕인 그의 아들 샤를, 그리고 이들과 나란히 말을 달리고 있는 국왕의 동생 알랑송 백작 · 로렌 공작 · 플랑드르 백작, 기타 프랑스의 가장 지체 높은 제후들이 뒤죽박죽으로 뒤섞여 거대하고도 혼란스런 봉건적 떼거리를 이루고 있는 프랑스군은 무질서하게 연속적으로 밀려들었다. 제노바의 석궁수들, '비도'(미늘창과 장도로 무장하고 있는 보병들)들, 그리고 자유시의 민병들은 질척거리는 땅 위에서 구보하고 있었다.

필리프 6세는 보헤미아 왕의 신복이며, 바제유의 수도승이기도 한 어떤 용맹한 노기사와 다른 3명의 철갑 기사들에게 적정을 탐지해 오라고 명했다. 이들은 영국군의 세 대대가 잘 짜여진 대형을 이루고 있으며, 또 어떠한 공격이라도 격퇴하겠다는 결의로 가득 차 있는 기세를 느꼈다. 산전수전 다 겪은 노병인 바제유의 수도승은 프랑스 국왕에게 본 것을 그대로 보고했다. 즉 그의 눈에는 영국군이 바위처럼 견고하게 보였다는 사실이었다. 반면 지금 프랑스 기병과 보병들은 진흙탕 길 위에서 미친 듯한 속도로 계속되어온 추격의 행군 끝에 거의 탈진한 상태이다. 따라서 본격적인 행동을 개시하기 전에 군인과 말에게 휴식을 주어야 할 것이라고 말했다.

필리프왕은 원수들을 파견해 전위대의 기병들에게 다음과 같은 명을 전달하게 했다. "하나님과 생드니 경〔골(프랑스의 옛 이름)에 복음을 전하고, 서기 250년경 프랑스 최초의 주교가 되었으며, 몽마르트르, 혹은 생드니(파리 교외 북쪽에 있는 지역)에서 순교하였다고 전해지는 인물로 그는 순교시 참수되었기 때문에 항상 자신의 잘린 목을 들고 있는 모습으로 그려진다. 전설에 의하면 5세기말, 생드니가 묻혔다고 추정되는 장소에 성녀 주느비에브가 바질리크 예배당을 세웠다 한다. 이후 생드니의 교회당은 메로빙거 · 카롤링거 · 카페 등 역대 프랑스 왕조들의 무수한 왕들과 대귀족들의 유해가 안치된 국가적 성지가 되었다. 이를테면 우리나라의 종묘와도 같은 곳이다)의 이름으로 왕명을 전하노니, 깃발들을 멈추어라!" 하지만 몸의 피로도 잊어버린 알랑송 백작과 그를 둘러싸고 있는 분별력 없는 젊은 귀족들은 복종하기를 거부했다. 더 이상 지체하지 말고 전투를 벌이자! 그들은 검을 빼들고 함성을 질렀다. "죽여라! 죽여라!"

필리프왕 역시 그들이 펼친 진영 가운데 견고하게 자리잡고 있는 영국군의 모습을 보자 "피가 거꾸로 치솟아 올랐다. 왜냐하면 그는 그들을 심히 증오했기 때문이다."(프루아사르) 그는 원수들에게 명했다. "제노바 석궁수들을 전면에 나아가게 하여 하나님과 생드니 경의 이름으로 전투를 시작하게 하라." 헌데 제노바 석궁수들은 조금전에 있었던 폭우에 흠뻑 젖어 녹초가 되어 있었다. 그들은 대장에게 석궁의 활줄이 빗물에 젖어 무기는 지금 무용지물된 상태라 도저히 싸울 수 없다고 말했다. 이 말은 알랑송 백작의 귀에까지 와 닿았고, 이에 그는 격노하며 고함을 질렀다. "필요할 때면 꼭 사고를 치는 이 쓸모없는 용병 녀석들을 먼저 공격해야 할 것이야!"

다시 한 번 세찬 소낙비가 휘몰아치고 난 후 태양이 다시 찬연한 모습을 드러냈다. 참으로 '아름답고도 깨끗한' 자태였다. 프랑스군은 햇빛을 눈에 정면으로 받고 있는 반면 영국군은 이를 등지고 있었다. 말할 것도 없이 영국군에게 매우 유리한 조건이었다. 그리고 영국군은 이 유리한 상황을 제대로 이용할 줄도 알았다. 제노바 석궁수들은 적진을 향해 진격할 것을 결정했다. 그들 나름의 관습대로 그들은 상대의 기를 죽이기 위해 일제히 거센 고함을 질렀으나 상대는 눈 하나 꿈쩍 안했다. 그러자 그들은 석궁줄을 당겨 살을 장전하며 전투를 개시하려 했다. 하지만 쏟아져 오는 화살들로 인해 그들은 한 발자국도 더 움직일 수 없었다. 영국 궁수들은 화살을 직선으로 쏘지 않고, 즉 특정한 목표물을 겨냥하지 않고 공중으로 쏘아 올려 화살들이 우박 내리듯 위에서 아래로 떨어져 내리게끔 쏘아댔다. 가차없이 실행된 이 전략은 오랫동안 효력을 거두었다. 제노바인들은 '이 화살들이 그들의 팔과 머리, 얼굴을 꿰뚫고 들어오는 것을 느끼자 금방 와해되어 버렸고,' 큰 혼란에 빠져 퇴각했다.

필리프왕은 격노하여 소리쳤다. "쓸데없이 아군의 진로를 막고 있는 이 용병 녀석들을 쓸어 버려라!" 이렇게 하여 프랑스 기사들은 자신의 보병을 공격했던 것이다! 정말이지 난장판이었다. 철갑기병들은 전진하려 했고 보병들은 전장을 버리고 도망치려 했건만, 그들 뒤로 빽빽이 밀려들어오고 있는 전마들로 인해 그럴 수도 없었다. 더욱이 기사들은 보병들을 닥치는 대로 찌르고 베며 넘어뜨리고 있었던 것이다! 화살은 계속 우박처럼 쏟아지고 있었고, 사방에서는 비수같이 날카로운 화살에 몸이 꿰뚫린 보병들과 기사들이 풀썩풀썩 땅에 쓰러져 내렸다. 이 절박한 상황에 처하여 프랑스군은 그 유명한 대포 3문을 사용하였는가? 연대기들에는 이에 대해서 언급하고 있지 않다.

결국 기사들은 거추장스러운 제노바 석궁수들로부터 가까스로 벗어날 수 있었다. 하지만 그들의 공격은 혼란스러웠고, 또 헛된 것이었다. 미처 적군에까지 도달하기도 전에 죽어가고 있었기 때문이다. 로마인의 왕, 샤를 드 보엠은 도망쳤다. 장 파비에는 다음과 같이 쓰고 있다. "이때 장 드 에노는 프랑스 국왕에게 냉철하게 자기 의견을 밝혔다. 즉 아군은 더 이상 얻을 것이 아무것도 없고, 오직 잃을 것만 남았다는 것이었다. 중앙은 적군에 의해 뚫렸으며, 좌익은 더 이상 존재하지도 않기 때문에 우익에 있는 프랑스 국왕은 선택의 여지가 없다는 것이다."

하지만 프랑스 기병의 상당수가 마침내 영국군에 도달하는 데 성공했다. 그리고 영국 황태자 웨일스 공 에드워드(그는 16세기에 이르러서야 흑세자라고 불리게 된다)가 위험에 처한다. 그러자 그의 참모들은 토머스 노릭을 보내 에드워드 3세에게 도움을 청하게 했다. 하지만 영국 왕은 매우 냉정한 어조로 겁에 질려 있는 전령에게 말했다.

"토머스 경, 내 아들이 제몸 하나조차 구조하지 못하고 있다니, 그렇다면 그가 죽었거나 땅 위에 쓰러져 있거나, 혹은 위중한 부상이라도 당했단 말이오?"

"아니옵니다, 전하. 하지만 황태자께서는 매우 불리한 상황 가운데 있나이다. 따라서 전하의 원조가 절실히 필요한 상황입니다."

"토머스 경, 돌아가 그와 경을 보낸 사람들에게 내 말을 전하시오. 내 아들의 목숨이 붙어 있는 한 무슨 일이 일어나더라도 더 이상 내게 아무것도 요청하지 말라고 말이오. 또 오늘 황태자로 하여금 스스로 기사의 박차를 획득할 수 있게끔 놔두라고 그들 모두에게 말하시오." 에드워드 3세에게는 로마인과 같은 기질이 있었다.

하지만 노샘프턴 백작과 애런들 백작은 웨일스 황태자를 원조하기 위해 자진하여 군대를 이끌고 달려왔다. 프랑스 기병들은 엄청난 손실을 입고 퇴각했다. 정말로 참혹한 살육극이었다. 웨일스 검수들은 프랑스 기병의 말 아래로 기어들어가 칼로 짐승들의 배를 갈랐다…….

늙은 왕 장 드 보엠은 전장 한쪽 끝에 막료들의 호위를 받고 있었다. 그를 옹위하고 있는 철갑 기병들은 전투가 진행됨에 따라 시시각각 전황을 알려 주었다. 제노바인들과 프랑스 기병들 간에 벌어진 참혹한 혼전은 그를 매우 슬프게 만들었다. "아군에게 좋지 않은 징조로다" 하고 그는 깊은 한숨을 내쉬었다. 그는 아들의 소식을 물었다. 이에 사람들은 그가 저쪽 어디선가 싸우고 있을 것이라고 대답했다. 그것은 로마 왕이 도주했다는 사실을 알게 되면 늙은 왕의 심경이 너무도 참담해질 것이라 생각했기 때문이었다. 하지만 노왕은 눈치채고 기사들에게 말했다. "경들, 그대들은 짐의 부하요, 친구요, 또 동료이기도 하오. 그대들에게 특별히 청컨대, 나를 최전방에까지 데려다 주시오. 나 역시 적들에게 검을 휘두를 수 있게끔 말이오." 늙은 왕의 막료들은 즐거이 명에 따랐다.

바제유 수도승은 고삐를 잡았다. 그와 다른 기사들은 서로 떨어질 수 없게끔 전마의 고삐로 서로서로를 연결했다. "이렇게 그들은 적들을 향해 돌진했다." 다음날 이들 모두는 시체가 되어 발견되었다. 끈에 의해 서로 연결되어 있는 이들 시신들 중에는 소경왕 장도 포함되어 있었다. 그것은 다가오고 있는 시대에 대한 하나의 가슴 아픈 상징이었다. 하나님이 내려다보고 계신 가운데 용자(勇者)로서 당당히 죽어간 기사들, 그러나 도도한 역사의 물결에 맞서 싸우다 허망하게 죽어간 기사들의 맹목성에 대한……

발루아 왕가의 필리프 6세는 적에게 접근조차 못했다. 그만큼 전장 가운데 사람들은 혼란스럽게 얽혀 있었고, 혼란은 극에 달해 있었다. 프랑스 기병들은 돌격에 돌격을 거듭했지만, 이제 그들의 사기는 한풀 꺾여 있었다. 필리프왕은 동생 알랑송 백작의 전사 소식을 들었다. 그리고 플랑드르 백작의 전사 소식도 잇달아 들려왔다. 그러자 장 드 에노는 국왕이 탄 말 재갈을 손에 틀어쥐고 전장 바깥으로 모셔왔다. 이제 남은 왕을 호위하고 있는 신하라고는 몽모랑시 경, 보즈 경과 다른 두 기사뿐이었다. "이제 완전히 밤이 되어 있었다. 주변엔 매우 짙은 어둠이 깔려 있었다." 어둠 속에서 들려오는 것은 부상당한 프랑스인들의 신음 소리뿐이었다. 그들은 자신들을 몸값에 파는 포로로 잡아달라고 애원했다. 그러나 야만스런 웨일스 검수들은 칼로 하나하나 그들의 목줄을 끊었다.

필리프왕과 그의 작은 호위대는 라브루아 성문 앞에 서서 도개교를 내려달라고 청하였다. "누가 이 밤늦은 시간에 와서 소동을 벌이는

고?" 하고 성주가 거칠게 소리쳤다. 그러자 어둠 속에서부터 떨리는 목소리가 올라왔다. "성문을 여시오! 성주, 성문을 여시오! 짐은 불행한 프랑스 국왕이라오!"

사실 그것은 완전한 참사였다. 장 르벨과 프루아사르에 의하면, 이 전투에서 프랑스군은 아마도 1천2백여 명의 기사를 잃었을 것이다. 이들의 시체는 1만 5천 내지 1만 6천에 달하는 시종들·제노바인들, 그리고 자유시 민병들의 그것들과 섞여 피로 물든 대지 위에 널려 있었다. 전투에 참여했던 한 영국인은 프랑스군 전사자의 수는 1천5백 42명이라고 말하고 있다. 프루아사르의 산정이 좀 과도했다고 치더라도 전사한 거물급 인사들의 목록만도 벌써 많은 것을 말해 주고 있다. 보헤미아 왕·알랑송 백작·플랑드르 백작 이외에도, 로렌 공작·오세르 백작·상세르 백작·살름 백작·블루아 백작·아르쿠르 백작 등이 거기서 전사했다. "심지어 필리프 6세는 국왕기마저 잃었다. 불행중 다행은, 이 국왕기는 진짜가 아니라 이런 상황에 대비하여 자수를 놓아 만들게 한 가짜였고, 진품은 생드니 성당에 고이 간직되고 있었다는 사실이다. 국왕기는 과거 천사가 가져온 것으로써 하나님께서 국왕에게 내린 사명에 대한 상징이라 할 수 있다. 이 깃발을 펼침은 이교도들, 더 엄격히 말하자면 신앙을 배신하는 모든 자들을 처단하기 위함이다. 그런데 필리프 6세는 바티칸 봉왕(封王)이었던 그의 사촌과 맞서 전투를 벌일 때에도 주저하지 않고 이 깃발을 휘날리게 했다 한다."(장 파비에)

전투 다음날 영국군은 그들의 위치에서 움직이지 않았다. 에드워드 3세는 아직 완전한 승리를 거두었다고 확신하지 못했던 것이다. 그의 전령들은 전장을 돌아다니면서 시체들을 들춰가며 적군의 우두머리급 전사자들의 이름을 체크했다. 영국군 중에는 전사자가 거의 없었다.

하지만 에드워드 3세는 필리프 6세가 잔여 병력을 모아 최후의 공세를 감행할 것을 염려했다. 하지만 이미 프랑스인들은 더 이상 무엇을 시도해 보기에는 너무나 사기가 떨어져 있었다. 이렇게 영국군은 전투에 승리하게 된 것이다.

이에 에드워드 3세는 전투중에 숨진 영국군 전사자들의 시신을 인근의 어떤 수도원에 예의를 갖추어 매장해 주라고 명하였다. 그리고 그는 지나가는 길에 닥치는 대로 불태우면서 행군을 계속하여, 조금의 위협도 받지 않고 영국행 배에 승선할 수 있었다. 영국 왕은 포로도 한 명도 데리고 있지 않았는데, 그것은 적군의 부상자가 제아무리 고귀한 신분을 가졌다 할지라도 이미 모두 처단되었기 때문이었다. 아마도 기사들은 높은 몸값을 받아낼 수 있는 적장들을 살려두지 못해 아쉬웠을지도 모른다. 하지만 이것은 승리한 왕이 누릴 수 있는 특권이었고, 여기에 대하여 그 누구도 불평하지 못했다. 영국 왕이 지극히 냉혹한 방식으로 전쟁을 치를 결심을 하고 있다는 사실은 이미 에클뤼즈 대첩 때부터 알아차려야만 했다.

에드워드 3세는 순풍에 돛을 단 격이었다. 왕가의 가문은 번창했고 귀족들로부터는 경외를, 백성들로부터는 숭배를 받았다. 혼란과 증오의 시절은 이미 지나간 과거의 일이었다. 모든 신하들은 왕가에 대한 새로운 충성의 계약에 다시 서명한 것 같았다. 그는 이마에 월계관을 두르고 고국에 돌아왔다. 바로 이때 그는 기존의 기사단들을 모델로 기사 조직체를 하나 창설할 생각을 하게 된다. 이렇게 하여 탄생되어 앞으로 그 찬란한 명성을 떨치게 될 '가터 기사단'은 사실 기독교권 유럽 가운데 이런 종류의 것으로서 최초의 것은 아니었던 것이다. 이미 1330년 카스티야의 알폰소 왕은 '현장(懸章) 기사단'을 창설한 바 있었다. 5년 후에는 비에누아 공국의 훔베르트 2세가 성 카테리나 기사단을 세우고 자신이 그 단주가 되었다. 또 노르망디 공작과 그의 사촌 부르고뉴 공작 에우데스 4세는 2백 명의 기사들을 포함하는 성 조르주 기사단을 세울 계획을 세웠으나 실행에 옮기지는 않았던 일도 있었다.

프루아사르의 《연대기》가 우리에게 알려 주고 있는 것은 무엇인가? "이때 매우 시의적절하게도 영국 왕 에드워드는 윈저의 거성(巨城)을 수리하고 개축할 뜻을 갖게 되었다. 이 성은 과거 아서왕이 세웠던 것으로, 세계 곳곳에서 무훈으로 명성을 드날린 수많은 용맹한 기사들을 배출한 고귀한 원탁이 처음 시작되고, 또 제도로서 설립된 곳이었기도 하다. 상기한 왕은 기사단의 규정을 제정했는데, 이에 의하면 기사단의 정원은 왕 자신을 포함하여 그의 소생들, 그리고 왕국 내의 가장 용맹한 기사들로 전체 40명이었다. 이 기사들은 '푸른 가터〔소매나 바짓자락 등을 고정하기 위해 묶는 끈, 대님〕의 기사들'이라 칭할 것이며, 매년 성 조지 축일에 윈저성에서 축제가 엄숙히 거행될 것이었다. 그리고 이 축제를 시작하기 위해 영국 왕은 전국 각처에서 백작·남작·기사들을 소집하여 그들에게 자신의 뜻과 축제를 열고자 하는 큰 포부를 밝혔다. 이에 충성스런 기사들은 왕에게 동의의 뜻을 표했다. 왜냐하면 그들은 이것이 매우 영예스럽고도, 기사들간에 우의를 돈독히 해줄 수 있는 일이라고 생각했기 때문이다.

"그리고 사람들의 의견과 각각의 명성에 따라 가장 기개높은 40인의 기사들이 선출되었다. 이들은 날인을 하고, 그들의 신앙을 건 서약으로 앞으로 축일 및 모든 단원이 동의하고 규정한 규정들을 준수할 것을 왕과 더불어 맹세하였다. 국왕은 윈저성 안에 성 조지 예배당을 세우고, 또 거기 하나님을 섬길 참사원들을 배치하여 이들에게 연금과 각종 물자를 풍부하게 보급하였다. 그리고 이 축제가 모든 이웃나라들에 알려지게 하려고 그는 프랑스·스코틀랜드·부르고뉴·헤이노·플랑드르·브라반트, 그리고 독일 제국(諸國)에까지 사신을 보내 이 사실을 알리게 하였다. 또 그는 여기에 오고자 하는 각국의 모든 기사들에게 15일간의 통행증을 발급하였다(이 당시 프랑스와 영국은 아직 전쟁중이었다는 사실을 잊지 말자). 이 축제 가운데는 40인의 기사와…… 그리고 40인의 시종이 벌이는 마상 결투시합도 있었다. 이 축제는 서력(西曆) 1344년 성 조지 축일에 윈저성에서 개최되게 되어 있었다. 영국 왕비 역시 모두가 고귀하고도 아름다운, 그리고 동일한 복식을 갖춘 한 3백 명의 귀부인들과 숙녀들을 대동하고 이 축제에 참가할 것이었다."

하지만 자주 인용되곤 하는 이 텍스트는 수많은 비판적 논평의 대상이 되기도 한다. J. A. C. 뷔숑은 이 텍스트에 붙인 주들 가운데 다음과 같이 단언하고 있다. "프루아사르는 가터 기사단 제도와 월싱엄 등 대부분의 영국 역사가들이 같은 해에 열린 것으로 확인하고 있는 원탁 기사단 제도를 혼동하고 있다. 이 원탁 기사단 제도가 에드워드 왕으로 하여금 제2의 기사단을 만들 생각을 갖게 하여 그것의 기원이 되었을 가능성이 있다. 하지만 이 문제에 있어서만큼은 프루아사르보다 더 학문적인 권위를 갖춘 영국 역사가들은 가터 기사단의 설립 시기를 1348년으로 늦추는 데 이견을 보이고 있지 않다. 심지어 어떤 이들은 이해보다 더 이후로 보기도 한다."

또 장 프루아사르는 1360년 영국에 도착한 이로, 영국 궁정 사정에 대하여 정통한 이가 쓴 것으로서는 놀랄 만한 한 가지 오류를 범하고 있다. 사실 가터 기사단 기사들의 수는 처음에는 (40이 아니라) 26명이었던 것이다. 에드워드 왕 주위에 자리잡고 있는 이들로는 왕의 아들 웨일스 황태자·랭커스터의 헨리 백작·워릭 백작 토머스·솔즈베리 백작 윌리엄 몬테큐트, 이들 가운데 가운데 유일한 프랑스 가스코뉴 출신인 부흐의 수령 피에르 드 그레이이, 당시대의 가장 용맹한 전사 가운데 하나가 될 존 챈도스 경 등 당시 영국의 핵심 귀족들이 망라되어 있었다. 이 기사들은 모두 푸른 모자와 망토를 걸쳤으며, 왼쪽 장딴지에는 황금 가터(대님)을 두르고 있었다.

J. 호이징가는 기사 결의의 풍속과 왕이나 대공들이 주도하는 수많은 기사단들이 거의 비슷한 시기에 창설되었다는 사실을 지적하고 있다. 이렇게 기사들은 그들간의 동질성을 만인 앞에서 확인하고 싶었던 것이다. 대규모의 분쟁이 일어나기 직전인 이 시기에 군주들은 그들과 주요 봉신들 사이에 새로운 유대 관계를 맺음으로써 봉신들의 충성을 확실히 해두고 싶었다. 과거 기사 황금 시대에 행해졌던 기사의 충성 서약만으로는 더 이상 충분하게 느껴지지 않았던 것이다. 따라서 이것은 기존 제도 부흥의 신호라기보다는 오히려 어떤 불안감, 확신의 부족, 간단히 말하자면 아직도 자신의 영속성을 믿기를 원하는 '기사단'의 노쇠하고 있다는 신호였다고 할 수 있다.

한편 프랑스 왕국 위에는 불행의 그림자가 짙게 드리우고 있었다. 발루아 왕조의 첫 군주의 치세 끝무렵에 재난은 절정에 달하고 있었다. 칼레는 영국군의 수중에 떨어졌다. 그리고 유럽 전역을 휩쓸며 숱한 인명을 앗아간 흑사병은 이제 프랑스에 창궐하고 있었다. 왕비 역시 이 역병을 피하지 못하고 죽었다. 늦은 나이에 젊은 미소년과 재혼하여 정력을 탕진한 탓일까? 필리프 4세 역시 그녀보다 오래 살아남지 못했다. 그는 1350년 8월 22,23일 사이의 밤중에 숨을 거두었다. 이 기사왕 역시 그 무서운 아르투아 백작 로베르가 그의 땅에 불러들인 저주의 불길을 결국 피할 수 없었던 것이다. 그의 휘하 기사들은 크레시에서 몰살당했다. 하지만 여기서 살아남은 자들은 이 패배를 전적으로 불운의 탓으로만 돌렸고, 결코 그들이 새로운 형태의 전쟁에 적응하지 못한 탓이라고 생각지 않았다. 하지만 앞으로 일어날 일들은 이 최근의 교훈들이 숨기고 있는 진실을 확인시켜 주게 될 것이다. 이것은 프랑스 기사들이 걸어가야만 했던 고통스런 골고다 등정의 시작에 불과했다.

6

강용왕 장 2세와 별의 기사들

발루아 왕조 필리프 4세 아들의 통치 기간은 마치 거센 돌풍이 휩쓸고 지나가듯 혼돈스러웠다. 아직까지 완전히 꺼지지 않은 흑사병이 몰고 온 후유증들, 끊임없이 계속된 처형, 패전, 도시들의 소요, 농부들의 반란, 치욕 속에 체결된 브레티니 조약 등 셰익스피어적 드라마를 구성할 수 있는 요소들은 거기 다 모여 있었다.

장 2세는 넓은 어깨, 험상궂은 네모진 얼굴을 한 근육질의 사내였다. 생의 말엽에 이르러 (지라르 도를레앙이 그린 것으로 추정되는 루브르 미술관에 소장된 그의 초상화를 보면) 그는 제대로 다듬지 않은 수염을 텁수룩하게 기르고 다녔다. 그의 성격은 매우 대조적인 양면을 지니고 있었다. 한편으로는 거칠고, 편협하고, 때로는 잔인했으며, '성정이 뜨겁고 충동적이었다' 고 당대의 연대기 기자들은 말하고 있다. 그러나 다른 한편으로 그는 모든 형태의 아름다움을 사랑했으며, 수집에 특별한 취미를 지니고 있었다. 하지만 그의 제일 취미는 바로 기사도였고, 그는 이것을 열렬히 사랑했다. 토너먼트들이 끊임없이 이어졌다.

선왕의 통치 기간에 전쟁의 원인이 되었던 왕가의 지나친 방탕과 과도한 지출의 습관은 장 2세 때에도 이어졌다. 그래서 이 기사왕은 부족한 자금을 충당하기 위해 그의 큰할아버지 단려왕 필리프가 그랬듯 가짜 주화를 만들었다. 그런데 장 2세가 제조한 주화는 너무도 형편없는 것이어서 외국에서는 프랑스 금화 에퀴를 홀대하기에 이르렀다. 그러나 그는 조금도 개의치 않았고, 호사스러운 생활을 계속했다.

그런데 왕궁에서는 한 가지 놀랍고도 무서운 사건이 일어났다! 새로 왕위에 오른 군주가 내린 최초의 왕명 중의 하나가 의와 긴의 백작이며, 보기드문 용맹과 절도를 갖추어 '점잖은 프랑스 대원수 양반' 이라는 별호까지 얻은 라울 드 브리엔을 교수대에 올리라는 것이었다. 장왕이 이 매력적인 백작과 지금은 고인이 된 자신의 아내 본 드 뢱상부르 사이에 오간 연서 중 하나를 발견했던 것일까? 아니면 긴 포로 생활을 끝내고 영국에서부터 귀국한 백작이 그를 석방해 주는 대가로 영국인들에게 긴 시를 넘겨 주겠다는 약속을 했던 것일까? 그의 처형의 이유에 대한 추측들이 무성하지만, 확실한 것은 장 2세가 그에게서 빼앗은 재산으로 카스티야 알폰소 왕의 아들이자 라 세르다 백작, 즉 왕이 총애하는 젊은 신하인 스페인의 카를로스의 배를 불려 주었다는 사실이다. 그렇다면 이 젊고 잘 생긴 왕자는 장왕의 연인이었다는 말인가? 당시의 불평 분자들은 왕이 총애하는 다른 대신들, 즉 별볼 일 없는 집안 출신의 기사 시몽 드 뷔시, 오래된 파리 부르주아 가문 출신의 니콜라 브라크, 그리고 가티네의 평민의 자식인 로베르 드 로리스 같은 이들에 대해서도 마찬가지의 비난을 퍼부었다. 그렇다면 장 2세는 프랑스 최초의 동성애자 왕이었을까? 여기에 대한 확실한 증거는 존재하지 않는다. 다만 혼란스런 소문만 무성할 뿐이다…….

1351년 3월 27일, 그러니까 발루아 왕조 두번째 왕이 즉위한 지 1년이 채 안 되었을 때 부르타뉴의 영웅사에 길이 남게 될 무훈담이 하나 발생했다. 플로에르멜 성에 거주하는 영국인 대장 윌리엄 브램버러란 자가 있었는데(그는 이 지역 모든 영국인들이 그렇듯 몽포르의 일파였다), 인근을 횡행하며 농부들에게 만악(萬惡)을 자행하며 다니고 있었다. 그런데 샤를 드 블루아를 섬기는 조슬랭의 대장 로베르 드 보마누아르가 고장의 역병 같은 존재인 이 영국인에게 결투를 신청했다. 이들은 결투 장소에 대해 합의하였는데, 그것은 "아름답고도 푸른 금작화 덤불들이 줄지어 서 있는, 이른바 '길 중간의 전나무'라는 이름을 가진 매우 아름다운 경사지였다"라고 장 프루아사르는 쓰고 있다. 이 장소는 모리비앙 내륙 깊숙한 곳에 위치한 소읍 라크루아 엘레앙에 아직도 존재하고 있다. 이 장소는 이름 그대로 조슬랭과 플로에르멜 사이 정확히 중간되는 곳에 위치하고 있다. 양측은 각각 30인의 엄선된 기사들이 결투에 참가할 것을 합의하였다. 결투장에 마주 선 철갑 기사들의 모습은 정말이지 무시무시했다. 머리에는 참새주둥이처럼 앞이 뾰족하게 튀어나온 투구를 쓰고, 손에는 검이나 무거운 도끼 같은 무기를 쥐고 있는 기사들…… 브램버러 진영에는 20명의 영국인과 4명의 브르타뉴인이 있었고, 여기에 그 엄청난 덩치들로 인해 한 눈에 알아볼 수 있는 독일인들까지 6명 포함되어 있었다. 신호가 울리자마자 양 진영의 기사들은 성난 멧돼지들같이 서로를 향해 돌진하였다.

기사들은 찌르고 휘두르고 베면서 오랫동안 싸웠다. 해가 뜰 때부터 저물 때까지 계속된, 실로 기나긴 전투였다. 벌써 낮부터 수많은 머리통들이 박살났고 팔뚝들이 잘려져 나갔으며, 다리들은 부러져 있었다!

"목마르다!"

투구의 눈가리개를 위로 걷어올리며 보마누아르가 외쳤다.

그러자 그의 동료 중 한 명인 기욤 뒤부아가 대답했다.

"자네 자신의 피를 마시게, 보마누아르!"

정말 조슬랭 대장의 온몸은 피범벅이 되어 있었던 것이다…….

용맹한 사나이 보마누아르는 온 힘을 다해 싸웠네.

너무도 큰 비탄, 너무도 큰 노여움으로 갈증마저 잊었는가.

이것은 《30인의 결투의 애가(哀歌)》에 포함된 경탄 어린 시구이다.

저녁이 되었다. 몸에 부상을 입지 않은 기사는 한 명도 없었다. 윌리엄 브램버러와 11명의 그의 부하들은 두개골이 벌어지고, 팔다리가 피투성이가 된 몸통에서부터 잘려져 나간 상태로 땅 위에 나뒹굴고 있었다. 살아남은 나머지 19명의 기사들은 결코 로베르 보마누아르와 브르타뉴 기사들을 이기지 못하리라는 사실을 깨달았다. 그들은 영예롭게 항복했고 몸값 포로가 되었다. 진정 괜찮은 포로들이라고 할 수 있었다! 무수히 약탈을 자행한 그들은 재산이 꽤 많았던 것이다. 보마누아르는 이런 식으로 그의 상전을 위하여 전투를 계속했고, 결국 브르타뉴 원수가 되었다.

장 프루아사르는 이 전투에 대해 한 가지 예상 밖의 논평을 하고 있다. "훗날 나는 당시 전투에 참가했던 이뱅 샤르뉘엘 경이라고 불리는 브르타뉴 기사가 프랑스 샤를왕(샤를 5세)의 식탁에 앉아 있는 것을 본 적이 있다. 그의 얼굴에는 흉터와 칼자국이 온통 뒤덮고 있었는데, 그것은 당시 전투가 얼마나 힘든 싸움이었는지를 잘 증언해 주고 있었다. 그리고 거기엔 앙게랑 뒤 에댕 경이라는 사람도 있었다. 그는 피카르디 사람이었는데, 그 역시 그 전투에 참여했다는 것을 충분히 증명하였다. 또 위그 드 라인스보라는 이름의 훌륭한 시종도 있었다. 이 모험은 여러 장소에서 이야기되고, 또 회상되곤 했다. 어떤 사람들은 이것을 하나의 무훈으로 간주했다. 그러나 어떤 이들은 하나의 미친 짓, 하나의 엄청난 만용이라고 생각했다."

평소 자기의 연대기 안에서 언급되는 멋진 무훈들에 대하여 찬사를 아끼지 않는 프루아사르의 입에서 나온 것이라기엔 조금은 기이한 평가라고 할 수 있다. 그의 이러한 유보는 약간 놀랍게 느껴진다. 물론 전투는 피비린내 나는 것이었지만 (참가자 전원이 경미하거나 중한 부상을 입었다) 정정당당한 것이었으며, 조금도 기사도의 규칙을 벗어나지 않은 것이었다. 렌 법원은 19세기 태피스트리를 한 점 소장하고 있는데, 이 문화재는 우리에게 그 유명한 전투 장면을 잘 보여주고 있다. 보마누아르의 동료들 이름은 태피스트리의 일부를 이루는 장식 테두리 속에 적혀져 있다.

영국의 가터 기사단은 기독교 세계의 모든 왕공(王公)들의 선망의 대상이 되었다. 자존심 높은 장 왕 역시 에드워드 3세를 모방하여, '생캉탱(파리와 생드니 사이에 위치한 조그만 촌락)'의 고귀한 집의 별의 왕립 기사단을 창설했다. 장 프루아사르는 1351년 다음과 같은 글을 쓰고 있다. 발루아 왕조의 군주는 "옛날 아서왕 시절에 있었던 원탁의 모델에 따라(아서왕 시대에 대한 향수는 중세 전체를 통해 사라지지 않는다), 위대하고도 고귀한 멋진 기사 단체를 만들기를 원했다. 이것은 프랑스 왕국 내에서 가장 무공이 뛰어나고도 신망 높은 3백 인의 기사들로 구성될 것이었다. 이들은 '별의 기사'라 칭해질 것이며, 동료들에 의해 구별될 수 있도록 겉옷 위에 금색·은색, 혹은 진주색 별을 달 것이었다."

"장왕은 기사들에게 자신의 비용을 들여 생드니 근처에 큰 집을 하나 짓겠노라고 약속했다. 특별한 일이 없는 한 단원들은 모든 엄숙한 명절 때마다, 아니면 각자 최소한 1년에 한번은 각자의 고향을 떠나 이 집에 모여들어야 할 것이었다. 이 집은 '고귀한 별의 집'이라 칭할 것이며, 국왕은 1년에 최소한 한번은 단원 전원이 출석하는 회합을 소집할 것이었다. 이 회합 가운데서 각 기사는 자신의 신앙에 걸고 영예스러운 것이든, 아니면 치욕스러운 것이든 그해중에 겪은 모험을 모두 이야기해야 될 것이었다. 왕은 모임 가운데 두세 명의 서기를 착석시킬 것이며, 이들은 모든 모험담들을 기록하여 한 권의 책으로 남기게 될 것이니, 이는 이 이야기들이 결코 잊혀지지 않고 매년 모든 단원들 앞에서 다시 이야기될 수 있도록 하기 위함이다. 이렇게 함으로써 그들 가운데 누가 가장 용맹한지를 알 수 있게 될 것이며, 나아가서는 각자의 자질에 따라 합당한 경의를 표할 수 있게 될 것이다."

"누구든 모임에 입회하기 위해서는 국왕과 단원 대다수의 동의를 얻어야 할 것이다. 또 그에게 다른 결격 사유가 없다면 그는 전투 중 네 걸음 이상 도망가지 않을 것이며, 또 항복하기보다는 차라리 죽음을 택하겠노라고 맹세해야 할 것이다. 또 각 단원은 다른 단원을 모든 일 가운데 충직한 친구로서 도와 주어야 할 것이다. 이것 이외에도 모든 단원이 맹세하고 준수해야 할 규정집의 다른 조항들이 많이 있었다."

"기사단의 집은 거의 완성되었고, 이 집은 아직까지 생드니 인근에 잘 보존되어 있다. 노쇠하였거나, 몸이 쇠약해졌거나 재산이 줄어들어 도움이 필요한 단원이 있으면, 만일 그가 원한다면 그의 두 종복(시종)을 포함하여 그를 기사단의 비용으로 기사단의 집에 영예스럽게 모셔야 할 것이다."

이 새로운 형태의 단체에는 좋은 의도들이 적지않게 있었다. 단원들 간의 상호 원조, 불구가 되었거나 재산을 잃은 기사를 위한 일종의 '양로원'의 기능 등. 하지만 한 가지 불행한 것은 이러한 종류의 기사단들은 예외없이 전투중의 치욕스러운 도주와 어쩔 수 없는 명예로운 퇴각을 구분하지 않고 있다는 점이다. 이것은 명예와 관련된 개념인데 《롤랑의 노래》 가운데 샤를마뉴의 조카와 그의 동지 올리비에 사이에서 벌어진 마지막 논쟁의 주제가 되기도 했던 것이다. 여기서 올리비에는——그는 자긍심 높은 협객이었다——'광기가 용기를 의미하는 것은 아니다'라고 단언하고 있는 것이다.

프루아사르《연대기》중 이 '별의 기사단'에 관련된 부분을 보충하고 있는 것은, 장왕이 신참 기사들에게 보냈던 것이며, 현재 프랑스 국립 문헌보관소에 보관되어 있는 서신의 내용을 이루고 있는 텍스트이다. 우리는 여기서 이 1351년 11월 6일자의 '회람장(回覽帳)'중에서 가장 중요한 부분을 발췌하여 소개하고자 한다.

고귀한 집의 별 기사단의 체제

국왕이 전하노라.

"아름다운 사촌이여, 하나님과 성모님의 영예를 위하여, 그리고 기사도의 완성과 명예의 증진을 위하여 우리는 '고귀한 집의 성모의 기사들'이라고 칭하여질 기사들의 모임의 결성을 명하였는 바, 이들이 착용할 복장은 다음과 같다. 만약 망토를 걸치지 않을 경우에는 백색 사슬 갑옷과 주홍색 겉옷, 그리고 두건을 착용할 것이다. 또 어떤 신참 기사가 고귀한 집의 성당 안에 들어오고 또 거기서 거주하기 위해서는 망토를 걸쳐야 할 것인데, 이 망토는 붉은색 바탕에 청백색의 종(鐘)들이 서로 얽혀져 있는 모양의 문양을 넣어야 할 것이고, 이 망토 아래에는 순백색의 사슬갑옷이나 겉옷, 검은 신발, 금박을 넣은 양말을 착용해야 할 것이며, 그리고 망토의 어깨 부분, 혹은 두건 앞의 고리쇠 부분에는 별 하나(이 별은 조그만 황금 조각을 주조해 만든 것이어야 한다)를 달아야 할 것이다…….

그리고 각 기사들은 만일 기꺼이 행할 마음이 있다면 매주 토요일 금식을 해야 할 것이며, 만일 금식할 마음이 없거나 상황이 여의치 못해 할 수 없다면 성모님의 십오지락(十五之樂)을 기리기 위하여 15드니에를 하나님께 헌금해야 할 것이다. 또 그들은 군사적인 문제나 혹은 다른 일에 있어서 국왕이 자문을 구해오면 그들의 능력이 닿는 한 국왕에게 충성스런 진언을 드릴 것이다…….

그리고 3백 인의 기사들은 특별히 믿음의 대적들과 맞서게 될 때나, 그들의 공명정대한 군주를 위해 전쟁을 하게 될 때, 원한다면 별들이 가지런히 박혀 있는 주홍기(朱紅旗)와 은실로 수놓은 성모상을 높이 올릴 수 있을 것이다…….

기사단의 일원이 사망하게 되는 날, 기사들은 고인의 반지와 별이 달린 두건 고리쇠를 고귀한 집으로 돌려보낼 것이다……. 고귀한 집 가운데서는 성대한 의식이 열릴 것이며, 기사의 죽음을 알게 되면 가능한 한 빨리 고인을 위한 미사를 올려야 할 의무가 있다.

또 고귀한 집의 큰 홀에 있는 제후들과 기사들의 좌석 위에는 각자의 문장이 그려져야 할 것이다. 만약 이들 중——하나님과 성모님이 이런 일이 일어나는 것을 원치 않으시기를 바라거니와——전투중에 치욕스럽게도 싸움을 뒤로 하고 도주하는 자가 생긴다면 그의 기사단원 자격은 즉각 정지되고, 기사단의 복장을 착용할 수 없으며, 고귀한 집에 걸린 그의 문장은 상하가 뒤집혀져 걸릴 것이고, 이 상태는 그가 새로운 무공을 세워 군주와 그의 고문단의 결정에 의해 복권될 때까지 계속될 것이다. 또 고귀한 집 내에는 '명예의 탁자'라고 이름 붙인 탁자가 있을 것인데, 여기에는 첫번째 축일과 그 전날, 이 축일에 참석한 자들 중, 3인의 가장 존귀한 대공과 3인의 가장 고귀한 기사, 3인의 가장 자격을 갖춘 기사 후보자가 앉게 될 것이다.

또 이 기사단에 속한 기사들 중 그 누구도 군주께 말씀드리거나 통고함 없이 먼 곳으로 여행을 떠나서는 안 될 것이다. 이 모든 기사들의 수는 총 5백 명이 될 것이다…….

이 모든 명은 서력 1351년 11월의 여섯번째 날, 생크리스토프앙할라트에서 발포되었노라……"

왕의 재무관 에티엔 드 라 퐁텐의 보고서에 의하면, 이 기사단의 최초의 전체 모임은 1352년의 공현절(1월 6일), 즉 위에서 인용된 회람장이 나온 지 정확히 두 달 후에 열렸다. 이 귀중한 문헌을 통해 우리는 별 기사단에 속했던 기사들의 이름을 알 수 있다. 기사단의 수반인 장 왕, 황태자와 그의 삼형제, 국왕의 형제 오를레앙 공작 필리프, 부르봉 공작 루이, 샤를 다르투아, 루이 드 나바르와 필리프 드 나바르, 비에누아의 지배자 늙은 백작 홈베르트 2세(후사가 없었던 그는 도피네 지방을 필리프 6세에게 양도하고 알렉산드리아의 정교 대주교가 된다), 클레르몽 원수, 생토메르 총독이자 생드니 국왕기 기수이기도 한 조프루아 드 샤르니 경 등등…….

프랑스 국립도서관에 보존되어 있는 한 소박한 채색화는 우리에게 영광스러운 자태로 묘사된 고귀한 집의 기사들의 모습을 보여주고 있다. 그들은 흰 겉옷 위에 은으로 만든 별이 달린 주홍빛 망토를 걸치고 있으며, 모두가 음식이 푸짐하게 차려진 식탁 주위에 둘러앉아 있다.

하지만 이 고귀한 단체는 그다지 오래 존속하지 못했다. 창설된 지 얼마 되지 않아 에드워드 3세는 부르타뉴에 수많은 군사를 보냈으니, 이는 남편이 사로잡혀 있는 몽포르 백작부인을 원조하기 위함이었다. 선왕 장〔장 2세의 별칭은 '강용왕(Jean le Brave)'과 '선왕(Jean le Bon)' 두 가지이다〕은 거칠고도 물불 가리지 않는 성격이어서 자신이 총애하는 거인 앙드레앙 원수와 수많은 별의 기사들을 파견하여 영국군에 맞서 싸우게 하였다. 이렇게 하여 피비린내 나는 전투가 일어났다. 영국군은 프랑스군을 함정 속에 끌어들였다. "14명이 넘는 별의 기사들이 쓰러졌는데, 그것은 그들이 전투에 임했을 때 결코 도망가지 않겠노라고 맹세한 탓이었다. 만일 이 맹세가 아니었더라면 퇴각하여 목숨을 건질 수 있었을 것이다. 이렇게…… 하고 프루아사르는 우수에 찬 어조로 결론짓고 있다. ……프랑스에 밀어닥친 큰 불행의 와중에서 이 고귀한 별의 기사단은 사라져 버렸다. 그리고 훗날 역사는 이 불행에 대하여 자주 이야기하게 될 것이다."

장 2세는 나바르 왕국의 새 군주인 젊은 샤를 데브뢰에게 자신의 딸 잔 드 발루아를 아내로 주는 것이 좋다고 판단하는데 그는 곧 후회하게 된다. 프랑스의 위대한 연대기 작가들의 말에 따르면 이 골치 아픈 사위는 "지극히 활동적이고 깊은 통찰력을 지니고 있으며, 언변이 뛰어나고, 천성적인 웅변을 지니고 있으며, 일의 처리에 있어 기막히게 능란했다. 특히 상냥스런 성격으로 말미암아 모든 왕공들 중에서도 가장 돋보이는 존재였다." 하지만 팜플린 주민들의 반란을 지나치게 가혹하게 탄압하여 백성들로부터 '고약한 샤를' 이라는 별로 좋지 못한 별명을 얻게 되었다(다른 연대기 작가들은, 이 불쾌한 별명은 사실은 그의 사후 2백 년 후에 어떤 후대의 역사가가 붙인 것이라고 단언하고 있다).

그의 두번째 악행은 장 2세의 총신, 샤를 드 라 세르다를 함정으로 유인하여 심복들을 시켜 비겁한 방법으로 암살한 일이었다. 총신을 잃은 장 왕이 토하는 고통의 신음 소리와 복수의 맹세는 왕궁을 울렸다. 이 살인자를 반드시 응징하고야 말리라! 왕의 분노는 젊은 나바르 국왕이 프랑스 왕위가 자기 것이라고 주장하고 있는 것을 알고 있었기에 더욱 컸다. 자신들의 권리과 특권들을 국왕이 제대로 존중해 주지 않는 것에 대하여 불만을 품은 노르망디 지방의 높은 제후들을 비롯한 고장 사람들까지 샤를 데브뢰의 영지인 에브뢰 백작령을 중심으로 하여 뭉치고 있었던 것이다.

장 2세는 또 하나의 탄압 행위를 전개했다. 1356년 그는 루앙에 있는 성에서 황태자·아르쿠르 백작·그라빌 경·모뷔에 드 멘느마르, 그리고 몇몇 다른 사람들과 함께 저녁 식사를 즐기고 있던 자신의 사위를 급습했다. 냉혹한 군주는 나바르 왕을 지하 감옥에 감금해 버린 후, 또 사로잡힌 회식자들 중 많은 사람의 목을 베라고 명했다.

장왕은 주위에 불만의 기운이 강하게 올라오고 있는 것을 느꼈다. 하지만 그는 이것을 단지 '못된 놈들'이 획책하는 배신 행위로 간주할 따름이었다. 그 이전해, 파탄 상태에 있는 왕국 재정을 원조하기 위해 오일어를 사용하는 지역 각처 대표자들을 소집한 삼부회(三部會)에서 벌어진 토론들은 무척 소란스러웠다. 상인들의 총수이기도 한 파리 시장 에티엔 마르셀과 랑의 대주교 로베르 르 코크는 그들의 군주를 감히 질책하고 나섰다. 강용왕 장으로서는 무슨 일이 있더라도 반드시 영국군에게 대승을 거두어 금이 가고 있는 프랑스 왕가의 위신을 다시 일으켜 세워야만 하는 절박한 상황이었다.

7

영국인들은 '모페르튀 승리'라고
부르는 푸아티에의 참패

(1356년 9월 19일)

후에 흑세자라고 불리게 될 영국 황태자 웨일스 대공 에드워드는 그의 기병을 이끌고 파괴적인 진격을 재개했다. 1355년 그는 부유한 랑그도크 지방을 휩쓴다. 그의 병사들은 5천여 대의 우차에 각종 직물·황금·향료, 혹은 더 소박하게는 포도주통이나 밀부대 등을 가득 실었다고 사람들은 말한다. 그리고 이 전리품을 실은 호송 행렬은 조금의 방해도 받지 않고 보르도 항에까지 도달할 수 있었던 것이다.

그 다음해 여름이 되자 흑세자는 페리고르와 리무쟁 지방을 거쳐 북쪽으로 올라간다는 대규모 작전을 결정하였는데, 이는 노르망디 지방에서 전쟁을 벌이고 있는 자신의 형제이며 랭커스터 공작이기도 한 존오브겐트와 합류하기 위함이었다. 요새를 여럿 확보한 후, 흑세자는 푸아티에 백작(프랑스 국왕의 셋째아들이며 미래의 베리 공작인 장)을 비롯하여 상당수의 기사들이 방어하고 있는 부르주에 이르렀다. 흑세자가 보유하고 있는 병력은 8천에서 1만 명에 불과했다. 하지만 2천의 무인과 8천의 궁수들로 구성된 이들은 모두가 영국인과 특히 가스코뉴 출신의 정예 전사들이었다. 하지만 영국군은 이런 수적 열세에 대해서는 너무도 익숙해 있었기 때문에 그들의 사기는 조금도 꺾이지 않았다.

흑세자는 먼저 로모랑탱을 점령했다. 그리고 진로를 찾고 있던 영국군 전위대는 소규모의 프랑스 기병대를 공격했다. 약간의 접전이 있은 후 사로잡힌 포로들(쿠시 경, 그리고 앙게랑 7세 등이 포함되어 있었다)이 영국군 본진으로 끌려왔다. 흑세자는 프랑스 국왕 역시 수많은 전사들을 이끌고 함께 북쪽에서부터 빠른 속도로 진격해 내려오고 있다는 사실을 알게 되었다. 프랑스왕은 보르도로 통하는 길을 차단해 영국군이 거기 이르는 것을 막고자 했던 것이다.

흑세자 에드워드는 앙주 백작(장왕의 또 다른 아들이자 미래의 앙주 공작인 루이)과 클레르몽 원수가 방어하고 있던 투르로 향했다. 그러나 영국군은 거기서 공성전을 벌이는 않고 그대로 진군을 계속했다. 그곳에서 3리 떨어진 곳에 위치한 몽바종에 이르렀을 때, 페리고르 추기경 엘리 드 탈레랑이 흑세자를 만나러 나왔다. 그는 교황청도 합리적이라 여기고 있는 몇 가지 휴전안을 들고 왔다. 그러나 에드워드 자신은 부친 에드워드왕의 이름으로 군을 이끌고 있으므로 자신으로서는 협정을 체결할 권한이 없다 하고 더 이상 협상하려 하지 않고 샤텔르로로 향했다.

장왕은 적군과 5리의 떨어진 쇼비니에 있었다. 그는 푸아티에에서 강을 건넜던 것이다. "그는 1백20명의 공작과 백작, 그리고 1백40 이상의 군기를 포함한 2만 정예 대군을 거느리고 있었다"고 프루아사르는 적고 있다. 그의 옆에서 말을 달리고 있는 이는 국왕의 형제 오를레앙 공작, 노르망디 공작이자 황태자이기도 한 샤를, 그리고 황태자의 세 형제들이었다. 여기에 프랑스 대원수, 아테네 공작인 고티에 드 브리엔, 그리고 클레르몽 원수와 앙드레앙 원수 등이 국왕의 총지휘하에 군을 이끌고 있었다.

푸아티에에서 몇 리 떨어진 곳에 모페르튀의 수도원과 큰 농가 하나,

그리고 누아예 마을이 있었다. 영국군은 하나의 조그만 언덕 위, 포도 나무들이 삐죽삐죽 솟아 있고, 일렬로 늘어선 산사나무들이 천연의 방벽을 이루고 있는 장소에 진지를 구축하고 있었다. 이 천연적인 요새 안으로 통하는 입구라고는 무장한 네 명의 기사가 간신히 들어갈 수 있는 조그마한 틈뿐이었다.

그러나 페리고르 추기경은 아직 평화에 대한 희망을 버리지 않고 있었다. 전날 프랑스 장왕이 일시적인 휴전을 승낙했던 것이다. 9월 18일, 엘리 드 탈레랑은 이 일요일의 휴전 기간(그날은 일요일이었으므로)을 이용하여 충심 어린 휴전 제의를 전달하려고 적 진영으로 들어갔다. 흑세자는 자신 앞에 놓여 있는 위험을 충분히 의식하고 있었다. 지금 보르도는 무방비 상태였고, 자신 역시 심각한 식량 부족 상태에 있었다. 그리고 이렇게 포위된 상태에서는 식량을 확보할 방책이 보이지 않았다. 이런 절박한 상황에 어쩔 수 없게 된 흑세자는 한 가지 협상안을 받아들이겠노라고 대답했다. 그는 포로들을 석방할 것이고, 원정전을 시작한 이래 점령한 요새들을 프랑스에 반환할 것이며, 7년간의 휴전 협정에 조인할 것이라고 말했다.

하지만 장왕은 이 모든 제안을 무시해 버렸다. 지금 그에게 필요한 것은 오직 승리뿐이었던 것이다. 이것은 자신에 대해 고분고분하지 않은 신하들에게 국왕의 위엄을 과시하기 위해서라도 꼭 필요했다. 그는 더욱이 현재 흑세자는 궁지에 몰려 있다고 생각했다. "만일 장왕이 흑세자를 이대로 무사히 돌려보내 준다면, 유럽의 모든 왕공들, 아니 간단히 말해 프랑스의 제후들은 플랜태저넷 왕가 녀석들이 그들이 원할 때면 언제든지 다시 이 땅에 들어와 아무런 응징도 받지 않고 프랑스 국왕을 마음껏 능멸할 수 있을 것이라고 생각하게 될 터이다. 그렇다고 해도 이 왕국은 아무것도 잃지는 않을 것이다. 하지만 성왕 루이 이래 대대로 내려온 빛나는 왕업의 위신에는 먹칠이 될 것이다"라고 장 파비에는 쓰고 있다. 그러므로 전투다! 전투다!

이때 일어난 하나의 작은 사건은 당시대 기사들의 모습을 전형적으로 잘 보여주고 있다. 전투가 개시되기 전, 사람들은 양 진영 사이를 상당히 자유롭게 왕래할 수 있었다. 그런데 어느 날 존 챈도스와 클레르몽 원수는 들판을 지나가다 서로 마주치게 되었고, 서로의 도상(圖像; 태양 광선 가운데 서 있는 금발의 귀부인)이 똑같다는 사실을 알게 되었을 때 두 사람은 피차 큰 불쾌감을 느꼈다. 두 기사는 서로 욕지거리를 나누었다. 그것은 상대가 핏물로 목욕하게 되리라는 것이었다!

일요일 저녁이 되었다. 선왕 장은 위스타슈 드 리브몽을 비롯하여 몇 명의 기사들을 보내 적정을 탐지하게 하였다. 위스타슈 경은 임무를 마치고 돌아오자마자 왕에게 다음과 같은 작전 계획을 제안했다. 일단의 기사들은 적의 화살을 피할 수 있게끔 움푹하게 땅 밑으로 파여진 길을 통하여 공격한다. 이렇게 적진에 접근하여 위협적인 궁수들을 제압하고 난 후 나머지 병력은 말에서 내려 적의 진지를 공격해 들어간다.

그러나 클레르몽 원수는 국왕에게 '하지만 지금 현재 위치에서 적을 공격하는 것은 미친 짓' 이라고 지적했다. 적군은 방어진지 속에 너무나도 견고하게 자리잡고 있어서 그들을 공격하는 데에는 아군의 큰 손실이 따르게 되리라는 것이었다. 하지만 만약 그들을 봉쇄하여 굶주리게 만든다면 완전한 승리가 확실하다고 말했다.

"클레르몽 원수! 당신은 놈들과 맞서는 게 두려운 모양이구려!" 하고 소리지르며 나선 것은 어깨가 짐꾼처럼 넓은, 거칠기 짝이 없는 앙데르앙이었다.

"경이 얼마나 용감한지는 모르겠으되, 그래 당신은 자신의 말 주둥이를 하루 종일 내 말 뒤꽁무니에 처박고 다녔단 말이오?" 하고 클레르몽 원수가 맞받아쳤다. 이렇게 현명함의 모범을 보여주어야 했을 왕의 막료들의 분별없음은 그들이 싸움터로 이끌고 나갈 사람들보다 훨씬 더 심했던 것이다.

후에 아쟁쿠르 전투 전날 밤 그들의 손자들이 그러했듯이, 일부 기사들은 창이나 철갑구두의 뾰족한 끝을 짧게 만드느라 밤을 지새웠다. (말에서 내려 싸우는 지상전, 혹은 협로 속에서 벌어지는 근접전에 대비한 근처)

9월 19일의 아침이 밝아왔다. 전날 수립한 계획에 따라 장왕은 공격의 선봉에 2명의 프랑스 원수가 지휘하는 기사 정예 부대를 세웠다. 이들은 측면에서 지원하는 나소 백작과 자르브뤼켄 백작이 이끄는 독일군과 함께 가장 먼저 적군과 부딪히게 되어 있었다. 그리고 장왕은 나머지 병력을 세 개의 전단(戰團)으로 나누었다. 첫번째 전단은 샤를 황태자와 노르망디 공작이, 그리고 두번째 전단은 오를레앙 공작이 지휘할 것이며, 왕 자신은 예비 병력인 세번째 전단의 선두에 섰다. 국왕이 이끄는 전단 전원은 말을 탄 채로 대기하고 있기로 했다.

모페르튀의 고지 위에서 영국군은 프랑스군을 기다리고 있었다. 그들은 두터운 산사나무 천연 울타리 뒤에 숨어 견고한 진지를 구축하고 있었다. 워릭 백작과 옥스퍼드 백작은 좌익을, 솔즈베리 백작과 서퍽 백작은 우익을 지휘하고 있었다. 부크 두령이 이끄는 가스코뉴인들은 프랑스군의 좌편 꽤 멀리 떨어진 곳에 있는, 언덕이 끝나는 지점에 방어진지를 구축하고 있었다. 흑세자와 그가 가장 신뢰하는 책사, 능란한 챈도스는 두 중심 전단 후방에 위치하여 위험에 처한 아군이 있으면 언제든지 달려가 원조할 채비를 하고 있었다. 말을 타고 있는 것은 3백의 기사와 동수의 궁수들에 불과했고 나머지 병력은 말에서 내린 상태였으나, 그들 역시 말들을 근처에 대기시켜 놓고 있었다.

흑세자는 이 상황에서 꼭 필요한 말로 전사들을 격려할 줄 아는 지혜가 있었다.

"영명하신 제공들, 오늘 우리는 상대보다 수에 있어서는 열세이지만 조금도 위축될 필요가 없소. 숫자가 용기와 승리를 가져다주는 것은 아니기 때문이오." 만일 모두가 이 자리에서 전사한다면 고국에 있는 에드워드왕과 그의 용맹한 신하들이 우리의 원수를 갚아 줄 것이다. 따라서 우리 모두는 맹렬하게 싸워야 할 것이다. 나 역시 오늘 한 명의 용감한 기사로서 행동하는 것을 모두가 보게 될 것이다…….

용감한 잭 도들리는 이전에 영국 국왕과 그의 자손들이 관련된 일이라면 그 어디서건 선봉에 서겠노라는 맹세를 한 적이 있었다. 그래서 흑세자는 그를 평민군 대장인 위스타슈 도브레시쿠르와 더불어 전사들의 선봉에 서게 했다. 그리고 그들이 제일 먼저 맞부딪힌 상대는 독일인들이었다.

두 프랑스 원수가 이끄는 전단은 이미 행동을 개시하고 있었다. 움푹한 협로 속에서 프랑스 기사들은 힘겹게 언덕을 기어올라가고 있었다. 그러나 길이 협착하여 기사들끼리 서로 박차가 부딪힐 정도로 밀착되어 있었고, 말들은 울퉁불퉁하게 솟은 돌뿌리에 부딪혀댔으며, 몸뚱이들이 서로 걸려 제대로 움직이기조차 힘들었다. 이 빽빽이 밀집되어 들어오는 공격 대열 위에 영국 궁수들은 화살을 소나기처럼 쏟아부었다. 수많은 철갑 기병들이 말에서 고꾸라져 내렸다. 곧 공격 대열 가운데는 큰 혼란이 일었다. 이미 영국 전사들은 포로들을 잡아들이기 시작하고 있었다. 앙드레앙 원수가 사로잡혔고 클레르몽 원수도 그 뒤를 따랐다(존 챈도스의 복수가 실현된 것일까?). 프랑스군의 첫번째 공격은 완전한 실패였다. "고귀한 기사도의 꽃들이 이처럼 파괴되어 가는 모습을 바라보는 것은 참으로 비통스러운 일이었다"고《처음 네 명의 발루아 왕 연대기》는 탄식하고 있다.

영국 기사들은 두 프랑스 원수가 이끄는 전단이 궤멸되고, 노르망디 공작의 전단 역시 동요의 기색을 보이기 시작하는 것을 보고, 시종들이 옆에서 고삐를 잡아 붙잡고 있던 말들에 신속히 올라탔다. 존 챈도스는 흑세자에게 외쳤다.

"전하! 전하! 말을 달려 앞으로 돌격하십시오! 오늘은 전하의 것이 옵니다!"

"존, 나갑시다! 나갑시다! 그대는 오늘 내가 결코 물러섬이 없이, 다만 말달려 진격하는 모습만을 보게 될 것이오!"

그리고 그는 그의 군기(여기서 '군기'는 그의 전단의 구성원들을 의미)에 대고 외쳤다.

"군기여, 군기여! 앞으로 말을 달려라! 하나님과 성 조지의 이름으로!"

영국군이 공격한 첫번째 대상은 아테네 공작이 이끄는 전단이었다. "거기 큰 충돌이 있었고, 무수한 사람들이 땅 위로 나가떨어졌다."(프루아사르) 여기저기서 "몽주아!" 혹은 "성 조지!"라는 외침 소리가 들려왔다. 프랑스 대원수의 전단이 퇴각하기 시작했다. 흑세자 휘하의 전사들은 영국 궁수들의 화살에 이미 만신창이가 되어 있는 나소 백작과 자르브뤼켄 백작의 전단을 공격하기 시작했다. 거기에서는 위스타슈 도브레시쿠르의 무훈이 크게 돋보였다. 이렇게 게르만군은 완전히 와해되었다.

이 광경을 목격한 노르망디 공작 휘하의 전사들은 크게 동요하여 급히 말을 달려 도주하기 시작했다. 이때 프랑스 왕자는 부왕으로부터 전장을 떠나라는 명을 받았던 것일까? 우리는 그와 그의 형제들인 앙주 백작과 푸아티에 백작의 명예를 위하여 그렇게 믿고 싶다. 여하튼

간에 그들은 총독들과 더불어 황급히 퇴각했다. 이 총독들 중 두 사람, 즉 랑다스 경과 보네 경은 프랑스 왕가의 자손들을 안전한 곳에 모셔다 놓은 후 바로 전장에 되돌아왔다. 기샤르 당글과 장 드 생트레는 아직 타격을 입지는 않았지만 국왕의 전단 뒤로 퇴각해 있었던 오를레앙 공작의 전단에 이미 합류해 있었다.

하지만 영국 기병들은 비탈길을 타고 내려와 힘차게 말을 달려 들판으로 쏟아져 내려왔다. 시메온 루체는 푸아티에에서 장 왕이 두 가지의 치명적인 전략상의 실수를 범했다고 지적하고 있다. 첫번째는 전위대로 하여금 거의 올라가기 불가능할 정도로 가파른 비탈길을 말을 타고 기어올라가게 한 것이고, 두번째는 영국군이 말을 타고 싸울 때에는 전단의 기사들을 하여금 땅에 내려오게 한 것이다.

양측은 처절한 싸움을 벌였다. 오를레앙 공작의 전단은 결국 패주해버렸지만 국왕의 전단은 마지막 발악에 가까운 기세로 혈투를 계속해 나갔다. 영국쪽에서는, 용맹한 잭 도들리가 심한 부상을 당했다. 프랑스 쪽에서는 부르봉 공작과 프랑스 대원수가 장렬하게 전사했다. 영국군은 패주하는 적군을 푸아티에 성문 앞까지 추격하여 닥치는 대로 죽이거나 포로로 잡아들였다. 결국 살아남은 프랑스인들은 성 안으로 숨어들었다.

장 2세는 형세가 불리하게 돌아가는 것을 느끼고 몇몇 신하들에게 그때까지 그의 곁을 떠나고 있지 않던 어린 아들 필리프를 전장에서 멀리 떨어진 안전한 곳으로 데려가게 하였다. 피렌체의 연대기 작가 빌라니는 다음과 같이 적고 있다. "하지만 아이는 부친을 버리고 떠나는 것이 너무도 부끄러웠던 나머지 결국은 되돌아오고 말았다. 그리고 자신은 아직은 무기를 다룰 수 없기 때문에 전투중에 있는 아버지 옆에 서서 "아버님, 오른편을 조심하세요! 아버님, 왼편을 조심하세요!"

라고 소리를 지르며 부왕에게 위험을 경계시켜 주었다. 국왕은 손에 도끼를 들고 달려드는 적군의 무리 한 가운데 좌충우돌하며 피를 뿌렸다. 그러나 흘러내리는 땀으로 눈이 감기고, 강건한 사지도 피로로 굳어져 갔다. 조프루아 드 샤르니는 프랑스 국기를 두 주먹에 꼭 움켜쥐고 국왕 옆에서 쓰러져 갔다. 국왕의 다른 동료들도 사로잡히거나 죽어갔다. 여기저기에서 영국군들이 외치는 소리가 들려왔다. "항복하시오! 항복하시오! 그렇지 않으면 당신은 죽을 것이오!"

영국군에 속해 있던 생토메르의 기사인 드니 드 모르베크는 국왕에게 프랑스어로 외쳤다.

"전하, 전하, 항복하시오!"

"내가 누구에게 항복하겠는가? 그 누구에게? 나의 사촌 웨일스 공(흑세자)은 어디 있는가? 그를 볼 수 있다면 그에게 항복하겠노라!" 하고 피곤에 지친 장 2세는 외쳤다.

"전하! 그는 지금 여기 없나이다. 하지만 저에게 항복하시면 제가 전하를 그에게로 데려다 주겠나이다!"

드니 경은 자기의 이름을 댔다. 체념한 왕은 항복의 표시로 자신의 철장갑을 드니 드 모르베크에게 건넨 후 말했다.

"그대에게 과인의 몸을 맡기겠노라."

그러자 영국군들과 가스코뉴인들 사이에서는 큰 소란이 일어났다. 이들은 서로 몸을 밀쳐대며 포로를 가리키고 소리를 질러댔다. "그를 잡은 건 나야! 아니야, 내가 잡았어!" 장 2세는 사방에서 밀려드는 사람들로 인해 숨이 막힐 지경이었다. 그는 뜨겁게 달아오른 사람들을 진정시키기 위하여 말했다. "제공들! 짐과 짐의 아들을 나의 사촌 에드워드 왕자에게 정중하게 데려다 주시오. 그리고 그렇게들 서로 다투지 마시오. 왜냐하면 나는 왕이므로, 여러분 모두를 부자로 만들어

줄 수 있을 만큼 충분히 큰 인물이오."

흑세자는 저쪽에서 소동이 일어난 것을 보고 워릭 백작과 레나울트 코브함을 보내 무슨 일이 일어났는지 알아보게 하였다. 두 제후는 곧 장 왕을 데리고 신이 나서 나타났다. 장왕은 전신에 입은 수많은 부상과 터질듯한 분노에도 불구하고 위엄 있는 태도를 보이려고 애쓰고 있었다. 여기에 대하여 프루아사르는 다음과 같이 멋진 표현을 남기고 있다. "그들은 영국 황태자가 응당 위대하고도 고귀한 인물의 예를 갖추어 받아들여야 할 프랑스 국왕을 선물로 가져왔다. 그리고 황태자는 실제로 그렇게 행동했다. 그는 자신의 몸을 낮게 숙여 예를 표한 후 그를 한 명의 국왕으로서 접대한 것이다." 관습에 따라 황태자는 장왕에게 포도주와 향료들을 제공하게 했다. 영국의 기사들, 그리고 평범한 궁수들까지 도처에서 생포한 다른 프랑스 제후들을 끌고 왔다.

저녁이 되자 흑세자는 프랑스 국왕과 그의 아들 필리프 · 자크 드 부르봉 · 장 다르투아 · 탕카르빌 백작 · 에탕프 백작 · 다마르탱 백작 · 주앵빌 경 · 파르트네 경, 그리고 포로로 잡힌 수많은 다른 제후들과 기사들에게 저녁을 대접했다. "그리고 흑세자는 왕을 비롯한 모든 식탁들 앞에서 최대한의 겸손한 태도로 식사 시중을 들었다. 그는 프랑스 왕이 아무리 요청하여도 결코 그의 식탁에 동석하려 들지 않았다. 그는 말하기를 언제나 그러하지만, 특히 오늘의 전투중에 다시 없는 고귀함과 용맹함을 보여준 이 고귀한 군주의 식탁에 자신은 동석할 자격을 아직 갖추지 못하였노라"고 했다.

데니플 신부는 《연대기》에 나오는 이 유명한 구절의 진실성에 대해 의혹을 표명하고 있지만, 우리는 여기서 장 프루아사르의 말을 그대로 믿고 싶을 따름이다. 이 장면은 너무도 아름다우며, 또 우리가 흑세자에 대해 품고 있는 이미지와 너무도 잘 부합하기 때문이다. 에드워드 오브 웨일스는 그의 승리에 도취하고만 있기에는 너무도 냉철한 사람이었다. 그는 서둘러 지체 높은 포로들을 여러 성들에 분산시켜 수용했다. 에드워드 3세는 장왕과 장왕이 가장 사랑하는 아들을 떨어지게 하지 않도록 배려해 주며 그를 정중히 다루었다. 하지만 많은 기사들로 하여금 그들을 엄중히 감시하도록 하는 것 또한 잊지 않았다. 그는 이런 거물급 포로를 사로잡게 될 줄은 정말이지 꿈에도 생각지 못했던 것이다!

하나님이시여, 격려하고 보호해 주옵소서.
우리의 국왕님과 그분과 함께 계신 어린 아드님을.
그리고 배신자들을 부끄럽게 만드소서. 큰 경외심을 가지고
마땅히 섬겨야 할 그들의 군주를 배신한 자들을.

이것은 당시 프랑스 백성들 사이에 떠돌던 애가였다. "귀족들은 우리 국왕님을 배신했다. 귀족들을 무찌르자!" 도주했다는 비난을 받고 있던 황태자 노르망디 공작은 푸아티에 패전이 있은 지 얼마 안 있어 삼부회를 소집했다. 파리 시장 에티엔 마르셀은 황태자의 인기 없음을 이용하여, 그를 파리 시민의 볼모로 삼아, 대규모의 개혁 칙령을 강요하고자 했다. 소요 사태가 일어났고, 황태자의 고문관들이 살해당했으며, 황태자 자신은 가까스로 도망치는 데 성공했다. 이렇게 하여 내전이 일어났다. 또 이를 이어 격렬한 농민 반란이 발발했고 이는 파리 북부를 휩쓸었다. "도처에 더할 수 없는 비참한 상태가 찾아왔으며, 이것은 특히 시골의 백성들에게 더 그랬다. 왜냐하면 귀족들은 과중한 고통을 백성들에게 부과했으며, 그들의 물자와 가련한 생명을 착취했다. 하지만 백성들은 외적의 침입이나 공격이 있을 때면 그들

의 영주들을 자진하여 보호하려 나서는 일이 별로 없었다" 하고 장 베네트는 쓰고 있다. 보베지·피카르디·샹파뉴 지방 등에서 민중들은 성들을 불태우고, 귀족들과 그들의 가족들을 추격했다. 비참한 삶으로 인해 거의 반미치광이가 된 농민 반군들은 무수한 만행을 저질렀다. 이에 영주들은 다시 정신을 차렸다. 나바르 왕과 푸아 백작의 명에 따라 이들은 모 장터에서 반군을 포위했다. 그리고 잔혹한 진압이 뒤따랐다. 농민 반군의 수령 기욤 카를은 생포되어 시뻘겋게 달궈진 철제 삼각대를 왕관처럼 머리에 뒤집어쓰는 형벌을 받았다. 물론 그 것은 그에 대한 조롱의 표시였다. 귀족들이 느낀 커다란 두려움은 엄청난 살육극으로 막을 내렸던 것이다.

왕당파 파리 시민들에 의해 에티엔 마르셀이 살해되고 난 후 황태자 노르망디 공은 소요가 진압된 파리로 복귀했다. 그는 다시 권력을 장악했다. 하지만 더 이상 불필요한 피가 흐르게 하지는 않았다. 그의 속에는 위대한 군주의 면모가 숨어 있었던 것이다. 1360년 그는 터질 듯한 분노를 가슴에 안고, 프랑스 영토의 3분의 1을 떼어 주는 브레티니 조약에 서명하였다. 장 2세는 영국에서 4년간의 영어(囹圄) 생활을 보낸 후 파리에 돌아올 수 있었다.

하지만 프랑스 왕국의 시련은 아직도 끝나지 않았다. 프랑스 왕군이 브리네에서 당한 패배의 상황을 안다면, 당시 프랑스 왕국이 떨어져 있던 비참의 나락이 얼마나 깊은 것인가를 가히 짐작할 수 있다. 1362년 4월 2일, 프랑스의 신임 대원수 라 마르슈 백작이 이끄는 정예 기병대는 그 자체로 하나의 군대를 이룰 정도로 강성한 세력을 이룬 불한당 집단인 '타르 브뉘'와 싸우다가 전사하였다. 포레즈 산악지방에 매복해 있던 화적들은 용감무쌍하게 공격해 오는 기병대를 바위 덩어리들을 굴려뜨려 압사시켜 버렸다. 롱스보의 악몽의 재현이었고, 프랑스 기사들로서는 또다시 찾아온 비극이었다.

장 2세는 영국에 수많은 볼모들을 보내야 했다. 자신은 프랑스에 머물러 있으되, 영국에 대해 행한 서약을 지킬 것이라는 것을 보증하는 일종의 담보물이었다. 그런데 이 볼모들 중의 하나이며, 왕 자신의 아들이기도 한 루이 당주가 서약에도 불구하고 도망쳐 버렸다. 이때 장왕은 다음과 같이 외쳤다고 전한다. "온 땅 위에 신의가 사라진다 할지라도 왕들의 가슴과 입에서는 결코 사라져서는 안 된다!" 이것은 한 명의 책임감 있는 군주의 그것이라기보다는 허세부리는 기사에게나 어울리는 그런 발언이라 할 수 있다. 그는 런던으로 자진하여 돌아와 영국 왕에게 다시 자신의 몸을 맡겼다. 이에 감탄한 영국 왕은 그에게 향연을 베풀어 주었다. 이 즐거운 영국땅에서 성대한 술판과 잔치 속에서 겨울을 지낸 장왕은 1364년 4월 8일 숨을 거둔다.

비록 푸아티에에서는 영웅적인 행동을 보여주었지만 장왕이 범한 수많은 과오들은 용서받기 힘든 것이었다. 그는 당시 기사들이 공통적으로 지니고 있던 모든 악덕과 결점들을 한 몸에 지니고 있었다. 오만함, 실속 없는 호언장담, 그리고 인명에 대한 경시까지 …… 신의와 충직함의 가치를 신봉했다는 점에서는 개인적으로 칭송받을 수 있을지는 몰라도, 그의 아들 샤를 5세는 아버지의 허울 좋은 박차가 갈기갈기 찢어 놓은 왕국이라는 이름의 천을 다시 기워 수선해 내기 위하여, 그의 통치 기간 내내 구슬땀을 흘려야만 했던 것이다.

8
장 프루아사르의 영웅들

14세기의 기사들에게 그들의 호메로스가 있었다면 그것은 바로 장 프루아사르일 것이다. 벨기에 에노 출신(그는 1337년 발랑시엔에서 출생했다)의 이 서기는 1360년 영국 왕실에 봉사하기 위해 들어간다. 그는 특유의 신선한 문체로 글을 썼다. "여러분에게 진실을 말하자면 나는 젊은 나이에, 그러니까 20세 되던 해에 나의 일을 시작했다. 나는 사건들과 모험들을 가지고 이 세상에 나왔다. 나는 그 무엇들보다도 이것들에게서 큰 즐거움을 느꼈다. 그리고 하나님이 주신 큰 은혜로 말미암아 나는 모든 사람들과, 그리고 왕들의 성관(城館)들과도 좋은 관계를 유지할 수 있었다. 특별히 영국의 에드워드 왕과 그분의 부인, 즉 고귀한 왕비이신 필리파 드 에노와도 좋은 관계를 맺을 수 있었다. 나는 그분의 서기였으며, 아름다운 이야기 시들과 애정을 주제로 한 글들로써 그녀에게 봉사했다."

'사건들과 모험들'은 그의 《연대기》의 씨줄을 이루고 있다. 이것들은 그를 고양시켰고, 또 무한한 영감의 원천이 되었다. 그는 훌륭한 기사들과 그들의 무훈을 기리기 위해 태어난 것이다. 그의 글에서 어떤 섬세한 심리 분석이나 사건들에 대한 심오한 분석 같은 것을 찾으려 해서는 안 될 것이다. 그는 이런 것들에는 별로 관심이 없었다. 그의 《연대기》는 산문으로 씌어졌지만 그의 글은 때로는 서사시의 경지에까지 도달하고 있다. 그것은 이를테면 기사도의 《일리아드》, 하지만 보다 친밀하고도 순진하게 느껴지는 《일리아드》라 할 수 있을 것이다. 초기 저작들은 그의 선배 장 르벨의 많은 영향을 받고 있다. 하지만 장 르 벨은 그의 계승자에 비하면 훨씬 더 무미건조해 보일 정도이다! 프루아사르는 피토레스크한 것, 특징적인 조그만 세부, 그리고 서사에 대한 특출난 감각을 지니고 있었는 바 이것이 바로 그를 위대한 작가의 반열에 올려 놓고 있는 요소이다.

이 연대기 작가는 윈저 왕궁에서 봉사하는 몸이었기 때문에 역사를 기술하는 데 있어 영국인의 관점을 채택한 것은 당연한 결과라 할 수 있다(이는 충분히 이해할 수 있는 일이다). 하지만 그는 어떤 적에 대하여도 특별한 신랄함을 보이지 않고, 모든 이에게 각각에 합당한 찬사를 공평하게 분배해 주었다. 1369년 필리파 왕비가 사망하자 프루아사르는 블루아 백작이며, 프랑스의 대귀족인 기 드 샤티용의 성관(城館)에 들어가게 된다(그것은 어쩔 수 없는 처세술의 일환이었다. 게다가 당시 사람들은 프랑스와 영국, 양국 사이를 오가는 것을 어떤 특별한 배신 행위로 여기지 않았다). 그 결과로 《연대기》의 후반부는 프랑스 왕가에 관한 이야기가 많이 포함되어 있으며, 또 발루아 왕조에 대해서도 훨씬 긍정적인 시각으로 돌아서고 있다. 그의 연대기는 1400년에 완성되었다. 하지만 프루아사르는 1410년까지 살면서 역사적인 저작 이외에도 운문 소설 《멜리아도르》와 무수한 시편들을 남기게 된다(그가 남긴 시편들은 도합 2만 5천 행이나 된다!).

그러나 이 위대한 시인 프루아사르의 작품을 압도할 만한 작품을 남긴 두 기사가 있었으니, 그 중 한 명은 왕궁에서 양육되었고, 다른 한 명은 브르타뉴 농군들의 거친 아이들과 함께 자라났다. 웨일스와 아키텐 대공이자, 후에 흑세자라는 별명(그의 문장이 검은색이었기 때문일까?)을 얻게 될 에드워드 플랜태저넷, 그리고 바로 이 흑세자의 평생의 숙적이자 그 어떤 패배 앞에서도 결코 좌절하는 법이 없었던, 아르모리크 지방의 빈한한 시골 귀족 출신의 베르트랑 드 게클랭이 바로 그 두 주인공이다.

흑세자는 영국의 군사 영웅들의 제신전 가운데서도 상당한 위치를 차지하고 있는 인물이다. 우리는 그가 크레시에서 싸웠으며, 또 푸아티에에서 대승을 거두는 것을 본 바 있다. 그의 네 형제들은 그를 숭배했다(그는 그중에서도 랭커스터 공작, 존 오브겐트를 특별히 사랑했다). 그리고 영국 백성들은 그를 영웅으로 여기고 있다. 하지만 영국은 거대한 야심을 지닌 그에게는 비좁은 장소였다. 그의 부친이 아직도 국왕으로 군림하고 있었기 때문이었다. 또 그는 아키텐 공작령에 대해서는 실권없는 군주일 따름이었다. 그래서 그의 아내 켄트 백작부인, 즉 활기 넘치는 여인 잔 오브켄트와 함께 흑세자는 보르도에 있는 자기 궁정에서 많은 시간을 보냈으며, 이곳에서 엄청난 인기를 누리고 있었다. 그의 집은 명성 높은 기사들에게나 시인 묵객들에게 언제나 활짝 열려 있었다. 그는 자신의 통치를 받는 백성들의 특권을 존중해 주었으며, 각 자유도시들의 자유를 보호해 주었다. 하지만 아키텐의 여러 제후들이 샤를 5세에게 올린 청원이 계기가 되어 1369년 다시 영불 전쟁이 재개되게 될 것이다.

베르트랑 뒤 게클랭은 유서는 깊지만 그렇게 대단치는 않은 가문 출신이었다. 그의 부친은 어느 정도의 명예는 있으나 그다지 부유하지는 않은, 브르타뉴에서 흔히 볼 수 있는 그런 평범한 시골 소귀족 중의 한 명이었다. 게클랭가는 샤를 드 블루아와 프랑스 왕국을 지지했다. 베르트랑이 렌 마상결투대회에서 우승하며 부르타뉴 기사계에서 일약 각광을 받게 된 것도 바로 이 샤를 공작이 보는 앞에서였다. 그는 매우 젊은 나이에 벌써 한 무리의 우두머리가 되어 부친의 보호에서 벗어나게 된다. 자신의 '애' 들을 이끌고, 베르트랑은 영국인들에게 용서받을 수 없는 일들을 벌인다. 그와 그의 동료들은 나무꾼으로 변장하여 푸주레 성을 탈취한 것이다. 그의 명성은 이렇게 빠른 속도로 높아가게 된다.

재능 있는 인사들을 발굴하는 능력이 탁월했던 샤를 5세는 그를 진작부터 주목하여 그를 중용하겠노라고 작정하고 있었다. 그리고 마침내 그 기회가 왔다. 1364년 5월 16일, 프랑스군이 코슈렐 전투에서 부크 두령이 이끄는 영국-나바르 연합군에 승리했을 때, 베르트랑은 오세르 백작 휘하의 지휘관 중 한 명으로 있었다. 하지만 이 모험을 즐기는 대장은 얼마 후에, 즉 그 불운했던 오레 전투중에 포로가 되었다. 샤를 공작은 거기서 목숨을 잃었고, 몽포르파는 승리하였던 것이다. 몸값을 갚은 베르트랑은 자신을 부르는 샤를 5세의 조정으로 발길을 돌리게 된다.

선왕 장 2세의 아들은 그의 부친에게는 심각하게 결여된 자질들을 모두 갖추고 있었다. 끈기있고, 집요하며, 신중하기도 한 그는 타고난 조직가였다. 파리와 그 인근을 떠나지 않으면서도, 그는 벌써부터 상실한 지방들을 회복할 꿈을 키우고 있었다. 그러나 우선 프랑스를 좀먹고 있던 화적떼 '그랑드 콩파니' 들부터 우선 제거해야만 했다. 그런데 그들을 악마에게로 보내 버릴 수 있는 절호의 기회가 찾아왔다. 카스티야 왕 페드로 1세가 자신의 아내, 즉 샤를 5세의 처제인 블랑슈 드 부르봉을 암살한 것이다. 이때 카스티야 왕은 영국의 동맹자였으며, 흑세자의 대부이기도 했다. 이제 그의 신하들 중 상당수가 그를 미워하고 있었다. 과거 그를 '정의의 사도' 라고 칭송하던 그들이 이제는 '잔인왕' 이라 부르고 있었던 것이다.

이때 페드로 왕의 왕좌를 넘보는 경쟁자가 하나 나타났으니, 바로 그의 이복동생 엔리케 데 트라스타마라였다. 프랑스 국왕에 의해 늙은 앙드레앙 원수의 휘하에 있는 그랑드 콩파니의 지휘자가 된 뒤 게 클랭은 엔리케 데 트라스타마라를 돕게 된다. 이렇게 뒤 게클랭은 '화적떼'를 이끌고 카스티야로 가서 그곳을 휩쓸어 버리게 되는 것이다! 이어 대규모의 전투가 벌어지게 되고, 여기서 세기의 두 무인이라 할 수 있는 베르트랑 뒤 게클랭과 흑세자는 처음으로 맞부딪히게 된다. 1367년 4월 3일 벌어진 이 나헤라 전투에서 승리를 거둔 것은 영국의 왕자였다. 뒤 게클랭의 신중한 충고를 듣지 않은 엔리케 데 트라스타마라는 결국 도망칠 수 있었지만, 베르트랑은 영국군에게 사로잡히는 몸이 되고 만다.

흑세자는 베르트랑 뒤 게클랭을 너무도 높게 평가하고 있었던 나머지, 이 귀중한 포로를 빨리 처치해 버리지 못하였다. 이 미래의 프랑스 대원수에 대해 운문 전기를 쓴 시인 퀴블리에는 어떻게 이 꾀바른 브르타뉴인이 자신을 가두고 있는 영국 왕자의 자존심을 자극하여 자유의 몸으로 풀려날 수 있었는가를 이야기해 주고 있다. 영국군의 손에서 베르트랑을 구출한 것은 사실은 '방추를 파는 실잣는 여인'이 아니었던 것이다. 석방된 그는 다시 엔리케 데 트라스타마라의 휘하에 들어가 몽티엘에서 잔인왕 페드로 1세의 군대를 격파한다.(1369) 하지만 이때 뒤 게클랭은 사로잡은 왕을 경애하는 라이벌 흑세자에게 되돌려보내 주는데, 이는 그 자신이 흑세자에게 했던 맹세를 어긴 데에 대한 죄값을 치르고자 했던 것일까? 풀려나기 위하여 흑세자에게 거짓 맹세를 한 것, 이것은 이 부르타뉴 출신 영웅의 일생 가운데의 일대 오점이었다고 연대기작가 아얄라는 단언하고 있다.

베르트랑이 파리에 돌아왔을 때, 영불 전쟁은 다시 본격적으로 재개되고 있었다. 샤를 5세는 이 전쟁을 끈질기고도 치밀하게 수행해 가리라고 작정하고 있었다. 그는 기라성 같은 용장들을 막료로 거느리고 있었다. 용맹하고도 능란한 프랑슈콩테 사람이며, 프랑스 왕국에 최초의 함대를 탄생시킨 제독 장 드 비엔, 샹파뉴 가문의 막내 상세르 백작, 그리고 영국 진영을 버리고 떠나온 올리비에 드 클리송 등이 그들이었다. 하지만 프랑스 국왕은 보기 드문 자질을 갖추고 있던 이 모든 기사들을 제치고, 영토 재정복의 대업을 이룰 대원수로 베르트랑 뒤 게클랭을 선택했다. 그러나 게클랭은 겸손한 자세로 이를 사양한다. 그는 너무도 보잘것없는 가문 출신인지라 국왕의 형제분들을 포함한 지고한 혈통의 대공들이 그에게 복종할 수는 없다는 것이었다. 그러나 발루아 왕은 그를 안심시켰다. 전군은 그 어떤 불평이나 머뭇거림도 없이 그의 명령에 복종할 것이었다. 실제로 앙주 공작 루이, 베리 공작 장, 그리고 부르고뉴 공작 필리프 같은 '백합꽃의 제공들'은 베르트랑의 가장 충성스런 참모가 된다. 샤를 5세는 최초의 상비군을 창설한다. 필리프 콩타민이 우리에게 알려 주는 바는, 샤를 5세는 2천4백 명의 전사와 1천 명의 쇠뇌수를 고용했다고 한다. 이들은 모두 전사하는 순간까지 결코 와해되지 않았던 정예 집단이었다. 그리고 이들에게 급료를 지불하기 위하여 샤를왕은 '백성들에게 혹심한 인두세를 부과' 해야 했다.

신임 프랑스 대원수를 보좌하고 있는 영명한 인물들 가운데 돋보이는 이로는 오연하고도 고귀한 풍모의 쿠시 경 앙게랑 7세를 들 수 있다. 푸아티에 전투가 일어나기 얼마 전에 영국군의 포로가 되었던 그는, 포로 기간중에 영국에서 에드워드 3세의 딸 이자벨라 플랜태저넷을 유혹하게 된다. 영국 왕은 그의 청혼을 받아들이고, 그를 베드포드 백작으로 삼는다. 하지만 이후 그는 프랑스에 돌아와 샤를 5세의 가장 충직한 봉신이 된다. 그는 싸움이 있는 곳이라면 어디든지 달려갔다. 합스부르크가 황제는 그를 알자스의 방백(方伯)으로 삼았다. 이 쿠시 가문의 마지막 대공은 14세기 말엽에 있었던 모든 십자군 원정에 참여하게 될 것이며, 결국 1397년, 동방에서 포로의 몸으로 죽게 된다.

하지만 자신이 완전히 장악하게 된 군대의 수장이 된 베르트랑 뒤게클랭은 그가 맡은 과업의 규모를 숨기지 않았다. 1370년에서 1380년까지 그는 거의 쉴새없이 전투를 벌였다(그와 연애 결혼한 아내 티파니 라그넬은 집에서 그를 볼 기회가 별로 없었다).

게클랭은 책략과 설득, 그리고 완력을 사용하여 브레티니 조약에 의해 영국인들의 수중에 넘어갔던 프랑스 지방들을 한 성 한 성 차례로 회복해 나갔다. 그는 한번의 경우(퐁발랭 전투)를 제외하고는 대오를 갖춘 정규전은 피하고, 더 실속 있는 소규모 전투와 농성전을 즐겼다. 그러나 이 용감한 부르타뉴인은 1380년 7월 13일, 샤토뇌프 드 랑동의 요새 앞에서 열병으로 숨지게 된다. 샤를왕 자신 역시 얼마 후 그를 뒤따를 것이다. 하지만 이때 영국인이 프랑스에 소유하고 있는 큰 도성이라고는 불과 다섯 개로 줄어 있었다.

흑세자는 결국 영국 왕관을 써보지 못하는 한을 품은 채 1376년에 사망했다. 크레시의 영웅이며 흑세자의 아버지인 에드워드 3세는 왕비 필리파가 죽은 후 방탕과 술주정의 나락으로 굴러떨어졌었고, 그렇게 이어간 질긴 목숨은 아들이 죽고 1년 후에야 비로소 끝이 났던 것이다. 늙은 왕은 왕좌를 흑세자의 아들 리처드 2세에게 남기고, 1377년 6월 21일 세상을 뜬다.

하지만 나헤라에서 맞부딪힌 두 적수는 빛나는 무훈들로 가득했던 이 시대의 유일한 영웅들은 아니었다. 사부아의 두 백작, 즉 '녹(綠)백작' 아메데 6세와 '홍(紅)백작' 아메데 7세는 당시의 기사들 사이에서 용맹함과 뛰어난 무술로 인하여 드높은 명성을 획득했다. 아메데 6세는 1334년에 태어났다. 그가 '녹백작'이라는 별명을 얻게 된 것은 부르앙브레스(1353)에서 개최된 기마무술대회를 통해서였다. 그때 그는 12명의 수행 귀족들과 함께 온몸을 녹색으로 휘감고 등장했다. 그때부터 백작은 희망의 색이라는 이 녹색에 열중하게 된다. 그의 방들의 벽지도, 막사와 정자도 녹색이며, 심지어는 그가 십자군 원정에 타고 간 배들까지 모두 녹색 일색이었다.

그런데 이 멋지고도 예의 바른 대공 가운데에는 칭송받을 만한 점이 또 하나 있었으니, 그것은 기사단 창설에 대한 열정이었다. 1350년 그의 누이가 갈레아스 비스콘티와 결혼했을 때 그는——그리 오래 존속하지는 못했지만——'흑조(黑鳥) 기사단'이라는 이름의 기사단을 창설한 적이 있었다. 당시 도처에서는 유사한 기사단들이 설립되고 있었다. 1352년 나폴리 여왕 잔은 '성령 기사단'을, 그리고 앙주 뒤라주의 샤를 3세는 '배(舟) 기사단'을 창설했다. 또 불타는 신앙을 갖고 있던 경건한 기사 필리프 드 메지에르는 '그리스도 고난의 기사단' 가운데 모든 기독교도 기사들을 규합하기 원했다. 이 기사단의 목적은 키프로스 왕이기도 한 뤼지냥 가문의 피에르 1세를 수반으로 삼아 또 한 차례의 십자군 원정을 일으키고자 하는 것이었다. 아메데 6세는 휘하의 정예 기사들을 이끌고 이 경건한 계획에 참여했다. 교황 우르바누스 6세는 1364년 그에게 '황금 장미'의 칭호를 내렸으니, 이것은 아르노 샤팡종의 의하면 '매년 기독교 세계에서 가장 영명한 이름을 떨친 대공에게 바치는 경의'였던 것이다.

이 시대에 녹백작은 '목걸이의 기사단'을 창설하여, 성모의 십오지락(十五之樂)을 기리는 의미에서 15명의 기사에게 목걸이를 분배하기도 하였다. 현재의 '지극히 성스러운 수태고지의 기사단'의 연원은 바로 이 목걸이 기사단인 것이다.

홍백작 아메데 7세는 영광스러운 가문의 이름에 부끄럽지 않은 계승 자였다. 어떤 격렬한 전투 끝에 그의 갑주는 피에 젖어 붉게 번쩍였 다. 이 때문에 그는 이 영광스러운 별명을 획득했던 것이다. 그 영지가 알프스 지방에서부터 지중해에까지 펼쳐져 있었던 이 대공은, 1391년 멧돼지 사냥을 하던 중 한 명의 진정한 수렵인으로서 사망했다.

14세기 전체를 통해 사람들의 가장 큰 경탄의 대상이 된 사람은 아 마도 푸아 백작, 즉 그의 눈부신 금발로 말미암아 '페뷔스'라는 별명 을 얻게 된 가스통 페뷔스일 것이다. 1388년 그의 궁정에 방문한 적 이 있던 프루아사르는 생의 말년에 이른 백작을 볼 수 있었을 따름이 었다. 하지만 그가 우리에게 남기고 있는 백작의 초상은 그야말로 환 상적이다. "여러분들에게 말하거니와, 나는 이 시대의 기사들·왕들· 대공들, 그리고 기타 많은 사람들을 만났었다. 하지만 백작처럼 훌륭 한 용모와 체격을 지닌 인물은 본 적이 없다. 혈색 좋고 항상 웃는 듯 한 아름다운, 사랑스러운 푸른 눈 …… 무엇보다도 그는 거동에 있어 서나 교양에 있어서 완벽하여서 사람들의 칭송을 자아냈다. 그는 현명 한 기사였고, 위엄 있는 거동을 보여주었으며, 주위 사람들에게는 항 상 좋은 충고를 해주었다. 그는 좋아해야 할 것을 좋아했으며, 증오해 야 할 것은 증오하였다……. 그는 신사였으며, 이제 은퇴한 그는 매일 기도로 많은 시간을 보내고 있다……. 또 그는 매일 가난한 사람들에 게 5프랑씩 적선했다……. 무엇보다도 그는 개들을 사랑했으며, 여름 이나 겨울이나 가리지 않고 들판에 나가서 즐거이 사냥하기도 했다."

아마도 그랬을 것이다……. 하지만 성당의 스테인드글라스에서나 찾아볼 수 있을 법한 이 경건한 기사는 '못된왕' 샤를과 더불어 기사 들을 이끌고 농민 반란군 '자크'들을 무자비하게 진압했으며, 또 그의 독살을 기도했다는 혐의로 자신의 외아들마저 (물론 사고에 의한 것이긴 하지만) 죽인 일도 있다. 하지만 그를 공평하게 평가할 수 있기 위해서는 훌륭하면서도 동시에 잔혹했던 이 '고귀한 인물'을 그가 살던 잔혹한 시대 가운데 위치시켜야 할 것이다.

그것은 바바라 B. 터치먼도 말했듯 14세기는 '온갖 재앙의 세기'였기 때문이다. 국가들간의 전쟁·내전·흑사병·기근…… 이 모든 것들은 당시의 고통받는 인류를 끊임없이 괴롭혔다. 모든 종류의 음산한 춤들과 죽음의 승리로 특징지어지는 15세기 초반도 이때보다 낫다고 할 수는 없었다. 하지만 가끔은 이 모든 비참함 가운데 기적과 같이 어떤 따뜻한 목소리가 솟아오르기도 했다. 베르트랑 뒤 게클랭은 결코 성자라고는 할 수 없었다. 하지만 그가 임종의 침상 위에서 슬픔으로 굳어져 있는 그의 동료들에게 남긴 최후의 권고는 우리의 가슴 속에 어떤 감사의 감정마저 일게 한다. "모두들 결코 잊어서는 안 되오. 여인들과, 아이들과, 노인들과, 그리고 교회의 사람들은 여러분들의 적이 아니라는 사실을 말이오."

9

백년 전쟁 시대의 기사 모습

'용기'와 '너그러움,' 이것은 그가 프랑스인이든, 영국인이든, 독일인이든, 혹은 폴란드인이든 모든 기사들이 추구하는 동일한 이상이었다. 그가 원하는 것은 강자에 대항하여 약자를 보호하고, 불의에 대하여 정의를 수호하며, 맹세한 신앙에 대해서는 한 점 부끄럼없이 충성스러운 기독교도 전사로서 살아가고, 또 죽는 것이었다. 거의 5백년 동안 이어져 왔으며, 십자군 운동이 일어나게 했던 이 윤리, 이 희생의 정신을 기사는 하나의 원리로서, 그리고 지상의 권위로서 존중했다. 그러나 꿈과 이상 사이의 괴리는 너무나 컸다!

14세기와 15세기의 기사들만큼이나 자신이 속한 계층에 대하여 자부심을 가졌던 이들도 없었다. 그러나 그들 중 가장 명석했던 자들은 어떤 어렴풋한 불안감을 느꼈던 것 역시 사실이다. 가장 고귀한 제도들, 그리고 가장 순수한 이상들이라 할지라도 세월이 흐름에 따라 퇴색되어 가는 법이다. 십자군 운동 정신의 점진적인 방기(放棄), 점차적으로 부서져 가는 기독교 정신, 서구의 대지진(1377-1499년), 이득에 대한 갈증, 심성을 부패시키는 황금, 이 모든 요소들은 밤베르크 기사, 즉 이미 서서히 부식되어 가고 있던 한 위대한 제도의 신화적인 상징이라 할 수 있는 밤베르크의 기사를 그의 동상대(銅像臺)에서부터 내려오게 하는 데 기여했다.

철갑 기사들은 요란스런 소음을 발하고 있었다. 이때만큼 기마무술 대회가 성행한 적이 없었다. 하지만 갈수록 호사스러워지는 식탁 문화, 그리고 값비싼 무기에 대한 취향 같은 것으로 인해 기사들은 빚을 지지 않을 수 없었다. 빚은 쌓여만 갔고, 유대인, 그리고 롬바르디아 출신 고리대금업자들은 갈수록 악착스럽게 돈벌이에 열중했다. 연금은 줄고, 봉지에 대한 기존 권리 체계는 재평가되고 있지 않았다. 간단히 말해서 많은 기사들이 돈에 목말라 있었다. 그들은 부르주아 계층, 혹은 갈수록 큰 영향력을 행사하는 도시의 유력자들 중에서 새로이 귀족이 된 자들의 수가 갈수록 늘어나고 있다는 사실에 짜증이 났다. 보르도 포도주 중개인들마저 '기사'라고 자칭하는 일까지 있었다. 그리고 이것은 당시의 다른 수많은 예 중 하나에 불과했다.

더 심각한 경우도 있었다. 14세기는 큰 사회적 동요가 일어난 시대였다. 사람들은 귀족의 필요성에 대해 이의를 제기하고 나섰으며, 기사 계급의 효용성에 대한 의구심도 일어났다.

아담이 삽질하고 이브가 물레를 잣던 시절에
도대체 어디에 귀족들이 있었단 말인가?

이것은 1381년 플랜태저넷 왕가의 리처드 2세 왕좌를 위태롭게 했던 영국 농부들이 부르던 노래였다.

이제 기사들은 새로운 기준을 찾아야만 했다. 14세기의 어떤 독일 문인은 위대한 아홉 남기사와 위대한 아홉 여기사라는 신화를 만들어 냈다. 그는 이 우화(신화)를 만들기 위해 성경, 그리스 로마 역사, 그리고 비교적 가까운 과거의 역사들까지 동원했다. 트로이의 헥토르, 페르시아와 인도의 정복자 알렉산드로스, 율리우스 카이사르, 사사 여

호수아, 다윗왕, 이스라엘의 마지막 방패 마카베, 아서왕, 샤를마뉴, 이교도들을 정복한 고드프루아 드 부이용 등이 이 영광스런 남기사 집단의 구성원들이었다. 그런데 이 독일 시인에게는 여기사들을 고르는 일이 훨씬 더 힘들었던 모양이다. 데이필, 시노프 여왕, 바빌론 여왕 세미라미스, 아름다운 멜라니페, 람페토 여왕, 처녀 테우카, 타마리스 여왕, 펜테질레 여왕, 그리고 헤라클레스가 허리띠를 훔친 아마존 여왕 이폴리트 등 몇 드문 예외를 제외하고는 모두가 우리에게는 희미한 기억만을 떠오르게 하는 인물들이다.

하지만 이 남녀 기사들은 기독교 세계 전체의 기사들에게 순박한 숭배의 대상이 되었다. 예를 들어 프랑스 왕이며, 1431년에는 영국 왕까지 된 앙리 4세의 흥겨운 파리 입성식이 있었을 때, 사람들이 연출한 '살아 있는 그림' 가운데서 이 신화적 인물들이 등장하고 있는 것을 볼 수 있다. 또 15세기 플랑드르 지방에서 만들어진 어떤 태피스트리 가운데는 이 신화적 기사들이 이리저리 뛰어다니고 있는 모습을 볼 수 있다. 그리고 당시의 예술과 문학에서는 이들을 빈번하게 환기하고 있다.

어떤 명문 귀족 가문들은 각기 신화를 지니고 있었다. 동일한 연원을 가진 뤼지냥 가문과 라 로슈푸코 가문은 모두 푸아투의 요정 멜뤼진을 숭배했으며, 노르망디 지방의 토후인 아르구주 가문 역시 그들 나름의 요정을 가지고 있었다. 보 가문의 대공들은 자기들의 조상이 동방박사 중 한 명인 발타자라고 주장했으며, 미르푸아의 영주인 레비 가문은 자기들은 성모님의 족속인 레위지파의 후손이라고 엄숙히 선언했다. 이 전설들 중 많은 수가 십자군 운동이 진행되던 당시 발생한 것들이었다. 신비의 동양이 그들의 몽상을 자극했던 것일까?

중세에는 문장관(紋章官)이라는 직책이 있었는데, 이들은 왕조의 전통과 족보, 문장의 수호자들이었다. 그들의 역할은 14,15세기 들어 더욱 커져갔다. 문장왕이라고도 불린 문장관들의 우두머리는 파리에 위치한 프티생앙투안 성당에서 프랑스 국왕이 직접 관을 씌워 주었다. 일반적으로 그는 '몽주아'라는 이름으로 불렸는데, 이는 영국의 '가터'에 해당하는 것이다.

그 자체가 일종의 서사시라고 할 수 있는 문장학(紋章學) 역시 놀라운 역사를 지니고 있다. 몽모랑시 가문의 문장에 그려진 알레리옹(부리와 발톱이 없는 독수리)의 수는 마티외 2세가 부빈가에게서 탈취한 군기의 숫자를 상징하고 있다는 사실은 잘 알려져 있다. 제후 가문의 전통들은 유산과 더불어 아버지에서 아들로 대대로 물려졌다. 그러므로 어떤 고귀한 가문이 남성 후사가 없어 여인의 수중에 떨어지거나, 혹은 완전히 대가 끊겨 버린다는 것이 당시에는 얼마나 가슴 아픈 일이었지 모른다. 이런 종류의 불행이 닥칠 때 한 공작령 전체가 깊은 슬픔에 빠지곤 했다. 물론 시기하는 이웃 귀족은 느긋하게 미소짓고 있었겠지만 말이다.

귀족의 생애는 일반적으로 네 단계를 포함하고 있었다. 유아기 때에는 가족의 품안에서 양육된다. 12세가 되면 다른 귀족의 시동으로 들어가 그 귀족에게서 양육과 (매우 엄한) 교육을 받는다. 시동은 주인의 말들을 돌보고 그의 무기들을 갈고 닦아 관리하며, 또 식탁에서는 시중을 들어야 했다. 귀족의 자제가 어떤 성주 부인이나 혹은 왕비에게 맡겨지는 것은 이보다 훨씬 후대에 와서야 시작된 관습이었다. 시동은 그의 제2의 가족이라 할 수 있는 '메스니'(귀족의 집) 가운데서 양육되었던 것이다.

이렇게 청소년기를 보내고 나면 시동은 시종이 된다. 그런데 평생 시종으로 남아 있는 경우도 드물지 않았다. 그가 보잘것없는 가문 출신이거나, 혹은 그의 동료들이 자격이 없다고 판단하는 경우에는 모든

'바를레'〔중세 시대 귀족의 시중을 들던 예비기사들〕들의 꿈이었던 무장(武裝) 기사가 되기는 힘들었다. 하지만 만일 그렇다 하여도 그는 사람들로부터 존경받으며 부끄럽지 않은 생활을 영위하는 한 명의 의젓한 신사로서 살아갈 수는 있었다.

유력한 가문의 성관에는 마구간을 관리하는 시종, 빵 굽는 시종, 술 따르는 시종, 고기를 자르는 시종 등 실로 여러 종류의 시종들이 있었다. 왕궁에서 잔치가 열릴 때에는 대귀족들조차도 왕의 식탁에 올릴 고기를 자르는 일을 둘도 없는 영예로 여겼다. 또 특별한 연회중에 말을 타고 요리를 시중드는 것을 더없이 세련된 예절로 간주했다. 이러한 일들은 축성식 · 대관식, 혹은 호화로운 입성식(入城式) 등 왕을 위시한 나라의 제후들이 모두 모일 때 행해지는 의식이었다.

1356년 룩셈부르크의 황제 카를 4세가 '황금 문서'에 의하여 황제 선거에 관련된 규칙들에 규정한 바 있다. 이에 따르면 독일의 선거후(選擧候)들은 황제 대관식 때 저마다의 역할들을 지니고 있었다. 프랑크푸르트 시에서는 속세의 선거후〔독일 황제를 선출하는 선거후들 가운데에는 귀족뿐 아니라, 대주교 등 성직자도 포함되어 있었다〕들은 식탁에 앉은 왕의 식사 시중을 들 때, 황금나사(黃金螺絲)로 눈부시게 치장한 의장마(儀仗馬)들을 타고 요리들을 날라 바쳤던 것이다.

평범한 귀족의 시종들은 조련이 필요할 정도로 고귀한 말들을 갖지 못하는 경우가 종종 있었다. 당시 말은 네 개의 범주로 분류되었다. 전마(戰馬), 행진이나 여행을 위한 의장마, 측대보〔側對步; 말이 같은 편의 앞발과 뒷발을 동시에 들어 걷는 것〕로 뛰는 부인들을 위한 말, 그리고 더 하급의 용도로 쓰이는 말 등이었다. 노새는 성직자들의 탈것이었다. 하지만 제후도 경우에 따라서는 보다 신속한 이동을 위하여 노새를 이용하기도 했다. 1407년 오를레앙 공작 루이가 암살당했을 때, 그는 노새를 타고 성을 빠져나오고 있던 참이었다.

시종들은──이것은 그들의 핵심적인 역할이었다──상전이 전쟁에 나갈 때면 그들을 수행했다. 시동들 역시 따라가기는 했으나, 그들은 너무 어려서 전장으로부터 떨어진 곳에 머물러 있었다. 시종 중 한 명은 상전의 투구를, 그리고 다른 한 명은 방패를 들고 있었다.(후에 나온 민요가 말해 주고 있듯이) 가문의 군기를 흔드는 일은 전통적으로 식탁에서 고기 자르는 시종의 임무였다. 혼전이 벌어졌을 때 시종들은 전장으로부터 떨어진 곳에서 주군이 싸우는 모습을 구경하고 있어야 했지만, 그가 죽거나 사로잡힐 위험이 있으면 언제든지 뛰어들어 구조할 채비를 하고 있어야 했다.

하지만 이런 삶 속에서도 바를레, 즉 예비 기사는 언젠가는 기사 서임식을 갖으리라는 지고의 목적을 결코 잊지 않았다. 이 의식은 전투가 있는 날 아침이나 그 전날, 혹은 젊은이가 자라난 성에서 치러졌다. 이 의식의 연원은 매우 오랜 옛날로 거슬러 올라가며, 교회가 원래 이 순수한 전사적 의식에 개입한 것은 후대(11세기)에 와서의 일이다.

기사 지원자는 기사 서임식의 전날 밤 근처의 성소에서 무기를 지키며 밤을 샌다. 아침이 되면 목욕을 하고, 붉은색(이는 축제의 색깔이다) 옷을 입고, 고해성사와 성체배령 의식을 받는다. 그를 무장시켜 기사로 만들어 주는 것은 그의 종주인 제후이다(혹은 국왕 자신일수도 있다. 대관식을 치르는 날에는 새로 즉위한 군주는 수백 명의 젊은 귀족들에게 기사 서임을 내려주기도 했다). 이때 기사 후보의 대부들이 젊은이를 둘러싼다. 초기의 의식 중에는 대부 중의 한 명이 기사 후보에게 양 어깨 사이에 주먹 한 방을 세차게 날리기도 하였다. 기사 후보가 종주 앞에 무릎을 꿇으면 종주는 "하나님과, 성 미셸과, 성 조르주의 이름으로" 그를 기사로 서임한다. 그러면 대부들은 젊은 귀족에게 갑주와 무기를 입혀 주고, 또 황금 박차를 발에 달아 주는데, 이것은 바로 기사 계급의 표시였다. 때로 이 의식을 귀부인들이 주관하는 경우도 있었다(이는 무훈시에 서부터 유래한 우아한 관습이다).

이 축제의 소문에 끌려 몰려든 군중 앞에서 새로 기사가 된 젊은이는 말을 달려 창으로 허수아비를 찔러 팽글팽글 돌려야 한다. 이때 허수아비는 사라센인의 형상으로 만들어지며, 근처에 있는 야외 경기장에 세워진다. 만약 이때 젊은 기사가 서툰 모습을 보이면, 그는 거기 모인 사람들의 신망을 잃게 될 것이다. 훗날 빛나는 무훈을 세워 이 치욕을 씻게 될 수 있는 날까지…….

이제 결혼하고, 곧 수많은 아이들까지 갖게 될 기사는 부친의 성에 정착하게 된다. 그는 영지의 수익을 증진시키는 책무를 맡는다(이 일을 그다지 열심히 하지 않는 경우도 많았다). 이때는 집사들의 도움을 받는데, 이들이 복음서에 나온 집사들처럼 충성스럽지 못한 경우도 왕왕 있었다. 사냥은 그에게 있어서는 '커다란 즐거움'이자 하나의 필요성이기도 했다. 필요성이라? 하인들이 갖다 바치는 끓이거나 구운 고기는, 갖은 양념까지 하여 풍미를 돋구었다 하더라도 피가 끓는 기사에게는 무미건조하기 그지없을 수도 있었다. 그런데 사냥이 주는 큰 즐거움은 사람을 얼마나 도취시키는지! 당시 모든 귀족은 사냥꾼으로 태어났다. 새벽부터 일어나 노루나 사냥꾼을 추격하는 개들의 뒤를 좇다가, 결국 마지막 알라리〔짐승이 궁지에 몰렸을 때 사냥꾼들이 지르는 함성이나 각적 소리〕소리를 듣는 것은 그 얼마나 가슴 벅찬 일인가! 모뒤스 왕, 라티오 왕비, 혹은 가스통 페뷔스 등이 저술한 사냥 교본들을 보면 아직 야생의 모습을 간직하고 있던 당시의 대자연 가운데 행해졌던 이 거친 사냥의 분위기가 어떠했는가를 짐작할 수 있다. 《베리 공작의 귀중한 성무일과》는 매사냥의 세련됨이 어떤 것인가를, 아주 세세한 점들까지 우리에게 알려 주고 있다. 이 매사냥에는 제후들은 물론 귀부인들도 참가했다. 귀부인들은 기사가 탄 말 궁둥이에 거침없이 올라타 뒤에서 남자의 몸을 껴안고 함께 말을 달렸다.

하지만 겨울의 긴긴 저녁 시간들은 매우 단조롭게 흘러갔다. 종주와 그의 일가는 식탁에 둘러앉아 가능한한 많은 시간을 보냈다. 그들은 무료한 시간을 보내느라 체스나 주사위놀이 등을 하기도 했다. 프랑수아 비용은 이 주사위놀음이 '악마 루시퍼가 만든' 것이라며 땅이 꺼져라 한숨을 내쉬었는데, 이것은 그 자신 이 도박으로 그의 얼마 안 되는 재산을 날려 버렸기 때문이다. 당시의 길은 도적이나 야수가 들끓어 그다지 안전하지 못했으므로, 숙식을 위해 찾아오는 방랑 시인이나 순례자들마저 겨울이 깊어갈수록 드물어졌다. 그들이 해주는 어느 정도 재미나게 윤색한 이야기들을 통해 먼 고장의 소식을 알 수 있었다. 성의 처녀들은 성 마나님의 주의 깊은 눈길 아래 물레를 돌려 실을 잣거나 자수에 열중하고 있다. 이렇게 기사는 느긋한 안일 속에 몸이 굳어져 가고, 그로서는 이런 생활이 스스로 한심하다고 느껴질 수도 있었다.

그러나 하나님 고맙게도, 가끔은 토너먼트의 나팔이 울려 퍼졌다. 이 나팔 소리를 들을 때 훌륭한 기사의 가슴은 기쁨으로 끓어오르지 않을 수 없다. 더욱이 군대 소집을 알리는 전쟁 나팔 소리가 울려 퍼지는 경우는 더 말할나위가 없었다. 성 전체가 깊은 잠에서 깨어난 듯 술렁거린다. 시동들은 글겅이로 곱게 빗질한 전마들을 마구간에서 끌어낸다. 그리고 무기실에서 전쟁에 필요한 각종 장비며, 장검 같은 것을 찾아내 온다. 시종들은 부산스럽게 움직이고, 종복들도 허리띠 버클을 채운다. 종주는 아내에게 몇 가지 마지막 당부를 한 후 짤막한 작별 인사를 한 마디 남기고, 벌써부터 흥분하여 앞발을 차며 일어서고 있는 커다란 애마 위에 올라탄다.

크레시 전투와 푸아티에 전투 당시의 철갑 기사들은 아직은 쇠사슬 갑옷을 입고 평범한 투구를 걸치고 있었지만, 14세기 마지막 사반세기에 들어서는 강철판으로 된 갑주, 그리고 눈가리개를 들어올릴 수 있는 투구의 출현과 더불어 전쟁 복식에 혁명이 일어나게 된다. 이 새로운 갑주의 무게는 18에서 25킬로그램 정도 나갔다. 장 피에르 르베르소는 강건한 신체의 기사라면 이 정도 무게의 갑주를 입고서도 말에서 내려 땅에 서서도 얼마든지 싸울 수 있다는 사실을 잘 보여준 바 있다. 군주의 커다란 전마는 그의 문장들이 그려진 화려한 갑주로 싸여 있었다. 15세기 중엽에 이르러서는 말의 옆구리가 강철판으로 보호되었다. 기사는 왼손으로는 방패를 들어 방어하고, 오른손으로는 창이나 도리깨처럼 분절된 장검, 혹은 전투용 망치 같은 것들을 휘두르며 싸웠다. 이것들은 상대의 두개골을 마치 호두껍질처럼 일격에 부쉬 버릴 수 있는 가공할 무기들이었다.

무장한 사내
그를 두려워해야 할 것이다

하고 15세기의 옛 행진가는 노래하고 있는 것이다. 이렇게 무장한 철갑 기병은 실제로 당시 사람들의 눈에는 몹시도 무섭게 보였을 것이다.

싸움이 벌어지면 기사는 싸움의 광기 속으로 몸을 내던진다. 그는 검을 휘둘러 찌르고 베며, 창끝으로는 그가 선택한 적수를 겨누고 돌진하거나 혹은 위험에 처한 동료가 있으면 달려가 도움을 준다. 하지만 미친 듯한 전쟁의 열기 속에 취해 있으면서도 기사는 강박적으로 그를 따라 다니는 불안감을 완전히 떨쳐 버리지는 못한다. 사실 그는 자신이 죽을 수도 있다는 생각은 오히려 쉽게 받아들인다. 이것은 하나님의 뜻에 따라 찾아올 것이기 때문이다. 하지만 포로가 될 수도 있다는 사실, 이것은 그다지 쉽게 받아들이지 못한다. 왜냐하면 포로가 된다는 것은 몸값을 지불해야 한다는 것을 의미하는데, 기사들에게 있어서 이 몸값이라는 말처럼 양면성을 지닌 단어도 없기 때문이다. 만약 그 자신이 어떤 부유한 제후를 생포했다고 치자. 세상에 이보다 더 신나는 일이 있을까? 이 기특한 포로가 그 얼마나 많은 금화를 가져다 줄 것인가! 하지만 반대로 그 자신이 포로가 되었다 치자. 그 얼마나 참담한 일인가! 그의 토지를 저당잡히고, 숲을 팔고, 성읍 안에 있는 성관은 어떤 부르주아 녀석에게 양도해야 할 것이며, 자신의 삶은 지옥의 앞잡이들 같은 고리대금업자들의 손아귀 가운데 떨어지게 될 것이다. 백년 전쟁이 끝날 무렵 무수한 기사들이 서너 번씩 몸값을 지불한 끝에 결국에 파산하고 말았다. 백년 전쟁이라는 이 기나긴 싸움중에 완전히 사라져 버린 가문들 또한 적지 않다. 앞으로 보게 되겠지만 장미 전쟁중에는 영국의 수많은 유서 깊은 가문들이 소멸되어 버렸으며, 15세기의 후스 전쟁 때에는 중앙 유럽의 귀족들이 대살육극에 희생되어 사라져 갔다(1416년에서 1436년까지 체코의 농부들은 다섯 번에 걸쳐 밀려온 십자군들을 물리쳤다).

남자들이 부족하면 여자들이 그들의 자리를 대신하는 경우도 있었다. 필리프왕의 손님으로 파리에 머물고 있던 클리송 경을 비롯한 브르타뉴 지방의 제후들이 왕명으로 체포되어 참수당한 일이 있었다. 그때까지만 해도 얌전한 안방마님이자 모범적인 어머니로 머물러 있엇던 클리송 부인은 격한 슬픔에 거의 제정신을 잃어버린 모양이었다. 그녀는 자신의 몸에 갑주를 두르고, 그녀를 따르는 봉신들의 선봉에 서서 프랑스 왕의 군단들을 차례로 격파했다. 하지만 결국 육상에서 패배한 그녀는, 이번에는 바다로 나가 선박들을 무장시켜 국왕의 배들을 침몰시켰다. 결국에는 그녀는 중과부적으로 패배하게 되어 자신의 어린것들과 함께 조그만 배 한 척에 몸을 맡기게 된다. 아이들 중한 명은 굶주려 죽었고, 다른 한 명은 그 유명한 클리송 대원수가 되었다. 그 불타는 복수심을 충족시키고, 어느 정도 분노가 사그러졌는지 이 무서운 여장부는 결국 항복한다. 몇년 후 그녀는 재혼하여 다시여럿 낳는다. 결국 진정된 그녀는 평화로운 여생을 보내게 된다.

때로는 인간의 격렬한 기질로 인해 끔찍스런 치정극들이 일어나기도 했다. 샤를 6세의 치세 기간중에, 알랑송 백작의 궁정에서 스캔들이 하나 발생했다. 카루주의 귀부인이 백작의 시종들 중 하나인 자크르 그리가 자신을 겁간했다고 고발한 것이다. 당시의 사법 당국은 이를 금지하는 성왕 루이의 칙령에도 불구하고 신명심판(神明審判; 불에손을 집어넣는 시험, 혹은 결투에서 이기는 자가 심판에서 이기는 중세의 한 관습)으로 흑백을 가릴 것을 판결했다. 운명적인 결투를 벌인 끝에 르 그리는 카루주 경에게 살해당했다. 그런데 얼마 후 승자의 아내는 실은 자신이 거짓말했다고 실토했으며, 이에 절망한 남편은 십자군 원정을 떠나 거기서 죽게 된다.

이로부터 1세기 후 루이 11세의 '대부'이며, 노르망디 지방의 방백(方伯)인 자크 드 브레제는 아내과 그녀의 정부를 참혹하게 살해한다. 이때 두 아이들이 누워 있는 침대로 피신한 그녀가 뿌린 피는 불행한아이들 위로 빗물같이 쏟아져 내렸다고 전한다.

이 중세 기사 계급의 남자와 여자들은 겉으로는 매우 근엄해 보였지만 실은 매우 거친 삶을 영위했고, 또 약자들에게는 조금도 동정심을 품지 않았다. 사실 이들의 삶은 매우 짧게 끝나는 경우가 흔했다. 남편들은 전장에서 죽어갔으며, 여인네들은 산욕으로 목숨을 잃거나 혹은 너무 많은 아이들을 낳은 끝에 기진해 죽어가곤 했다. 따라서 하나님이 그들에게 부여한 짧은 세월을 실컷 즐길 필요가 있었던 것이다. 이를테면 그들에게 있어서 생의 각 순간순간은 모래시계에 의해 세어지고 있었다고 말할 수 있다.

10
십자군 운동 백년사:
막을 수 없는 이슬람의 부상

　오스만투르크 제국의 유럽 공격 위협은 그 윤곽을 점점 더 명확히 드러내고 있었다. 기독교 세계의 교황들과 왕공들은 그 위험을 의식하고 있었으나, 교회는 교황의 아비뇽 유수로 인해 양분되었고, 각국의 군주들은 무익한 언쟁에만 빠져 있었다. 용맹한 '녹백작'이 십자군 원정을 벌인 것을 마지막으로, 유럽 기사들은 동방에 대해 아무런 조치도 취하고 못하고 있었다. 그런데 제노바 공화국이 도움을 요청해 왔고, 이에 따라 클레르몽 백작 루이 드 부르봉은 튀니스에서 40여 마일 떨어진 곳에 위치한 해적 도시 엘메디아라파티미드에 대한 국지적 공격 준비에 착수했다. 이 항구 요새 속에 숨어 있는 대담한 이슬람교도 수부들은 이따금씩 바다로 나와 제노바나 프로방스 선박에 대한 약탈에 나서곤 했기 때문에, 이 해적질을 근절시키는 것은 꼭 필요한 일이었다. 엘메디아는 견고한 성벽 위에 수많은 석궁이며 투석기 등 갖가지 전쟁 기계들을 배치해 놓고 있었고, 병영 안에는 수천 명의 장졸들이 대기하고 있었다.

　필리프 다르투아·위 공작·앙게랑 드 쿠시·트레모이 경·장 드 비엔 제독 등, 전투가 있는 곳이라면 언제든지 달려올 채비가 되어 있는 용맹한 제후들은 클레르몽 백작에게 자신들도 곧 합류하겠노라고 약속했다. 더비 백작이자 랭커스터 공작의 아들이기도 한 플랜태저넷 가문의 젊은 헨리도 영불 전쟁의 휴전 기간을 이용하여 무리에 합류했다. 미래의 헨리 4세는 수백 명의 영국 기사들을 이끌고 와 1천5백 명의 프랑스 전사들과 어깨를 나란히 하고 싸우게 되었다. 이들은 모두 자비로 구입한 새 복장과 장비를 갖추고 있었다. 제노바 공화국 총독의 사촌 조반니 첸투리오네 돌트라마리노가 지휘하는 제노바 함대는 1390년 6월 보름이 좀 지났을 무렵, 마르세유 항의 정박지 안으로 들어가는 데 성공했다. 거기서 함대는 십자군들을 전장으로 실어 나를 것이었다.

기독교도의 선단이 튀니지 연안에 나타나자 '체벡'이라는 이름의 경선을 타고 있던 해적들이 해안에 있는 이슬람교도들에게 이 소식을 전한 후, 그들 자신은 마치 말벌들처럼 제노바의 거대한 배들 주위를 출몰하며 해상 게릴라전을 전개하기 시작했다. 1390년 7월 22일, 기독교도의 선박들은 적군의 격렬한 저항에도 불구하고 엘메디아 항구의 정박지로 뚫고 들어가 프랑스와 영국 전사들을 상륙시키는 데 성공했다. 3일 후 십자군은 이슬람교도들의 반격을 패퇴시킨다.

이제는 서둘러 엘메디아를 함락해야만 했다. 튀니스 총독, 틀렘센과 부지의 태수들이 포위된 해적 도시를 구원하기 위하여 달려오고 있었던 것이다. 그들은 수만 명의 대군을 이끌고 있었다. 외부에서부터 밀려들어오는 이 새로운 반격의 물결을 막기 위하여 루이 드 부르봉은 견고한 목책을 쌓아 요새를 만들었고, 그 위에 수많은 쇠뇌들을 배치했다. 기독교 군대는 고전하고 있었다. 뜨겁게 내리쬐는 북아프리카의 태양 아래에서, 식수라고는 우물에서 나오는 별로 위생적이지 못한 물이 전부였다. 수많은 질병들이 창궐했다. 루이 드 부르봉은 과거 로마인들이 했던 것처럼 공성탑(攻城塔)을 건조하게 했다. 이것은 커다란 목판들로 이루어졌으며, 네 개의 바퀴에 의하여 이동할 수 있는 높은 목탑이었다. 그리고 목탑에 있는 각 층에는 사다리를 통해 올라갈 수 있었다. 만약 기독교도들이 이것을 적군의 성벽에까지 밀고 갈 수만 있다면, 그들은 그들의 조상들이 예루살렘을 정복했듯 엘메디아를 함락할 수 있을 것이었다!

'그런데 갑자기' 하고 피레 생알비는 그의 저서 《바다의 게클랭》에서 쓰고 있다 엘메디아 성벽의 총안들 틈에서는 무언가 이상한 불빛들이 번쩍거렸다. 이슬람교도들은 일종의 대형 주사기 같은 기구들로 석뢰유[石腦油; 석유 따위를 증류하여 얻는 기름] · 유황 · 송진 따위를 혼합해 만든 불붙은 액체를 십자군의 공성탑에 대고 뿌려대기 시작한 것이다. 공성탑은 불타 올랐고, 그 속에 타고 있던 십자군 전사들은 산 채로 타 죽었다. 또 다른 공성 무기인 '매의 부리' 역시 별다른 성공을 거두지 못했다.

이러고 있는 사이에 설상가상으로 사라센 원군이 도착했다. 이제는 들판에서 전투를 벌여야 했다. 유럽의 제후들은 맹렬히 공격했고, 이로 인해 그들은 튀니스 총독 기병의 저항을 뚫고 총독 자신이 있는 진영까지 들어갈 수 있었다. 기독교도의 공세에 밀린 이슬람교도들은 흩어지기 시작했다. 하지만 이것은 사실 하나의 교묘한 책략에 불과했다. 기독교도 보병들이 전리품을 좇느라 정신이 팔려 있는 틈을 타서 이슬람교도는 반격해 들어와 총독의 진영에서부터 몰아냈던 것이다. 십자군들은 목책 요새 뒤로 피신해 간신히 목숨만은 건질 수 있었다. 하지만 아직 싸움이 끝난 것은 아니었다. 기독교 기병들은 재집결하여 이번에는 튀니스 총독의 군사를 패퇴시켰다. 여기서 로베르 다르쿠르 · 위스타슈 드 마이이 · 아모리 드 크라옹 등이 십자가를 위해 목숨을 바쳤다.

이제 프랑스군과 영국군은 기진맥진해 있었다. 질병과 이교도들의 창이 너무도 많은 생명을 앗아갔던 것이다. 이때 엘메디아의 총독이 귀에 솔깃한 제안을 몇 가지 보내왔다. 상당한 액수의 보상금, 포로들의 석방, 다시는 리구리아(이탈리아 지방 이름)와 프로방스 지방 해안을 노략질하지 않으리라는 서약 등등. 이제 지쳐 버린 제후들은 루이드 부르봉에게 이 강화 제의를 받아들이라고 강요했다. 이렇게 이 북아프리카 십자군 원정은 완전하지 못한 결과를 얻고 끝을 맺었다. 하지만 이로 말미암아 지중해 연안에서 극성스러웠던 이슬람 해적들의 활동 영역을 크게 축소시킬 수 있었다.

하지만 이 보잘것없는 승리로는 진격해 오는 이슬람의 걸음을 저지하기에는 충분치 못했다. 이슬람은 도처에서 기독교도의 영토를 잠식해 들어오고 있었다. 불가리아인 · 알바니아인 · 세르비아인 · 보스니아인 · 슬로베니아인들은 차례로 초승달(초승달은 이슬람교도를 상징)의 법 앞에 무릎을 꿇어야만 했다. 투르크의 강력한 술탄 아무라트 1세는 안드리노플에서 통치하고 있었다. 그의 명에 따라 투르크의 지휘관들은 아주 어린 나이에 기독교도 부모들에게서 납치해 온 어린아이들을 전쟁 기계로 키워내, 이들로 '신보병대' (일명 '자니세르' ; 투르크 국왕의 근위보병)를 만들었다. 이 정예 전사들은 술탄을 그들의 아버지로, 그리고 그들이 속한 부대를 자신의 유일한 가족으로 여겼다. 이들이 쓴 높직한 원통형 펠트모자(우스쿠프)가 전장에 나타나면 기독교도들은 마치 저승사자를 본 듯 몸서리쳤다고 한다.

세르비아와 알바니아의 왕공들은 이슬람의 침공에 맞서 저항을 시도하였다. 하지만 1389년 코소보, 이 음산한 '티티새들의 들판' 에서 기독교의 군대는 아무라트의 자니세르들에게 참패를 당했다. 하지만 술탄의 승리는 그리 오래가지는 못했다. 산같이 쌓여 있는 기독교도들의 시체더미 가운데서, 갑자기 무장한 사내가 하나 튀어나와 술탄을 찌른 것이다……. 하지만 코소보를 정복한 술탄의 아들 바야지드는 그의 아버지보다 한층 더 호전적이었으며 야심 또한 컸다. 그는 기독교 세계의 경계선을 축소시키고, 가능한 한 많은 도성 위에 그의 '투그' 깃발(선지자의 녹색 깃발)을 휘날리기를 원했다. 알라신은 위대하도다!

이해 1396년, 이미 발칸 반도의 상당 부분이 투르크의 지배 아래 신음하고 있었다. 콘스탄티노플은 거의 포위된 상태였고, 비잔틴 제국의 영토는 매년 줄어들고 있었다. 헝가리의 지기스문트 왕은 유럽 각국에 구조를 요청했다. 그가 발하는 비명 소리에 프랑스 제후들은 언제나 그러했듯이 즉각 응답해 주었다. 결국 십자군 운동이라는 것도 원래는 '프랑크족에 의하여 실현되는 하나님의 행동'이 아니었던가? 기사도는 아직 끝나지 않았던 것이다. 사실 샤를 6세는 간헐적으로 발작하는 광증으로 인해 그 어떤 군사 원정도 불가능했고, 또 부르고뉴 공작은 힘차게 말을 달리기에는 이젠 너무 노쇠해 있었다. 하지만 공작은 아들, 젊은 느베르 백작을 자기 대신 보내 훗날 사람들이 제9차 십자군 원정이라고 부르는 움직임을 이끌게 했다. 샤를 6세의 형제 오를레앙 공작 루이는 원정군의 지휘권을 빼앗긴 것에 불같이 화를 냈다. 왜냐하면 부르고뉴 가문은 프랑스 조정 가운데 그의 정적이었기 때문이다. 하지만 십자군 원정대의 공식적인 총수는 장 드 느베르였으며, 그를 보좌하는 것은 프랑스 대원수 필리프 다르투아 · 위 백작 · 장 드 비엔 제독, 그리고 라 트레모이 경 같은, 엘메디다 전쟁에 참전했던 베테랑들이었다. 여기에 부시코 원수, 앙게랑 드 쿠시 7세, 부를롱 라 망슈 백작, 바르 공작과 그의 형제, 플랑드르의 세 서자, 살니스 자작, 롱위 경 등 무수한 고귀한 가문의 수장들이 몰려들어 존경스러운 노제독이 수호하는 성모의 깃발 아래 정렬했다. 그리고 영국 제후들이 이끄는 약간의 병력도 합류했다.

십자군은 바이에른과 오스트리아를 거쳐 부다에 도착했고, 여기서 지기스문트왕은 안도의 한숨을 내쉬며 이들을 맞이했다. 그는 손님들을 성대하게 접대했다. 그들은 이 원정을 먼곳으로 떠나는 소풍쯤으로 생각했던 것일까? 프랑스의 대귀족들은 출발 전부터 안락한 여행을 준비하고 있었다. 우차들과 짐말들로 이루어진 끝없는 행렬이 원정군을 뒤따랐던 것이다. 그들에게는 수단으로 지은 막사와 은제 식기로 꾸며진 호사스런 식탁, 그리고 기타 무수한 불필요한 사치품들이 필요했다. 이런 모습을 지켜보는 장 드 비엔과 앙게랑 드 쿠시, 즉 뒤 게클랭의 옛 동료였던 두 현인은 통탄을 금할 수 없었다. 이 모든 짐들은 군대의 발걸음과 행동을 무겁게 만들고 있었던 것이다.

하지만 부다 전체는 광란의 잔치들과 젊은 프랑스 기사들이 쏟아내는 호언장담으로 시끌벅적하기만 했다. 투르크놈들아 빨리 와라! 우리가 놈들의 수괴들을 수백 명씩 사로잡아 지기스문트왕과 느베르 백작 앞으로 끌고 갈 것이다! 이 지기스문트왕은 기사들의 성대한 잔치중에 느베르 백작에게 기사 서임식을 베풀어 주었다. 토카이 포도주, 그리고 향신료를 넣은 포도주까지 넘쳐 흘렀다. 바야흐로 기사들의 위대한 모험이 시작되려 하지 않는가…?

헝가리군과 프랑스 십자군은 오르소와와 위디아 두 도시를 복속시킨 후, 투르크인들이 3년 전에 탈취한 요새도시 니코폴리스 앞에 진을 쳤다. 발라키 평원은 아직도 따가운 9월의 태양 아래 끝없이 펼쳐져 있었다.

이달 28일 느베르 백작은 자신의 막사 안에서 프랑스의 제후들을 접대했다. 부르고뉴 가문이 자랑으로 여기는 호사스러움을 한껏 뽐내면서…… 여기서 사람들은 지난 몇 주일 동안 생포한 수많은 투르크 포로들의 문제를 논의했다. 그들을 빨리 처치해 버릴 것인가? 장 드 비엔의 온건한 충고에도 불구하고 부시코 원수의 의견이 승리했다. 포로들은 참혹하게 목이 잘렸다.

이렇게 프랑스 제후들이 축배를 들고 있을 때 한 사령이 숨을 헐떡이며 대공들이 있는 막사 안으로 들어왔다. 투르크의 원군이 시야에 나타났다는 것이다. 그리고 그 선두에 서 있는 것은 조금도 의심의 여지없이 바야지드 자신이라고 전령은 말했다. "모두 무기를 들라!" 제후들은 소리치면서 막사 밖으로 뛰쳐 나갔다. 정말로 이교도들이 2마일도 떨어지지 않은 곳에서 몰려오고 있었다. 마치 이집트의 메뚜기떼처럼 새까맣게 몰려오는 그들은 지나가는 길에 모든 것을 휩쓸고 있었다. 하지만 여기에 맞서는 십자군 또한 보통 상대란 말인가? 느베르 백작·대원수·원수·제독, 그리고 기타 모든 제후들은 서둘러 무장을 하고 대오에 섰다. 그렇게 그들은 헝가리군의 가장 멋진 전위대를 이루고 있었다.

이제 두 군대는 서로를 마주하고 있었다. 이때 헝가리의 원수가 나타났다. 그는 그 물불 안 가리는 기질이 유럽 전체에 알려져 있는 프랑스 기사들에게 지기스문트 왕 자신이 준 현명하고도 유익한 충고를 전했다. 즉 프랑스 기사들은 투르크군 주력을 공격하기 전에 잠시 기다리면서 힘을 비축해 두는 것이 좋겠다는 것이었다. 이교도들의 전위대는 자신의 경무장한 기병대들만으로도 충분히 흩어놓을 수 있다는 것이다. 두 현인, 즉 장 드 비엔과 앙게랑 드 쿠시는 심각하게 의견을 나누었다. 하지만 불같은 성격의 대원수는 벌컥 화를 냈다. 지기스문트왕이 오늘의 공적을 혼자 독차지하려 한단 말인가? 그는 느베르 백작마저 자신의 의견으로 끌어들였다. 그리고 기사들에게 장창을 꼬나쥐고 적군을 향해 그대로 돌격하라고 명령했다.

제독은 이 공격이 시기상조라며 반대했었다. 그러나 어차피 주사위가 던져진 이상, 그 역시 공격의 선봉에 서서 말을 달렸다. 십자군 군사들의 구심점이 되는 동정녀 마리아의 깃발을 높이 휘날리면서. 투르크군이 임시방편으로 만든 방어진지를 무너뜨리면서, 십자군들은 마치 땅 속에 박혀들어가는 강철 쐐기와 같이 투르크의 바시 부주크(비정규 보병)의 무리 가운데로 힘차게 돌진해 들어갔다. 십자군은 아군측의 손실은 얼마가 되든 개의치 않고, 오로지 무시무시한 살육전에만 열중했다. 투르크군의 제일선은 이렇게 도륙되어 갔다.

제이선을 이루고 있는 것은 그 유명한 자니세르들이었다. 이들의 용맹함과 엄한 규율은 동방의 모든 전장 가운데 널리 알려진 터였다. 하지만 프랑크족들은 이들 역시 궤멸시켰다. 경무장한 기병들이 측면에서부터 이들을 공격하여 패퇴시켰다. 하지만 느베르 백작의 기병대는 가파른 언덕길을 기어오르느라 숨이 턱까지 차 있었다. 그렇다면 이 용감한 전위대의 후방을 헝가리군이 뒤따르면서 엄호해 주고 있었던가? 아니었다. 그들은 자신의 위치에서 꼼짝 않고 있었다. 오오, 동정녀여, 프랑스군을 보호하소서!

고지의 정상에 다달은 제후들의 눈은 공포로 얼어붙지 않을 수 없었다. 그들 앞에 펼쳐져 있는 들판에는 투르크군 주력을 비롯하여 보병이며 기병들이 새까맣게 깔려서 술탄 바야지드 자신의 지휘 아래 그들을 기다리고 있었던 것이다. 술탄의 명령만 떨어지면 이미 녹초가 되어 있는 프랑크인들에게 달려들 채비를 하고 있었다. 이제 십자군 군사들에게 남은 것은 영예로운 죽음, 단지 그것 밖에 없었다.

시파히스, 즉 그 유명한 '이슬람의 기사들'이 구름처럼 사방에서 짓쳐들어왔다. 이 인간들과 말들의 성난 물결 앞에 프랑스군은 제대로 저항조차 못하고 허물어져 내렸다. 영웅들의 희생도 전세를 되돌릴 수는 없었다. 필리프 드 바르, 라 트레모이 가문의 두 사람, 그리고 용맹스러운 제독 장 드 비엔이 여기서 쓰러졌다. 제독은 동정녀의 깃발을 주먹에 꼭 쥔 채로 죽어갔다. 전위대가 궤멸되어 가는 모습을 보고 공포에 사로잡힌 헝가리군은 지기스문트 왕을 모시고 다뉴브 강 쪽으로 달아났다. 헝가리의 원수와 몇 기사들은 그의 퇴로를 엄호하기 위하여 싸우다 장렬히 전사했다. 이렇게 겨우 마자르족의 체면을 세운 것이다.

필리프 드 느베르는 마치 사자처럼 용맹하게 싸웠다. 하지만 결국 그는 대원수·원수·쿠시 경을 비롯한 3백여 프랑스 제후들과 더불어 피도 눈물도 없는 승자에게 사로잡힌 몸이 되었다. 바야지드는 전장을 돌아보았다. 그는 피가 강같이 흐르는 대지 위에 무수한 자니세르의 시신들이 널려 있는 것을 보았다. 그리고 그는 전투가 일어나기 전, 투르크 포로들이 학살당했던 소식을 들은 바 있었다. 분노로 얼굴이 창백해진 이 '이슬람 신도들의 사령관'은 참혹한 복수를 명했다. 그는 느베르 백작·바르 백작·대원수·부시코·쿠시 경·엘리 경·라 트레모이 경 등의 목숨은 살려 주었다. 그들에게서 몸값을 두둑히 빼내기 위함이었다. 하지만 이들을 제외한 나머지, 즉 이 불행한 날의 생존자들인 2백 명에서 3백 명에 달하는 기사들과 시종들은 살아남은 대공들의 목전에서 처참하게 처형되었다.

대원수·바르 백작·라 트레모이 경과 쿠시 경, 그리고 영예로운 쿠시 가문의 마지막 장손인 앙게랑 7세는 다시 프랑스 땅을 밟지 못하고 죽게 된다. 부르고뉴 공작은 그의 아들을 되찾기 위해 엄청난 몸값을 지불해야 했다. 만일 이탈리아 루카의 은행가 디노 라폰디의 도움이 없었다라면 공작은 결코 이 돈을 지불할 수 없었을 것이다.

느베르 백작과 부시코 원수는 이 참담한 원정에서 살아돌아온 거의 유일한 사람이었다고 할 수 있다. 이 원정으로 인하여 부르고뉴 가문의 후계자는 '겁없는 장'이라는 영광스러운 별명을 얻었다. 하지만 '광기는 용기가 아닌' 것이다. 장 드 비엔과 앙게랑 드 쿠시가 이 오만스러운 프랑스 기사들에게 베르트랑 뒤 게클랭이 남긴 유익한 교훈들을 상기시켜 주었건만 소용없는 일이었다. 만일 기사들이 이 현명한 노병들의 말을 경청했었더라면 그토록 참혹한 희생은 면할 수 있었을 것이다…….

이제 유럽 전체가 두려움으로 떨고 있었다. 술탄은 이 압도적인 승리의 기세를 몰아 계속 유럽을 공략하려 하고 있었다. 하지만 이때 그의 제국의 동쪽에서부터 불안스런 소식이 하나 날아들었다. 아시아의 오지에서부터 온 타메를란(절름발이 티무르)이 이끄는 몽고족 떼거리들이 그를 향해 쳐들어오고 있다는 소식이었다. 그는 어쩔 수 없이 기수를 돌려 안시르(앙카라)로 돌아갈 수밖에 없었다. 그리고 거기서 1402년 벌어진 전투는 투르크군의 참담한 패배로 끝났다. 이제 몽고의 공포가 투르크를 대신하여 기독교 세계를 위협하고 있는 것일까? 이 지극히 불안스런 물음이 떠돌고 있던 중에 다행스럽게도 1405년 중국쪽으로 정복의 기수를 돌리려 하고 있던 타메를란이 죽게 된다. 그리하여 유럽 전체가 안도의 한숨을 내쉴 수 있었던 것이다.

11

샤를 6세와 루이 오를레앙: 꺾어진 꿈

'아이는 경박하며, 분별력이 거의 없다'고 샤를 5세는 장남을 바라보면서 한숨을 내쉬었다. 장남인 황태자는 금발머리에 잘생긴 용모, 균형잡힌 사지, 우아한 몸매를 지닌 멋진 사내아이였으나, 벌써부터 정신적으로 극도의 불안 증세들을 보이기 시작하고 있었다. 그는 아이를 현명하고도 의젓한 사내로 키우기 위해 최대한으로 완벽하게 교육하기를 원했다. 샤를왕은 죽음을 말미암아 프랑스 영토 전체의 회복이라는 평생의 숙원 사업을 중도에서 포기할 수밖에 없었다. 하지만 임종의 침상에 누워 있는 그를 짓누른 것은 다른 종류의 회한의 감정이었다. 내가 백성들에게 너무 부당한 세금을 부과한 것이 아닐까? 물론 프랑스 땅에서 영국인들을 몰아내기 위해서는 가혹한 조세부과가 꼭 필요했던 것은 사실이었다. 하지만 내가 도를 넘어선 것이 아니었을까? 이렇게 생각해서였는지 그는 숨을 거두기 전 백성들에게 부과한 세금들의 일부를 폐지했다.

"위험스런 회한의 감정이로다!" 백합 왕국의 제공들, 국왕의 형제들, 새로 즉위한 왕의 외삼촌인 부르봉 공작 등은 서둘러 선왕이 폐지한 '세금들, 이 지옥의 앞잡이들'을 다시 부활시켰다. 그리고 이 새로운 조치에 반발하여 일어난 소요 사태를 가혹하게 진압했다.

'착하신 숙부님들'은 벌써부터 극히 불안한 정신 상태를 보이고 있던 어린 샤를 6세를 거칠게 교육했다. 예를 들면 루즈베크 전투(1382년)가 있던 날 저녁, 들판에 산같이 널려 있는 시체더미들을 어린 왕에게 자랑스럽게 보여주었다. 이 전투에서 ('야만스러운 격돌'이라고 피레 생탈비는 쓰고 있다) 당시 12세에 불과했던 어린 장 2세(르 맹그르), 일명 부시코는 거대한 몸집의 어떤 플랑드르인과 맞서 싸워 이기고, 또 죽였다. 실로 중세판 다윗과 골리앗의 싸움이라고 할 수 있으리라.

이 승리로 말미암아 프랑스 기사들은 1302년 겪었던 패배에 대하여 매우 거칠고도 잔혹한 복수를 할 수 있게 되었다. 어린 샤를 6세는 기뻐 날뛰며 코르트레이크 도성 전체를 불바다로 만들어 버리라고 명했다. 기억하겠지만 이 도시의 주성당 가운데에는 단려왕 필리프의 철갑 기사들에게서 나온 수백 개의 박차들이 영광스러운 전리품으로 걸려 있었던 것이다. 이때 왕은 아직 14세에 불과한 어린 소년이었다…….

왕군이 파리에 귀환하고 '마이요탱'(1382년 망치와 비슷하게 생긴 무기를 들고 난을 일으킨 파리 시민들을 일컫는 말)의 난이 평정되자, 소년왕은 머리에는 투구를, 그리고 손에는 창을 쥐고 파리에 입성했다. 파리를 둘러싼 외성 성문들의 문짝은 복종의 표시로 떼어져 땅바닥에 던져졌다.

하지만 이 모든 거친 교육에도 불구하고, 샤를 6세는 사실 선하고도 너그러운 천성의 소유자였다. 또 그의 성품은 순수하다 못해 거의 비현실적이기까지 했다. 그는 성 위베르나 보았을 법한 어떤 기이한 환상을 체험하게 된다. 환상 가운데 그는 상리스의 깊은 숲속에서 사냥을 하고 있었는데, 거기서 열 개의 뿔과 번갯불처럼 번쩍이는 황금 날개가 돋친 수사슴을 보게 된다. 이 환상에서 깨어난 후에도 아이의 눈은 아직 꿈에서 본 광경에 못박혀 있는 듯했다. 그는 이 기이한 동물을 그의 평생의 도상으로 삼았다. 짐은 영광의 날개를 타고 비상하게 될 것이며, 기사도의 부활에 일생을 바칠 것이다…….

1385년, 그는 독일의 한 공주와 결혼하게 된다. 바이에른 가문의 이자보는 '갈색머리에 키가 작달막했으나' 풋과일처럼 매력이 넘치는 소녀였다. 뜨거운 정열의 소유자인 그녀는 어린 남편 샤를왕을 혹사시키며 13명의 아이를 낳는다. 그러나 샤를은 다시 정신을 차리게 되는데, 그 계기가 된 것은 척신(戚臣)들의 학정에 신음하던 민중들의 입에서 터져 나온 비명 소리였다. 왕은 이 척신들, 즉 대공들에게서 권력을 거두고, 이들이 '마르무제(marmousets)'라는 조롱어린 명칭으로 불렀던 선왕대(先王代)의 궁중 고문관들을 다시 불러들였다. 이에 프랑스 백성들은 왕에 대하여 감사하는 마음을 품게 되었으며, 그를 '친애왕 샤를'이라고 불렀다. 사실 그는 상냥한 성격의 소유자였으며, 겸허한 자들에게는 좋은 충고를, 그리고 가난한 자들에게는 구호를 아끼지 않았다.

세월은 흘러갔다. 샤를 6세는 성격이 너그럽기는 했으되 지나치게 호사스런 생활을 하는 결함이 있었다. 그는 자신과 왕비의 쾌락을 위하여 황금을 물뿌리듯 썼다. 모름지기 왕의 궁정이라면 모든 젊은 기사들이 잃어버린 낙원처럼 꿈꾸는 아서왕의 원탁의 화려함을 갖추고 있어야 하지 않겠는가? 왕에게는 동생이 하나 있었으니, 태양의 신 아폴론처럼 잘 생겼고, 또 형 못지않게 기사도에 심취해 있던 투렌 공작 루이였다. 1389년 그는 만인이 두려워하는 유력한 대공, 밀라노 공작의 딸이며 아름다우며 자극적인 발렌티나 비스콘티와 혼인했다. 이 아름다운 젊은 부부가 발하는 매력은 국왕의 궁정을 한층 더 눈부신 것으로 만들어 주었다. 그런데 앙주 공작 루이 2세와 그의 형제이며 멘 백작이기도 한 샤를은 원래 그들의 조상의 소유였던 나폴리를 탈환하기 위한 대규모 원정전을 준비하게 된다. 이에 1389년 5월 2일, 샤를

6세는 프랑스·영국·독일의 귀족들을 생드니에 소집했다. 프랑스를 떠나려고 하는 두 대공은 아직 서임식을 거친 정식 기사들이 아니었던 것이다. 따라서 국왕은 모든 귀족들이 보는 가운데 성대한 기사 서임식을 두 젊은이에게 베풀어 주고자 했던 것이다.

5월 1일, 젊은 군주는 아르메니아 왕, 부르고뉴 공작 필리프, 나바르 왕자 등 무수한 귀족들을 거느리고 생드니에 도착했다. 화려하게 치장한 귀부인들은 이자보 여왕과 이 성대한 의식의 두 주인공의 어머니인 시칠리아 왕비 주위를 둘러싸고 있었다. 모든 점에 있어서 성대하기 이를 데 없는 만찬이 끝난 후, 두 기사 후보자는 근처에 있는 바실리크 양식의 성당으로 인도되어 갔다. 관습에 따라 그들은 거기서 기도를 드리며 밤을 지샐 것이었다.

5월 2일이 되었다. 아침 9시 종이 울림과 동시에 샤를왕과 수행원들은 수많은 프랑스 왕들이 영면해 있는 성소, 즉 생드니 성당 안으로 들어섰다. 행렬의 선두에 선 것은 2명의 마구간 시종이었는데, 그들은 칼자루에서 뽑은 검을 하나씩 들고 있었다. 그런데 특이한 것은 그들이 쥐고 있는 부분은 검의 자루가 아니고 날끝 부분이었으며, 날밑[칼날과 자루에 있는 손을 보호하기 위한 부분]에는 한 쌍의 황금 박차가 걸려 있었다는 점이었다. 이어 두 기사 후보자가 들어왔는데, 이들은 그들에게 속한 나라의 고유 의상, 즉 베르 문양[청백으로 종모양을 교차시킨 문양]의 가느다란 띠를 넣은 붉은 망토를 몸에 두르고 있었다. 젊은 시칠리아 왕, 즉 앙주 공작의 대부들이며 서로 숙질간이기도 한 부르고뉴 공작과 투렌 공작, 그리고 멘 백작의 대부들인 부르봉 공작과 나바르 왕자의 모습 역시 보였다. 거기 있는 모든 것은 자홍색[자홍색은 왕을 상징]과 금색, 귀한 모피와 직물, 보석들과 섬세한 세공품들, 그리고 톨레도와 밀라노산(産)의 갑주 등, 왕과 제후들의 위엄과 영광을 나타내는 것들 뿐이었다.

미사를 집전한 이는 오세르 대주교인 페리 카시넬이었다. 두 신입기사는 두 손을 모으고 샤를왕 앞에 무릎을 꿇고 앉았다. 샤를왕은 이들에게 기사 서약을 하게 하고, 더없이 경건한 자세로 그들의 허리에검을 채워 주었다. 쇼비니 경이 그들의 발에 황금 박차를 달아 주고나자, 왕은 자신의 사촌들이기도 한 이들 젊은이들의 어깨를 검으로 탁치면서 '하나님과 성 미셸과 성 조르주의 이름으로' 기사 서임을 선포했다. 오세르 대주교는 그들을 축성해 주었다. 이와 함께 수많은 나팔소리가 일제히 울려 퍼졌고, 사령(使令)들은 "노엘! 노엘! 시칠리아와예루살렘의 왕 루이 2세 만세! 멘 백작 샤를 만세!"라고 외쳤다. 이에터져 나온 수천의 목소리들의 우렁찬 화답 소리가 고색창연한 성당의높은 천장에 메아리쳤다.

수도원의 경내에는 예배당 형태로 된 왕실의 홀 하나가 있었다. 거기에서는 생드니 신부(神父)의 비용으로 치러지는 연회, 그리고 쾌락에 도취한 젊은이들을 위한 무도회와 기사들의 유희가 벌어질 것이었다. 식탁보가 치워지자마자 성직자들은 근엄한 표정으로 눈을 아래로내리깔고 식탁을 떠났다…….

토너먼트가 없는 기사 서임식이란 없는 법이었다. 기사 서임식 다음날, 매년 한번씩 랑디의 장(場)이 서곤 하는 들판에서는 마상결투시합이 열리기로 되어 있었다. 주변의 들판에는 화려한 빛깔의 정자며 텐트들이 빽빽이 들어찼고, 그들 위에는 군기들이 바람에 나부끼고 있었다. 시합이 열리는 경기장들은 관례에 따라 꾸며져 있었다. 중앙에는 국왕의 관람석이 위치하고 있었고, 그 좌우 편에는 경기 판정관들과 사령이기도 한 문장관들의 관람석, 그리고 귀부인들과 이같은 축제 때면 빼놓지 않고 초청하는 파리의 부르주아들 관람석이 펼쳐져 있었다. 여기에는 환희와 즐거움만이 가득했다.

베르트랑 뒤 게클랭의 옛 동료인 클리송 · 비엔 · 상세르 등은 깊은 몽상에 잠겨 있었다. 젊은 시절로 되돌아간 듯한 감상에 젖어 있는 이 노장수들은 옛날의 토너먼트들을 회상하고 있었던 것이다. 우리 샤를 왕께선 국왕 자격이 없지 않으시군……. 어떻게 궁정을 주재하며, 어떻게 빈객들을 맞아야 하는지 잘 알고 계시단 말이야……. 그분의 동생 투렌 공 역시 그 칭호에 조금도 부끄럽지 않으신 분이지. 이 두 분이라면 뭔가 큰 일들을 도모하실 수 있을 거야!

5월 3일, 축제의 팡파르 소리에 맞춰 국왕이 경기장 안에 들어섰다. 위풍당당하게 말을 타고 있는 그의 뒤로는 역시 화려한 차림의 수행원들이 뒤따르고 있었다. 국왕이 채택한 도상은 황금 태양이었는데, 이는 다시 융성하는 기사도를 상징하고 있었다. 그는 오늘 행사를 개최한 군주였다. 이날 가장 고귀한 가문 출신의 22명 기사의 경기가 예정되어 있었다. 그들은 눈부신 철판 갑주를 입고, 머리에는 퍼레이드용 투구를 쓰고 있었는데, 투구 위에 달린 엄청난 크기의 깃털 장식은 우리가 젤드르 공작의 전령이었던 게를이 남긴 가문집(家紋集)에서나 구경할 수 있는 그런 종류의 요란한 장식이었다. 그들을 태우고 있는 전마들은 불처럼 뜨거운 콧김을 뿜어대고 있었다. 경기자들을 인도하여 각자의 자리까지 데려다 주는 것은 궁정의 가장 우아한 23명의 귀부인들의 임무였는데, 그녀들은 금실과 진주로 수놓아진 초록빛 나사 드레스를 입고 여성용의 온순한 백마들을 타고 있었다. 영국왕 리처드(이가 바로 프랑스와 휴전 조약을 체결한 장본인이었다)의 누이인 생폴 백작부인은 자신들의 역할에 대하여 느끼는 무한한 자긍심에 환하게 미소짓고 있는 이 젊은 여인들 전체를 이끌고 있었다. 각 귀부인은 자신의 기사를 그가 타고 있는 말의 고삐에 매달린 금색 리본을 잡아 이끌어 인도해 왔다. 이렇게 기사들이 한 명 한 명 각자의 자리에 위치하고 나면 귀부인들은 그들에게 용맹한 기사답게 행동하라고 권고한다. "자, 전사들이여 마음껏 싸우세요!"

이어 벌어지는 무술시합은 참으로 거친 것이었다! 창들은 번쩍이고 하늘을 날았으며, 전마들은 히힝거리며 울어댔다. 불운한 기사들은 말에서 떨어져 흙먼지 속에 나뒹굴었으며, 그들의 적수들은 승리의 함성을 토해냈고, 사령들은 사방에 대고 승리자의 이름을 목청껏 외쳐댔다. 토너먼트의 여왕인 생폴 백작부인에게서 일등상을 받은 것은 한 프랑스 기사였으며, 이등상은 어떤 외국의 철갑 기사가 받았다.

두번째 날 기사들을 각자의 자리로 인도한 것은 아가씨들, 볼을 붉게 물들인 싱싱한 처녀들이었다. 부르고뉴 공작의 장남, 아주 어린 나이의 장 드 느베르 백작이 이날 행사의 주관자였다. 백작의 창에 달린 삼각기에는 국왕에 대한 경의의 표시로서 은빛 태양이 그려져 있었다.

토너먼트의 마지막 날은 모든 참가자가 함께 뛰어들어 일대 난타전을 벌였다. 모두들 극도로 흥분되어 있었다. 저녁 파티는 낯두꺼운 기사들과 수치심을 잊은 귀부인들이 함께 어울리는 질펀한 난장판으로 막을 내렸다. 이들은 지금 그들이 있는 장소가 성당이라는 사실을 조금도 개의치 않았다. 이에 '생드니의 종교인'들이 분개한 것은 당연한 일이었다.

하지만 샤를 6세는 이런 난잡한 무질서에 별로 개의치 않았다. 그는 영광스러웠던 옛적의 기사도를 기리기 위하여 벌인 이 행사를 화려하고도 멋지게 끝내고 싶었다. 따라서 모처럼 모인 이 너무나도 고귀한 회중을 흩어 버리고 싶지는 않았던 것이다. 그래서 젊은 국왕은 이미 고인이 된 베르트랑 뒤 게클랭 대원수를 추모하기 위해 웅장한 장례 의식을 가질 것을 결정했다. 이 의식을 통하여 새로 서임된 젊은 기사들은 과거의 위대한 무인이 보여준 미덕들을 상기하고, 또 그가 남긴 모범을 따르는 계기가 되리라. 이제 생드니의 바실리크 성당 전체는 수천 개의 촛불이 타오르는 예배당〔성당 내에서 수많은 촛불이 타오르는 예배실은 영구가 안치되는 곳이다〕으로 변했다. 성당의 수랑〔袖廊; 성당의 내부에서 좌우익이 갈라지는 부분〕 한가운데에는 거대한 영구대가 세워졌으며, 검은 베일에 싸인 영구대 위에는 비탄의 표시로 뒤집어 놓은 문장들이 반쯤 뒤덮고 있었다.

과거에는 베르트랑 뒤 게클랭의 라이벌이었으나 지금은 그의 후계자가 되어 있는 클리송 대원수, 그리고 게클랭의 동생이며 롱그빌 백작이기도 한 올리비에 뒤 게클랭, 블랭빌 원수와 상세르 원수(게클랭의 눈을 감겨 준 이), 이들은 프랑스 기사 계급의 꽃들이 다 모인 가운데 거행되는 이 장례식을 주관하기로 되어 있었다.

미사를 집전하는 이는 오세르 대주교였다. 봉헌 의식의 순서가 되었을 때, 하얀 마구로 장식된 거대한 전마를 탄 4명의 기사들이 국왕과 의식을 집전하는 대주교가 있는 성가대석 아래까지 나아갔다. 철갑 기사들은 이 눈부신 준마들을 생드니 수도원에 헌납하기로 되어 있었던 것이다. 대주교는 기사들의 머리 위에 손을 얹었다. 이것은 신부의 이름으로 왕이 드리는 이 봉헌물을 열납(悅納)하겠다는 표시였다.

이제 두번째 행렬이 뒤따르고 있었다. 이 행렬의 선두에 선 이는 대원수였고, 그 뒤로는 뒤집혀진 문장을 달고 있는 8명의 대공들이 뒤따랐다. 또 그들 뒤로는 투렌 공작, 나바르 왕자, 장 드 느베르 백작, 앙리 드 바르 백작이 뒤따르고 있었는데, 이들은 장검을 날끝 부분으로 쥐고 있었다. 이들은 앞선 대공들이나 행렬의 말미에 서서 따라오는 시종들과 마찬가지로 검은 상복을 입고 있었다. 시종들 중 앞장선 자들은 값으로는 따질 수 없는 귀한 투구들을, 그리고 그 뒤에 선 자들은 베르트랑 뒤 게클랭의 상징인 머리가 둘 달린 독수리가 새겨진 군기들을 들고 있었다. 이렇게 행렬은 줄줄이 이어지며 각자의 봉헌물을 애써 벅찬 감동을 억누르고 있는 국왕과 대주교 앞에 엄숙하게 내려놓았다. 이에 페리 카시넬이 위대한 고인에게 바치는 찬사를 낭송하기 시작했다. 대주교는 "그의 위명(威名)은 땅 끝에서 땅 끝까지 날아가리라"라는 성서의 말씀을 게클랭 원수에게 적용할 수 있을 것이라고 감동적인 설교를 했다. 국왕의 가슴은 열정으로 끓어 올랐고, 게클랭의 옛 동료들은 감동을 억누르느라 이를 악물었으며, 신참 기사들은 선배들의 이름에 부끄럽지 않은 기사들이 되겠노라고 속으로 굳게 맹세했다.

우리 현대인들은 생드니 성당에서 기사들이 벌인 이 성대한 의식을 단순히 우스꽝스러운 것이라고만 여겨서는 안 될 것이다. 중세 기사는 인류 역사 가운데 가장 위대한 페이지 중의 하나를 장식했다고 말할 수 있다. 또 우리는 샤를 6세와 투렌 공작이——비록 그들의 순진한 젊음의 치기에서 벌인 것이기는 하나——이러한 행사를 통하여 기사도의 우아한 시대를 연장시켜준 것에 대해 감사해야 할 것이다. 이 두 사람은 모두 영광스러운 정벌전, 혹은 새로운 열정을 품고 몸소 기독교도들을 이끌고 출정하는 웅장한 십자군 원정 같은 것을 꿈꾸었다. 국왕은 루이 왕자에게 프랑스 왕국의 가장 명예로운 영지 가운데 하나인 오를레앙 공작령을 하사했고, 부시코는 프랑스 대원수로 임명했다. 이 부시코 대원수는 후에 십자군 원정대를 이끌게 될 것이다.

하지만 사람이 일을 꾸밀지라도 결정하는 것은 신의 뜻이었다. 이자보 왕비의 즐겁고도 화려한 파리 입성을 참관한 후, 젊은 군주는 왕국 남부 지방의 절반에 해당하는 지역에 대한 힘든 순회 시찰을 나선다. 당시 랑그도크 지방은 베리 공작 하수인들의 학정에 신음하고 있었기 때문에, 단호한 조치를 취하여 탐관오리들을 징벌해야 할 필요가 있었다. 이 모든 것은 결국 쇠약해져 가고 있던 자신의 용기를 다시 북돋기 위함이었다. 이제 하나의 신화적 인물이 되어 있던 늙은 대공 가스통 페뷔스 백작은 그의 군주를 극진하게 맞아들였다.

샤를 6세는 한곳에 가만히 붙어 있는 성격이 아니었다. 그는 동생 루이와 한 가지 엉뚱한 내기를 벌였다. 몽펠리에에서 출발하여 파리에 먼저 돌아가는 사람이 1천 에퀴의 금화를 받는다는 내기였다. 여섯 시간 먼저 도착한 것은 루이였다. 피곤에 얼이 빠진 국왕은 트루아에서 여섯 시간 동안 잠들었던 것이다! 미슐레는 다음과 같이 쓰고 있다. "이제 그는 어떤 현기증 상태 속에서만 휴식을 맛볼 수 있을 뿐이었다. 23세의 젊은 나이에 그는 벌써 두 개의 생명을 소진해 버렸던 것이니, 하나는 전쟁으로, 그리고 다른 하나는 쾌락으로 인해서였다. 정신은 이미 죽은 상태였고 감각마저도 쇠약해져 가고 있었다. 그리고 이 참담한 상태에 대하여 그가 선택한 치유책은 무엇이었던가? 그것은 미친 듯한 질주가 주는 흥분감, 현기증이었다."

샤를 6세는 루이 드 부르봉의 튀니지 원정전에 참여할 수 없었다. 그의 체력은 완전히 소진되어 있었던 것이다. 그는 아미앵에서 중병에 걸려 모발과 손톱을 잃었다. 그리고 우리는 이를 뒤이은 비극적인 결말에 대하여 잘 알고 있다. 어떤 귀족이 벌인 클리송 대원수 암살 기도, 복수의 맹세, 그를 징벌하기 위하여 벌인, 그러나 결국은 르망의 숲에서의 비극으로 끝난 원정전…… 이제 성난 야수로 변한 '선한 임금님'은 5명을 살해했다. 1392년 8월 5일은 프랑스 역사상 가장 음울한 날의 하나였다. 왕은 몇주 동안의 긴 시간 동안 극심한 고통을 겪은 후, 어떤 늙은 의사에 의해 치료되었다. 그러나 그것도 잠시, 이 '가련한 광인'에게는 새로운 발작들이 찾아오게 된다. 가끔씩 제정신으로 잠깐잠깐 돌아오곤 했던 왕은, 자신의 내부에 짐승이 다시 움직이기 시작하는 것을 느낄 때마다 주위 사람들에게 신의 이름으로 자신을 죽여달라고 애원했다. 그러나 이 기나긴 단말마는 30년 동안이나 지리하게 계속되었다.

이 30년 동안 프랑스에는 수많은 고통스런 죽음이 있었다. 샤를 6세의 전기 작가 프랑수아즈 오트랑은 불행한 백성들은 스스로를 정신에 병이 든 그들의 국왕과 동일시했다는 타당한 지적을 하고 있다. 신에게서 버림받은 가련한 프랑스 왕국! 프랑스 왕국의 대공들은 궁중 고문관들을 몰아내고 다시 권력을 장악했다. 이 대공들 중 가장 강력한 이는 부르고뉴 공작이자 플랑드르 백작인 '용담공' 필리프였다. 그는 아직 왕권에 대해서는 충성심을 버리고 있지는 않았으나, 아들 느베르는 늑대의 이빨을 숨기고 있었다. 그가 루이 오를레앙에 대해 품은 증오심으로 말미암아 당시 궁정은 두 편으로 양분되었다. 이 두 왕공은 모든 점에서 대조적이었다. 느베르는 땅딸막한 체구에 두툼한 용모를 한 추한 인물이었다. 반면 오를레앙은 호수의 랜슬롯이 환생한 듯 매력적이기 그지없었다. 전자는 서투른 말솜씨에 뒤틀린 영혼을 가지고 있었다. 그는 얼마나 자기 라이벌의 여유 있는 태도와 시원시원한 언변을 부러워했던가! 하지만 부르고뉴 가문의 후계자는 전쟁에서 얻은 영예에 싸여 있었고 '겁 없는 장'이라는 별칭에 으쓱대고 있었다.

위명과, 남성적인 매력과 거기에 고귀한 왕실의 혈통까지, 갖추지 않은 것이 없는 루이 오를레앙은 형의 의지력이 쇠약해져 가고 있으므로, 이제는 자기 혼자서 기사도의 대업을 이루어 내야 한다고 생각하고 있었다. 이제 내가 신앙심 없는 인간들을 맞서 싸우리라. 기사 제도는 쇠락하고 있으며 더 이상 치유될 수 없는 상태에 빠졌다고 쑥덕대고 있는 인간들을 상대로 말이다! 아서왕과 용맹한 갤러해드의 경건한 망혼을 위하여 오를레앙 공작은 제단을 세우고 자신의 영지 안에 성들까지 세워 주었으니, 이것이 바로 피에르퐁과 라 페르테밀롱 성이다. 또 그는 위대한 경들을 배출한 쿠시가의 마지막 후예인 앙게랑 7세의 딸에게 라누아 평원을 굽어 보는 강력한 요새를 사주고, 그의 짧은 생애 동안에 이곳에 남성 용자(勇者)들의 방과 여성 용자들의 방, 두 개의 화려한 홀을 건축했으니, 오늘날에도 그 거대한 폐허를 볼 수 있다. 전설에 따르면 성왕 루이가 코스 드 주네 교단을 세웠다고 하는데, 오를레앙 공은 이 교단 역시 부활시켰다. 또 그는 예술 옹호자로도 활동하며 크리스틴 드 피상을 보호하였으며, 이 여류 작가는 그녀의 작품《헥토르에게 보내는 오테아의 서신집》을 그에게 헌정했다.

우리에게는 오를레앙 공 루이의 용모가 정확히 어떠하였는가를 알고 싶은 마음이 있다. 생드니에 남겨진 그의 초상은 당시의 관례적인 방식으로 표현되어 썩 정확한 것이라 할 수 없다. 반면, 아비뇽의 교황 특사 궁전에 보존되어 있는 라그랑주 추기경 묘소의 장식 부조 중에 남아 있는 멋진 흉상은 그의 모습을 비교적 정확하게 재현하고 있다고 할 수 있다. 이목구비가 반듯한 흰한 용모의 이 미남자는 생의 아름다운 과실을 당장이라도 힘차게 깨물 듯한 어떤 쾌락주의자의 모습을 하고 있다.

왜냐하면 루이 오를레앙 공작의 영혼은 두 개의 모순적인 힘 사이에서 갈등하고 있었으니, 그 하나는 선과 이상에 대한 열망이었고, 다른 하나는 충족되지 않는 육적 욕망이었다. 그는 결혼한지 얼마 되지 않아, 싱싱한 육덕을 갖춘 데다가, 그에게 아스티 백작령과 45만 플로린이라는 거액의 지참금까지 가져온 매력적인 부인을 소홀히 하게 된다. 이 밀라노 공작의 따님은 남편에게 샤를 · 필리프, 그리고 장이라는 떡두꺼비 같은 아들을 셋씩이나 낳아 주기도 했으나 그것도 바람둥이 남편을 오래 잡아두기에는 충분치 못했다. 반대로 공작의 형, 미친 국왕은 그의 불쌍한 제수씨와 함께 있는 것을 매우 좋아했다. 국왕은 잠시 '제정신이 돌아올 때'면 이 부드러운 밀라노 여인을 자기 곁에 머물게 했으며, 여인 역시 불행한 왕을 마치 고아처럼 위로해 주었다. 그래서 사람들은 그녀가 어떤 마법을 지니고 있다고 수군대기도 했다.

광기에 사로잡힌 샤를 6세가 멀리하고 있던 이자보 왕비와의 암약하에 루이 오를레앙은 자신의 아내와 샤를 6세 사이의 순수한 관계를 트집잡아 그녀를 멀리 떨어진 블루아 성에 감금시켰다. 그런데 이 일이 있기 전 루이 공작은 매우 비열한 방법으로 옛적 티보 르 트리셰르의 소유였던 백작령을 탈취하였었다. 14세기말, 블루아 백작 기 드 샤티용은 엄청난 빚을 짊어진 노인이었다. 늙은 백작의 젊은 아내 마르그리트 드 나뮈르는 왕의 동생 루이 오를레앙의 매력에 홀딱 빠져 노인네의 마지막 남은 금화를 정부의 돈주머니 속에 몽땅 쏟아 부어 주었다. 그리고 '멋쟁이 남자'는 그 금화들을 자기의 금고 속에 집어넣고 꽉 움켜쥐고 있었다. 빚쟁이들에게 몰린 기 드 샤티용이 자기에게 백작령을 팔게 될 때까지…… 요컨대 루이 공작은 블루아 백작 자신의 마지막 재산으로 백작령값을 지불한 것이다. 그로부터 2세기의 세월이 흐른 후, 브랑톰은 그의 저서 《바람둥이 귀부인들》에서 루이 공작이 벌인 이 희대의 책략에 대해 이야기하면서 낄낄대고 있다. 하지만 이런 유의 무임승차적 행위는 고귀한 아서왕의 후예로 자처했던 왕자로서는 전혀 걸맞지 않은 짓이었다고 할 수 있다.

왕의 동생의 성적 방탕은 고삐 풀린 말처럼 날뛰었다. 백성들은 그의 형수, 즉 1404년(용담왕 필리프가 사망한 해)에서부터 1407년까지 쇠망해 가는 왕국을 공작과 함께 통치했던 이자보 왕비 자신이 그의 정부라고 믿고 있을 정도였다. 장 베르동은 이것은 실은 순전한 중상에 지나지 않았다고 주장한다. 하지만 당시 이자보 왕비가 백성들 사이에 극히 인기가 없었음은 명백한 사실이었다. 파리 시민들은 그녀를 '큰 암퇘지'라고 불렀으며, 어떤 성직자는 설교 강단에서 서슴없이 그녀에게 욕설을 퍼부을 정도였다.

'겁 없는 장'은 소르본의 지식인들과 서민 대중의 인기를 얻고 있었다. 지난 세기 '못된 왕' 샤를(나바르왕 카를로스 2세; 프랑스 왕 루이 10세의 손자로 프랑스 왕위를 노렸다)이 그랬던 것처럼, 그는 만일 자기가 정권을 잡으면 보다 민중에게 가까운 왕국을 만들겠노라고 약속했다. 또 그는 삼부회를 더 자주 소집할 것이라고 약속하는 한편, 현 왕궁의 지출들에 대하여 조목조목 비판을 가했다. 이렇게 대중 선동의 재능이 있었던 대공은 지금 루이 공작을 위시한 왕공들의 무리야말로 새로운 황금 시대가 도래하는 데 있어 유일한 걸림돌이 되고 있다고 단언했다.

그런데 루이 오를레앙에게는 새로운 정부가 생겼으니, 이는 명예로운 신사 오베르 드 카니의 아내 마리 당지앙이었다. 곧 그녀는 떡두꺼비 같은 사내아이를 하나 출산하였고, 부끄럽지도 않은지 이 사실을 자랑하고 다녔다. 그래서 1407년의 어느 추운 겨울 밤, 비에이 뒤 템플 거리의 피가 흥건한 포도(鋪道) 위에 처참하게 난자된 미남 공작의 시신이 발견되었을 때, 온 궁정과 파리 시 전체에서 터져나온 외침 소리는 단 한 가지였다. "오베르 드 카니가 그의 명예를 위해 복수했다!"

하지만 궁정 참사회에서 베리 공작을 위시한 왕국의 왕공들에게 엄청난 충격과 분노를 동시에 안겨 준 일이 일어났다. 부르고뉴 공작, 즉 '겁 없는 장'이 창백한 얼굴에 더듬거리는 어조로 이 가증스런 범죄의 장본인은 바로 자신이라고 밝힌 것이다! 악마가 나를 유혹했었나

보오…… 하고 이 위선자는 신음하듯 말했다.

이로 인해 참혹한 내전이 발발하게 된다. 겁 없는 장의 선친, 용담왕 필리프조차 루이 오를레앙에 대해 개인적 반감이 있었음에도 불구하고 차마 일으키지 못했던 그 내란이…… 이렇게 하여 이후 30년 동안 아르마냐크인들과 부르고뉴인들은 맹렬하게 싸우게 된다. '커다란 불행'이 백합 왕국을 덮친 것이다.

하지만 샤를 6세 자신은 시대를 초월해 살고 있었다. 내전이 한창이었던 1410년, 그는 '황금 태양의 국왕'이라는 이름의 기사단을 하나 창설한다. 이 기사단의 수명은 오래가지 못했다. 가련한 광인은 자신만의 몽상의 세계 속에서 계속 말을 달리고 있었던 것이다…….

아, 그것은 얼마나 숱한 배신으로 가득한 시대였던가! 프랑스 왕가, 그리고 영국의 플랜태저넷 왕가에서는 서로의 목을 따는 행위들이 계속되었으며, 불손한 봉신들은 그들의 군주들을 폐위시켰다. 보르도에서 출생한 영국 왕 리처드 2세는 프랑스에 대하여 호의를 품고 있었다. 따라서 극히 짧은 기간 동안이기는 했지만, 영국과 프랑스 사이에는 평화의 전조인 양 휴전의 소문까지 나돌기 시작했다. 그런데 생엥겔베르에서 장 부시코를 포함한 프랑스 기사 삼인과 동수의 영국 기사가 서로 결투를 벌인다. 샤를 6세의 딸과 결혼했을 정도로 프랑스에 애착이 많았던 리처드 왕은 이러한 프랑스 애착 성향에 대하여 값비싼 대가를 치르게 된다. 왕의 사촌이며, 그에 의해 조정에서 추방되었던 헨리 볼링브로크가 군사를 일으켜 그를 사로잡은 후, 1399년 의회로 하여금 그를 퇴위시키게 만든 것이다. 1년 후 흑세자의 아들이며, 플랜태저넷 왕가의 마지막 군주인 리처드 2세는 폰티프랙트 성의 어떤 지하 감방에서 시체로 발견된다. 랭커스터 왕조의 시조이자, 헨리

4세가 된 볼링브로크는 모든 것을 깨끗하게 정리하기 원했던 것이다.

이 교활하고도 음흉한 군주의 이름은 하지만 영예롭기 그지없는 '목욕 기사단'의 창설과 결부되어 있다. 전설에 의하면 이 왕은 눈물에 젖어 있는 두 과부의 하소연을 경청하기 위하여 목욕을 하다가 목욕통에서 나왔다고 한다. 이때 그는 측근들에게 "짐의 쾌락보다도 앞서는 것은 국왕의 의무의 행사이다"고 말했다 한다. 그러나 이보다는 아르노 샤팡종의 의견이 보다 신빙성 있는 것으로 여겨진다. 즉 이 존경스러운 기사단은 1399년 10월 13일, 헨리 4세의 대관식이 있었을 때 창설되었다는 것이다. 이 엄숙한 대관식이 있기 전날, 왕은 웨스터민스터 궁을 출발하여 수행원들과 함께 런던 탑을 향해 갔다. 그런데 이 수행원들 중 '46명의 신사는 그 전날 밤 기사 서임을 받기 위하여 밤을 지새우며 목욕을 했'고 프루아사르는 쓰고 있다. 이 목욕의 의식은 1413년, 즉 헨리 5세의 대관식이 있기 전에도 반복되었다. 대영제국의 의전(儀典)에서 두번째 상석을 차지하는 '목욕 기사단'은 헨리 7세 이후로 웨스터민스터 사원의 장려한 중앙 예배당에 그 본부를 두고 있다. 정말이지 영국은 쉽게 변하지 않는 나라라 할 수 있다……

12

타넨베르크 전투

(1410년 7월 15일)

튜튼 기사단[일명 '독일 기사단'이라고도 함]의 기사들은 뛰어난 전사들이었으며, 자신이 속한 기사단에 대하여, 그리고 자신의 책무에 대하여 극히 헌신적인 철갑 기사들이기도 했다. 이 기사단은 1118년 그리스도께서 돌아가신 땅 팔레스타인 성지에서 '성 마리아의 독일 자선 수도사들'라는 이름으로 창립되었다. 하지만 이 기사들은 예루살렘의 프랑크 왕국이 붕괴하기도 전에 팔레스타인 지방을 떠나 독일에 돌아와야만 했다. 프로이센은 당시 반은 미개한 땅으로 남아 있었다. 기사단원들은 1230년부터 이 지역을 식민지화하여 거기에 나라를 하나 세운다. 당시 많은 프로이센인들이 아직 이교도들이었으며, 여전히 게르만족의 옛 신앙을 신봉하고 있었다. 튜튼 기사단원들은 이들을 강제로 세례를 받게 하여 개종시킨다. 사도들의 가르침과는 다소 거리가 있긴 하지만, 이것이 바로 당시에 사용되던 거친 복음 전파 방식이었기 때문이다. 샤를마뉴 대제의 방식 역시 이와 다르지 않았다. 그 역시 수십만의 색슨족들을 강제로 세례 받게 했던 것이다.

프로이센 왕국에서 사람들은 이 '독일 기사단'의 대수령(大首領)에게 마치 그들의 군주인 양 복종하고 있었다. 에른스트 라비스의 표현에 의하면 '그 시대의 가장 능란한 정치가'였다는 헤르만 폰 살차

(1210-1239)는 커다란 야망을 지니고 있어서, 1054년 로마 교회에서부터 분리해 나간 슬라브인들에 대한 대규모의 원정전을 준비하고 있었다. 그의 휘하에는 기사단 대수령과 독일의 최상급 귀족들 가운데서 선발된 명망 있는 기사들이 있었다. 1237년, 튜튼 기사단 기사들은 게르만의 또 다른 기사단이며, 영광스러운 과거를 자랑하는 '검우(劍友) 기사단'을 흡수한다. 이것은 사실은 로마 교황청의 결정에 따른 것이었지만, 이로 인해 독일에는 단 하나의 기사단만이 존재하게 되었다.

튜튼 기사단은 동쪽으로 세력 확장을 계속하였다. 하지만 1242년 노브고로트 공작인 알렉산드르 네프스키는 페이푸스 전투에서 그들에게 참담한 패배를 안긴다. 거친 승려 기사들은 퇴각하면서 그들 뒤에 긴 핏자국을 남긴다. 가톨릭를 믿는 폴란드인이나 정교를 믿는 슬라브인이나 가리지 않고 마구 학살한 것이다. 하지만 그때까지 압제하에서 신음해야 했던 민족들은 이들의 패주에 안도의 한숨을 내쉴 수 있었다. 하지만 1249년 체결된 조약을 통하여, 폴란드 공작 스비엔톨로크는 튜튼 기사들의 보호 통치를 받아들이게 된다. 이로 인해 수많은 이교도들이 기독교로 개종하게 된다. 하지만 프로이센인들이 조직적인 저항을 계속하였기 때문에 1283년, 즉 기사단장 하트만 폰 헬트룽겐 때에 이르러서야 비로소 프로이센의 영웅적인 지도자 스쿠르도를 정복자의 법 아래 굴복시킬 수 있었던 것이다.

튜튼 기사들은 강한 영토 확장의 야심을 지니고 있었다. 그들은 단치히를 정비하는 한편, 먼 니멘 강 연안에 쾨니히스베르크·토룬·틸지트 등의 요새 도시 등을 건설하였다. 하지만 그들의 가장 강력한 보루(堡壘)는 포메라니아 지방에 있는 마리엔부르크라 할 수 있었는데, 이것은 예배당, 성당참사회 회관, 거대한 무기창고, 밀 곡간, 식당, 거대한 포도주 저장실 등을 갖춘, 1276년에 건축된 수도원이자 요새 성채였다. 이곳을 지키는 거구의 승려들은 전설이 전하고 있는 것과는 달리 매우 엄격한 식생활을 영위하며 살고 있었다. 그들이 고기를 먹을 수 있는 것은 일주일에 세 번에 불과했다.

튜튼 교단은 전 유럽에 21개의 관할지를 가지고 있었는데, 이 중 13개는 독일에 있었고, 나머지는 프랑스·이탈리아·그리스, 그리고 시리아 등지에 흩어져 있었다. 필리프 불랑제는 《우리 역사》에서 다음과 같이 쓰고 있다. "프로이센에 있는 영토를 복속시킨 튜튼 기사단은 그곳의 땅을 개간하기 시작했다……. 독일인들은 모래가 많은 토지는 슬라브인들에게 남겨 주고 밀경작에 좋은 경(硬)토질의 땅을 차지하여, 결국 15만 헥타르에 달하는 비슬라 델타지역을 비옥한 곡창으로 변화시킬 수 있었다."

비록 잔혹한 일들을 자행하긴 했으나 튜튼 기사들은 탁월한 식민지 경영자들이었다. 그들은 하수의 흐름을 관리하고, 델름―그라븐 운하를 정비했다. 이런 유용한 시설물들을 만들어 냈음에도 불구하고, 이 승려 기사들은 폴란드인들과 모든 슬라브인들에게는 증오 대상이었다. 얼마전 폴란드 왕위를 계승한 리투아니아 대공 야기에우오는 튜튼 기사단 대수령이 상주하는 총단과 기사단의 핵심적인 요새가 소재한 마리엔부르크가 수도인 포메라니아 지방의 소유권을 주장하고 나섰다. "이제 싸움은 더 이상 십자군 운동이 아니었다"고 전갈서에서 필리프 불랑제는 쓰고 있다. 이것은 한치도 물러설 수 없는 영토 분쟁이었던 것이다. 기사단장 울리히 폰 융잉겐과 폴란드 왕 양측은 각기 군사와 석궁들을 집결시키고 곡간에는 식량을, 그리고 무기고에는 무기들을 쌓아 놓고 있었다.

바야흐로 가차없는 싸움이 벌어지려 하고 있었다. 북부와 중부 유럽의 운명은 앞의 몇 주일 동안에 결정될 것이었다. 폴란드 왕은 자신의 병력 이외에 3만의 타타르인, 그리고 수천 명에 달하는 러시아인·리투아니아인의 원군을 확보하고 있는데다가, 헝가리인·보헤미아인, 그리고 포메라니아인들도 그들 편에 서 있었다. 용맹한 전사 비톨드는 러시아 별동대를 이끌고 있었다. 어떤 연대기 작가들은 이들의 총 인원이 16만에 달했다는 좀 믿기 힘든 주장을 펴고 있기도 하다. "그것은 극히 잡다한 집단들이 이룬 기묘한 무리였다. 이들 사이에 유일한 공통점이 있다면 그것은 튜튼 기사단에 대한 증오심이었을 뿐……" 하고 장 자크 모로는 쓰고 있다.

야기에우오는 헝가리 국경 지역에 약간의 병력을 배치해 놓았다. 사실 이것은 단순히 하나의 신중한 예방책에 불과했다. 그는 헝가리의 지기스문트왕이 독일 승려군의 동맹자이긴 하지만, 전쟁이 일어나더라도 성 안에 웅크리고 있을 뿐, 도우러 오지는 않을 것이라는 사실을 알고 있었기 때문이다.

튜튼 기사단장 울리히 폰 융잉겐은 자기 앞에 놓인 위험을 충분히 의식하고 있었다. 비록 그의 기사들이 지극히 용맹한 것은 사실이었으나 적군의 수는 너무도 많았던 것이다. 베스트팔렌인들·라인인들·실레지아인들, 스위스에서 온 창병(槍兵)들과 석궁수들이 이 독일 주력 부대를 보강해 주고 있었다. 윌스 공작과 스테틴 공작도 그들의 검으로써 봉사하기 위해 달려와 있었다. 하지만 이러한 증원군에도 불구하고, 독일군의 총 인원은 슬라브인들 및 그들의 연합군 숫자에 비하면 3분의 1에 지나지 않았다.

튜튼 기사단의 장수들은 마리엔부르크에서 작전회의를 가졌다. 기사단장은 아군의 전력 및 침입군을 물리칠 수 있는 가능성 등을 검토한 끝에 다음과 같은 명령을 내린다. 대사령관 폰 슈테른베르크는 프로이센 신개척지를 방어하고, 사령관 슈베츠는 노도와 같이 밀려드는 침략자들로부터 포메라니아를 구하려 노력할 것이다. 이제 폴란드 왕은 라우텐부르크 앞까지 진격해 오고 있었다. 이제 하나의 절대 과제가 남아 있을 뿐이었으니, 그것은 폴란드군이 독일 지방의 천연적 경계선이라 할 수 있는 비스툴라 강을 건너는 것을 막는 것이었다. 기사단장은 강을 건널 수 있는 도섭장(徒渉場)을 파괴하라고 명령했다. 이제 작전은 시작되었던 것이다. 길겐부르크는 야기에우오에 의해 함락되었지만, 슈테른베르크는 자기가 방어임무를 맡고 있는 프로이센 신개척지에서 리투아니아–폴란드 연합군을 무찔렀다. 이렇게 양측의 승리와 패배는 서로 균형을 이루었다.

1410년 7월 15일 새벽, 야기에우오가 이끄는 폴란드군은 타넨베르크와 그룬발트 도성 근처에 위치한, 반은 평원이며 반은 전나무 숲인 음울한 평지에 진입했다. 슬라브군은 기이한 모습을 하고 있었다. 서구의 기사들과 별반 다르지 않은 모습의 폴란드군과 어깨를 나란히 하고 있는 것은 쇠사슬 갑옷과 속을 채워 넣은 외투를 입고, 끝이 뾰족하게 올라간 모자나 모피모자를 쓴 러시아인들이었다. 여기에 야만스런 복장에 손에 활을 들고 있는 타타르인들은 못생기고 체구가 자그마했으나 아무리 달려도 지치지 않는 민첩한 조랑말을 타고 있었다. 이 모든 무리들은 마치 말벌떼처럼 버글거리고 있었다.

평원 맞은편에는, 검은 십자가가 그려진 백색의 망토를 두른 튜튼의 기사들이 흠잡을 데 없이 정연한 대오를 갖추고 이들을 기다리고 있었다. 이들 중에서도 가장 눈에 띄는 것은 눈부신 회색 준마를 탄 장대한 체구의 울리히 폰 융잉겐이었다. 거구인 그의 투구는 다른 기사들보다 머리통 하나는 더 높이 솟아 있었다. 그의 뒤에는 2명의 기수가 기사단의 군기를 힘차게 흔들고 있었다. 독일 철갑 기사들은 윌스 공작과 슈테틴 공작을 중심으로 밀집 대형을 이루고 모여 있었다.

스위스 보병들은 그들의 방식으로 마치 고슴도치와 같은 형상으로 밀집하여 창을 치켜들고 있었으며, 쇠뇌사수들은 그들의 가공스런 무기의 페달 위에 발을 올려 놓고 발사 명령만을 기다리고 있었다.

전투를 시작한 것은 양측의 궁수대였다. 슬라브 궁수들과 독일 쇠뇌수들은 피차 무수한 화살을 교환했다. 그리하여 벌써부터 양 진영의 땅 위에는 꽤 많은 사람들이 나뒹굴고 있었다. 튜튼 기사단의 총수는 기사들에게, 비톨드의 명에 따라 슬라브군의 우익을 이루고 있던 러시아군·타타르군·리투아니아군에게 돌격 명령을 내렸다. 스위스인들은 독일 기병들의 공격을 측면에서 지원했다. 이렇게 치열한 전투가 벌어졌다. 튜튼의 기사들이 승리를 얻게 될 것인가?

야기에우오가 이끄는 폴란드 기사들은 예비대를 형성하고 있었다. 이 폴란드 예비대는 대오를 이탈하지 않고 미동도 않은 채 제자리를 지키고 있었다. 비톨드는 휘하의 장졸들이 도망가기 시작하자 폴란드 왕에게로 왔다. 그는 분노와 절망감으로 머리가 돌아 버릴 지경이었다. 왜 이렇게 예비대는 꼼짝도 않고 있는가? 이런 식으로 오늘의 전투를 망쳐 버릴 생각인가? 우익은 전멸하고, 폴란드와 타타르의 경기병들로 이루어져 있는 좌익 역시 튜튼 기사단의 공격을 더 이상 제대로 막아내지 못하고 있었다. 도대체 야기에우오는 무엇을 하고 있단 말인가? 그 자신의 군기, 즉 폴란드 왕좌를 상징하는 군기마저 적의 수중에 떨어진 상태가 아닌가! 하지만 냉정한 폴란드 왕은 끝까지 예비 병력을 조금도 사용하지 않고 보전해 놓고 있었다.

그런데 지금까지 그 누구도 주의를 기울이지 않고 있었던 변수가 하나 있었으니, 그것은 전투의 흐름을 주의 깊게 살피면서 어느 편에 가담할 것인가를 망설이고 있었던 8백 명의 보헤미아 기병대였다. 그런데 갑자기 이들이 결단을 내렸다. 그리고 튜튼 기사단의 측면을 격렬한 기세로 공격하기 시작한 것이다. 이에 좌익의 타타르인들은 그들을 엄호하기 위해 독일 기사들에게 화살 세례를 퍼부어 주었다. 한편 비톨드는 동에 번쩍 서에 번쩍 하면서 목소리와 행동으로써 병사들을 격려했다.

기사단장 폰 융잉겐은 마지막 남은 예비 병력을 불렀다. 총사령관은 서둘러 달려와 그를 도우려 했으나, 이미 튜튼 기사단의 우두머리는 폴란드인들과 타타르인들에게 사방으로 포위된 후였다. 그는 회색 전마의 고삐를 틀어잡고 장검을 휘두르며 무수한 팔들과 머리들을 베며 싸웠다. 하지만 중과부적, 결국 치명상을 입고 말에 떨어져 죽었다.

이제 튜튼 기사들과 그들의 동맹군 앞에는 패배의 구렁텅이가 입을 벌리고 있었다. 승리의 서광이 비치는 것을 느낀 적군은 다시 맹렬한 투지를 되찾아 사방에서 벌떼처럼 몰려들었다. 게르만 철갑기병이 한 명을 베어 쓰러뜨리면, 다시 열 명이 덤벼드는 식이었다. 이렇게 게르만인들의 대참극이 벌어지고 있는 가운데 저녁의 어둠이 찾아들고 있었다. 6백 명에 달하는 튜튼 기사들이 전사했다. 즉 그 누구도 도주하지 않은 것이다. 타넨베르크의 평원과 피로 질척대는 전나무 숲에는 수만의 시체들이 널려 있었다. 슬라브인들이 흘린 피 역시 엄청났다. 하지만 그들은 지금까지 그토록 무서운 공포의 대상이었던 검은 십자가의 기사단이 더 이상 과거의 힘을 회복하지 못할 것이라는 사실을 잘 알고 있었다.

이렇게 극적인 반전들로 가득했던 타넨부르크의 격렬한 충돌은 무엇보다도 두 종류의 기사들간의 전투라고 할 수 있었다. '잡다한' (장 자크 모로의 표현) 무리들을 이끈 리투아니아인 비톨드가 슬라브측 승리의 일등 공신이었다면, 튜튼 기사들 역시 수에 밀려 패배하기는 했으나 흠잡을 데 없는 용기를 보여주었다. 절망적인 상황에 몰린 그들은 영웅적으로 분투했으며, 기사단장 폰 융잉겐 역시 전장에서 그 어떤 실수도 범하지 않았다. 굳이 한 가지 실책을 지적하자면, 이렇게 수에 있어서 차이가 났던 만큼 풍부한 병력과 전쟁 물자를 갖춘 프로이센 동부에 있는 큰 성채들 속에 들어가 농성하는 것이 오히려 낫지 않았을까? 하지만 그가 경멸해 마지않는 적의 떼거리들이 검은 십자가 기사단의 영토를 짓밟는 것을 좌시하고 있기에는 이 게르만인의 자존심이 너무도 높았던 것이다.

살아남은 튜튼 기사들은 절망 속에 빠져만 있기에는 너무도 강인한 심장을 가지고 있었다. 마리엔부르크 요새 속에 틀어박힌 사령관 하인리히 폰 플라우엔은 충분한 병력과 식량과 물자를 갖추고 있었기 때문에 오랜 기간 동안 계속된 농성전을 견뎌 낼 수 있었다. 결국에는 포위하고 있는 슬라브 연합군조차도 지쳐 버렸다. 1411년 2월 1일, 그들은 적들과 토루인 조약을 체결한다. 이 조약 덕분으로 튜튼 기사들은 영토의 일부를 적에게 양도하기는 했으나 최소한 전멸은 면할 수 있었다.

15세기 중반 튜튼 기사들은 폴란드왕 카지미르 4세에 대한 싸움을 다시 시도해 보게 된다. 하지만 그들 내부의 불화, 패권을 획득하기 위한 내적 권력 투쟁, 단치히와 저항의 교두보인 마리엔부르크마저 빼앗기게 된 제2차 토루인 조약 등, 쇠락해 가는 튜튼 기사들의 마지막 순간들이 찾아오게 된다.

기울어 가고 있던 기사단에 마지막 일격을 가한 것은 바로 그들 자신의 수장 알브레히트 폰 브란덴부르크 안스바흐였다. 이 사람은 그의 기사단복과 망토를 벗어던지고 루터의 제자가 되었다. 또 프로이센 최초의 공작이 된 이도 바로 이 알브레히트이다. 쾨니히스베르크는 그가 다스리는 나라의 수도가 될 것이다. 이렇게 영화로운 과거를 이

어받아 탄생한 호엔촐레른 왕가의 프로이센 왕국은 앞으로 우리가 잘 알고 있는 그의 위대하고도 비참한 운명을 걸어갈 것이다.

거친 풍속과 부인하기 힘든 잔혹함을 가지고 있긴 하였지만, 튜튼 기사들은 모종의 야성적인 위대함을 지니고 있었다. 이 기사단은 옛 게르만땅에 그 각인을 뚜렷이 남겨 놓은 것이다. 중세와 기사도의 한 전형적인 모습을 구현한 그들은, 기사들의 시대가 끝나가고 있던 바로 그 시점에서 함께 허물어져 내린 것이다.

13
아쟁쿠르의 진흙탕 속에서
(1415년 10월 25일)

1413년 3월 20일, 영국왕 헨리 4세는 임종하기 전에 장남 헨리 드 몬머스에게 꾀바른 충고를 하나 남기니, 그것은 제후들을 이끌고 프랑스로 떠나 부당하게 빼앗긴 그곳의 권리를 되찾으라는 것이었다. 새로 즉위한 헨리 5세가 원하는 것도 오직 하나, 선왕의 유언을 따르는 것이었다. 그는 후리후리한 체격에, 섬세하고도 잘생긴 용모의 소유자였다. 과거 그는 갖가지 쾌락에만 탐닉하며, 훌륭하게 왕통을 이어갈 왕자를 원하고 있던 사람들의 기대를 저버리는 생활을 했었다. 하지만 이제 왕이 된 이상 과거의 페이지는 넘겨졌다. 그는 궁정에서 방탕한 생활을 같이하던 친구들을 모두 쫓아 버렸다. 이제 그는 근엄한 설교마저 늘어놓는 군주가 된 것이다. "페어웰! 프랑스를 향하여!"

이러한 그에게 여전히 내란의 와중에 있는 샤를 6세의 프랑스 왕국은 퍽이나 군침 도는 먹이가 아닐 수 없었다. 아르마냐크인들은 1413년 여름에 파리를 탈취했었다. 부르고뉴인들은 독살당하고 추방되었다. 프랑스 북부에 있는 자신의 영지로 돌아온 장 공작은 원한에 이를 갈며 재기의 날만을 기다리고 있었다. 조정에서는 오를레앙 공작과 그의 장인, 사나운 아르마냐크 백작은 대규모의 인사 교체를 단행했다. 피에르 드 페냉의 글에 의하면 이때부터 프랑스 조정에는 '이중의 관리들' 이 존재하게 된다. '겁 없는 장' 에 의해 임명되었던 관리들은 직무를 떠날 것을 거부하였다. 그러나 아르마냐크 사람들은 이들의 주장을 무시하고 자기네 편에 속하는 인사들로 교체해 버렸던 것이다. 부르고뉴 사람들에게는 발레랑 드 생폴이 여전히 프랑스 대원수였다면, 아르마냐크 사람들에게 프랑스 대원수는 알브레 경 샤를이었다. 이것을 보면 당시 프랑스 군 내부의 혼란이 어떠했던가를 가히 짐작할 수 있다.

사우샘프턴을 떠나기 전에 헨리 5세는 그의 사촌 케임브리지 백작과, 왕이 자신의 가장 친한 친구로 믿었던 스크로프가 꾸민 마지막 역모를 분쇄하였다. 그리고 나서 영국 왕은 1415년 8월 14일, 그의 명령에 일사분란하게 움직이는 정예군(찰스 카이틀리에 의하면 2천5백 명의 기사, 8천 명의 궁수및 강력한 포병대로 구성된)을 이끌고 프랑스 탕 셰드코에 상륙하였다.

지체없이 아르갈리로 시의 포위전에 들어간 젊은 군주는 1415년 9월 22일, 이 도성을 어렵사리 함락시킬 수 있었다. 그의 군대 역시 상당한 고통을 맛보았던 것이다. 전염병은 전투 못지않게 무수한 인명을 앗아갔다. 그는 영국에서 데려올 식민(植民)들로 대신 채울 수 있게끔 현지의 주민들을 몰아냈다. 그리고 대규모의 병영과 포창을 건조하여 이 모든 것들을 노르망디 지방 항구 도시인 이 아르갈리로 시의 신임 총독에게 맡긴 후, 다시 나머지 병력을 이끌고 칼레를 향해 쳐들어 올라갔다.

이 소식을 들은 파리는 들끓어 올랐다. 알베르 대원수에게는 노르망시 해안 지역 경계를 소홀히 했다는 비난이 쏟아져 내렸다. 본격적인 작전이 시작되기도 전에 그의 권위는 벌써부터 손상되고 있었던 것이다. 9월 10일, 생드니 성당에서는 국왕기가 계양되었다. 이것은 전통적으로 전국민에 대한 군사 소집령을 의미하는 신호였다. 국왕과 황태자 루이 드 기엔은 강력한 호위대와 함께 파리에 남아 있을 것을 결정했다. 현 왕위 계승자는 밤에만 싸돌아다니는 산만한 정신의 소유자로 알려져 있었고, 사람들은 그가 '오르간 음악 소리에만 몰두하는' 그런 한심한 인간으로 여기고 있었다. 사실 그는 이런 평판보다는 훨씬 더 가치 있는 사람이었다. 하지만 그는 사람들에게서 거의 존중받지 못하고 있었기 때문에 그 누구도 그에게 전군의 지휘권을 맡기려 하지 않았던 것이다.

억수같이 쏟아지는 빗속에서, 헨리 5세와 휘하의 장병들은 칼레에 도달하려 애쓰고 있었다. 이를 저지하기 위하여 프랑스 대원수는 이번에는 피카르디의 모든 도섭지를 방어하도록 하였다. 하지만 어떤 농부가 영국 군주에게 사용 가능한 통로를 하나 알려 주었다. 영국군은 이 통로를 따라 칼레로 향했고, 거대한 봉건적 무리를 이룬 프랑스군은 그뒤를 추격했다. 명목적인 대원수는 알베르였지만, 오를레앙 공작·알랑송 공작·부르봉 공작 등은 사사건건 반박을 일삼고 그의 명령에 불복했다.

1415년 10월 24일 저녁, 아쟁쿠르과 트람쿠르의 두 마을 사이에 펼쳐진 평원에서 영국군과 프랑스군은 서로 대치하고 있었다. 하지만 헨리 왕의 장병들은 메종셀에 있는 초가집이나 텐트 속에서 따뜻히 몸을 녹이고 있었던 반면, 프랑스인들은 억수같이 퍼붓는 비를 고스란히 맞으며 밤을 지새야만 했다. 그들의 막사와 장비를 운반하는 보급대는 도중에 길을 잃어 본대를 합류하지 못했었던 것이다. 샤를 6세의 군사들은 새벽까지 술을 퍼마시며 시간을 보냈던 반면, 영국군들은 경건한 기도로 밤을 지새웠다고 말하는 사람들도 있다. 하지만 이것은 하늘이 프랑스 제후들에게 내린 징벌을 정당화하기 위해 사람들이 지어낸 하나의 이야기에 불과한 것인지도 모른다.

부르고뉴 공작은 그의 지배하에 있는 영토의 기사들에게 프랑스군에 합류하지 말 것을 명한 바 있었다. 그런데 부르고뉴인들과 프랑슈콩테 사람들은 이 명령에 따랐지만 상당한 수의 플랑드르와 피카르디지역 기사들은 복종하지 않았다. 겁 없는 장과, 랑뷔르 쇠뇌수들의 수령 샤티용 제독이 임명한 장수들 중의 상당수도 달려와 아르마냐크인들과 어깨를 나란히 하고 있었다.

"영국군은 그다지 아름답지 못한 몰골을 하고 있었다"고 미슐레는쓰고 있다. 서둘러 퇴각하느라 기진맥진해 있었던 것이다. 하지만 프랑스군 역시 평소의 위풍당당한 모습은 보여주지 못하고 있었다. 기사들의 멋진 갑주에는 흙탕물이 튀어 더럽혀졌고, 투구의 머리깃 장식은 비에 젖어 처량한 몰골로 축 늘어져 있었다(그들의 증조할아버지들은 루이 10세의 '흙탕물에 빠진 군대' 속에서 마찬가지의 꼴을 당한 바있다). 하지만 그 누구도 과거의 이 들추기 괴로운 기억을 상기하려 드는 사람은 없었다. 적군에 비해 서너 배나 많은 프랑스군은 자신들의완전한 승리를 확신하고 있었다. 찰스 카이틀리에 의하면 당시 프랑스군의 숫자는 문자 그대로 '헤아릴 수 없을' 정도였다고 단언하고 있다. 혹자는 당시 프랑스군의 숫자를 1만여 명으로 잡기도 하는데, 이것은 지나치게 적게 잡은 것이고, 또 혹자는 15만 정도로 보기도 하는데 이것은 물론 과장된 것으로 보인다. 대공·기사·시종들 이외에도급료를 받는 석궁수들, 그리고 별로 내키지 않는 마음으로 전투에 끌려온 보병들인 자유도시 민병과 농군의 무리들이 프랑스군을 이루고있었다. 프랑스군은 우수한 포병대를 보유하고 있었지만 '이동 기계'는 아직 발명되지 않은 때여서, 포병은 대오를 갖춘 전투에서나 사용될 수 있었다.

샤를 6세 군대의 기사들과 시종들 절반은 말에서 내려 싸우게 되어 있었다(이것은 지휘관들이 결정한 바였다). 그래서 이들은 서둘러 창을 짧게 잘라 마치 날카로운 몽둥이 같은 형태로 만든다, 혹은 끝이 뾰족하게 올라간 철갑구두의 코를 자른다 하면서 부산을 떨어댔다. 날씨는 궂었지만 프랑스 진영의 사기는 드높았다. 전투에 임하기 전 철갑 기사들은 서로를 포옹하며 여태까지 상대에게 범했을지도 모를 무례한 짓들에 대하여 서로 용서를 빌었다. 그리고 모두는 각자의 위치에 섰다.

찰스 카이틀리는 이 아쟁쿠르 전투에 대한 작은, 그러나 탁월한 저서를 통하여 양군의 배치 상황에 대한 상세한 정보를 제공하고 있다. 황금 표범군 가운데 헨리왕은 중앙 주력 부대를, 그의 사촌 요크 공작은 전위 부대(우익)를, 캐모이스 경 토머스는 후위(좌익)를 각기 맡아 지휘하고 있었다. 영국 대원수인 존 코온월 경은 예비 병력을 지휘하고 있었다. 말에서 내린 기사들과 검수들로 구성된 세 개의 주력 전단 사이에는 네 개의 궁수 무리가 위치해 있었는데, 이들은 늙은 지방 수령인 존 허핑검 경의 명령이 떨어지기만 하면 곧장 화살을 퍼부을 채비를 하고 있었다. 전투가 개시되기 전, 지휘자로서 필요한 언변을 갖추고 있던 헨리왕은 장병들의 사기를 한껏 고무하는 연설을 하였다. 그는 영국에 남아 있는 국민들이, 여기 모인 영국군이 성자 크리스푸스와 크리스피니아누스의 축일에 프랑스군을 이겼다는 소식을 듣게 될 때, 그들은 이 '형제들의 무리, 행복한 소수'를 영원히 부러워하게 될 것이라고 쩌렁쩌렁 울리는 목소리로 외쳤다.

찰스 카이틀리에 따르면, 프랑스의 제후들은 다음과 같은 전투대형을 이루고 있었다. 아쟁쿠르와 트람쿠르 숲 사이에 위치한 첫번째 전단들은 말에서 내린, 그러나 가장 고귀하고도 긍지 높은 기사들로 구성되어 있었다. 대원수·오를레앙 공작·부르봉 공작·부시코 원수는 첫번째 전단을 이끌고 있었으며, 바르 공작·알랑송 공작·느베르 공작(그는 그의 형 겁 없는 장의 간청을 받아들여 이 전투에 참여하고 있었다) 등은 두번째 전단을 지휘하고 있었다. 이들의 좌우 편에는 말을 탄 기사들이 포진해 있었는데, 이들을 지휘하고 있는 것은 클리네 드 브레방 제독(이는 아르마냐크 계열이었다)과 현 부르봉 가문의 직계 조상인 방돔 백작이었다. 이들의 역할은 영국 궁수들의 화살을 차단하는 것이었다. 강철활을 조준하고 있는 쇠뇌수들과 그 보조역 하인들은 말을 탄 기사들(1천2백여 명)과 말에서 내린 기사들 사이에 위치하고 있었다. 마지막으로 뤼소빌이라는 마을 어귀에는 세번째 전단이 대기하고 있었는데, 앞의 전단들보다도 훨씬 수가 많은 이 전단을 구성하고 있는 것은 전마를 타고 있는 기사들과 시종들이었으며, 이들은 마를 백작·다마르탱 백작, 그리고 보크베르그 백작의 지휘를 받고 있었다. 그러나 이 전사들의 웬일인지 풀이 죽어 있었는데, 그 이유는 앞의 두 전단들이 영국군을 지푸라기같이 쓸어 버려 자신들에게는 아무 것도 남겨지지 않으리라고 생각한 탓이었다!

새벽이 되자 '몽주아'라는 별칭으로 불리는 프랑스 문장관은 나팔수·기수, 그리고 기타 수행원들로 구성된 화려한 호위대를 거느리고 이미 영국진영 앞에 당도해 있었다. 오만한 자세로 거드름을 부리며, 자신에 넘쳐 있는 문장관은 헨리왕에게 항복하라고 다그쳤다. 하지만 그에 못지않게 오만한 자세로 랭커스터왕은 딱 잘라 거절했다. 물론 수적으로는 열세지만 자신을 섬기고 있는 신하들의 용맹함으로 말미암아 충분히 승리할 수 있다는 것이었다. 전투가 시작되기 직전에도 '몽주아' 문장관은 다시 한번 시도해 보았다. "우리를 잡아서 우리 뼈를 팔라! 우리가 그대에게 줄 것은 이것 외에는 없느니라!" 하고 헨리왕은 대꾸했다. 화가 난 몽주아는 물러났다.

드디어 프랑스 제1 전단은 전진하기 시작했다. 하지만 무거운 갑주를 걸친 전사들의 동작은 굼떴고, 더욱이 진흙질이 풍부한데다가 빗물에 흠뻑 젖기까지하여 미끄럽기 그지없는 비탈길 위에서 그들은 계속 미끄러졌다. 영국 궁수들은 사격 준비를 갖춘 채 적군이 사정거리 내에 들어올 때까지 기다리고 있었다. 그들의 눈은 회색빛 말 위에 꼿꼿이 앉아 있는 늙은 존 허핑검 경을 주시하고 있었다. 발사 신호를 내릴 사람은 바로 그였기 때문이다. 드디어 때가 되자 존 허핑검은 땅바닥에 지휘봉을 내던지며 외쳤다. "나우, 스트라이크!(이제, 쳐라!)"

그러자 끔직한 일이 일어났다. 무자비한 화살들이 무수한 빗방울처럼 프랑스 철갑 기사들 위로 떨어져 내렸고, 프랑스군은 진흙탕에 발이 빠져 몸이 무거운데다가, 빽빽이 들어찬 서로의 몸에 걸려 앞으로 가지도, 뒤로 물러서지도 못하고 있었다. 곧 이것은 대학살의 상황으로 바뀌었다. 그렇게 샤를 달브레는 그가 원했던 죽음을 맞았고, 오를레앙 공작·부르봉 공작·부시코 원수들은 다른 기사들과 함께 투항했다.

곧이어 두번째 프랑스 전단 역시 전장에 들어왔다. 불같은 성격의 알랑송 공작은 자기 앞에 가로막는 모든 것을 쓰러뜨리며, 헨리왕 앞까지 뚫고 들어가 거칠게 장검을 휘둘러 헨리왕의 왕관으로부터 그의 부친 흑세자가 물려 준 다이아몬드를 떨어지게 했다고 르페브르 드 생레미는 단언하고 있다(이 사실은 앙게랑 드 무스트렐레의 연대기 가운데는 나오지 않는다). 그가 누구인지를 알아본 헨리왕은 그를 용서해 주려고 했을 것이다. 하지만 궁지에 몰린 공작이 항복의 표시로 헨리왕에게 자신의 쇠사슬 장갑을 내밀려 하고 있는데, 왕을 호위하고 있던 무사들이 이 무엄한 프랑스 기사를 죽여 버렸던 것이다. 사람들의 말에 따르면 23명의 기사들이 차례로 자신이 헨리왕을 죽이겠노라고 맹세하였다고 한다. 그러나 결국 이 하늘 높은 줄 몰랐던 젊은 기사들의 시신 역시 불행한 다른 동료들의 시신과 함께 축축한 평원 위에 차례차례 떨어져 내렸다.

이날의 전투는 프랑스군에게 대참극으로 변해가고 있었다. 클리네 드 브레방 제독과 보레동 경 휘하의 말을 타고 있는 기사들은 아쟁쿠르 숲 속에서 적을 포위하기 위한 유도 작전을 시도했다. 하지만 영국 검수들은 나뭇가지들에 매달려 있다가 그 밑을 지나가는 프랑스 기병들의 어깨 위로 뛰어내려 그들을 거칠게 낙마시켰다. 이렇게 말에서 떨어진 기사들은 그대로 단검으로 난자되었다.

전투가 절정에 달해 있을 때, 메종셀 마을에 있는 영국 캠프에서는 매우 참혹하면서도 부끄러운 사건이 하나 발생했다. 리플라 드 플라나스, 로베르 드 부르농빌, 그리고 이장베르 다쟁쿠르, 이 세 프랑스 기사는 헨리왕의 막사 안으로 난입하여 닥치는 대로 약탈을 했는데, 12세에서 14세 된 어린 영국 시동들까지도 야만스럽게 살해해 버렸던 것이다!

전장에서는 프랑스 제2 전단이 와해되고 있는 중이었다. 프랑스 기사들은 수십 명씩 무더기로 항복하고 있었다. 그렇게 하지 못한 이들은 치명상을 입고 땅 위에 쓰러져 있었다. 다마르탱 백작 휘하의 말 탄 기사들은 이 참극을 목도하고 말머리를 돌렸다. 몇몇 기사들만이 죽어가고 있는 동료들을 구하러 달려왔으나 이들을 기다리고 있는 것은 먼저 간 동료들이 당한 슬픈 운명뿐이었다. 이 상황 가운데 프랑스군의 포병대도, 쇠뇌수도 아무런 도움을 주지 못하고 있었다.

여기서 한 가지 빛나는 일화가 있었는데, 그것은 바로 브라방 공작의 영웅적 행동이었다. 겁 없는 장의 동생인 그는, 형의 의견을 무시하고 군의 부름에 응하여 달려오고 있었다. 아쟁쿠르에서 몇 마일 떨어진 곳에 당도한 그는 벌써 전투가 시작되었고, 전황은 프랑스군에 불리하게 돌아가고 있다는 소식을 들었다. 그런데 그는 갑옷 위에 걸쳐야 할 겉옷이 없었으므로, 나팔에 달린 군기를 떼어 그것으로 겉옷삼아 몸에 두르고 전장을 향해 힘차게 말을 달려갔다. 그리고 결국 거기서 다른 프랑스 기사들과 함께 장렬하게 전사한 것이다!

프랑스 전사자의 수는 엄청났다. 알브레 대원수·알랑송 공작·브라방 공작·바르 가문의 세 형제·보데몽 백작·포캉베르그 백작·몽모랑시 백작·부르고뉴 가문의 아들 느베르 백작·상스의 대주교 몬터규·쇠뇌수 대장 샤티용 당피에르 경·프랑스 제독 랑뷔르·크로아 경·리드케르크 경·리시테르벨드 경 등등. 베르몽두아·상스·상리스·캉, 그리고 모 등지의 국왕이 임명한 지방 수령들도 그들이 이끌고 온 자유시 민병대들과 함께 전사했다.

영국군은 리처드 요크 공작·옥스퍼드 백작·리처드 카일리 경 등을 비롯하여 약 1천6백여 명이 전사했다. 하지만 이들이 생포한 포로(약 1천5백여 명)가 너무 많아 그들을 데리고 있는 일 자체가 심각한 문제로 부상했다. 이들을 어떻게 해야 할 것인가? 헨리 5세는 삼인의 프랑스 기사가 자행했던 어린 시종들의 학살을 핑계로 삼아 이 포로들에 대하여 잔혹한 결정을 내렸다. 그는 오를레앙 공작·부르봉 공작·위 백작·리시몽 공작·방돔 공작·부시코 원수·아르쿠르 경·그랑프레 경·크랑 경 등 몇몇 대공들을 비롯한 가장 지체 높은 기사들만을 제외하고는 나머지 포로는 인정사정없이 죽여 버리라고 명령했다.

하지만 영국 제후들은 비록 승리한 왕에 대한 존경심을 잃은 것은 아니지만 이런 일에 직접 손대기를 거부했다. 우선 무장 해제된 고귀한 신분의 포로들을 죽이는 일 자체가 비열한 행위로 느껴졌다. 두번째 이유는 그들을 죽이고 나면 막대한 몸값들도 연기처럼 사라져 버릴 것이기 때문이었다. 하지만 헨리 5세는 눈 하나 깜짝 않고 밀고 나갔다. 결국 그는 3백인의 웨일스 검수들을 보내 포로들을 모두 칼로 베어 죽이게 했다. 이 잔혹한 명령으로 말미암아 아쟁쿠르에서 빛나는 승리를 거둔 젊은 군주가 유럽 전역에서 누리게 될 명성은 그 빛이 바래게 된다. 그것은 정정당당한 기사가 할 행동이 못되었던 것이다.

하지만 왕 자신은 이런 사실을 전혀 의식하지 못하고 있었다. 전투가 끝나고 난 저녁, 그는 오히려 사로잡힌 프랑스 대공들에게 한 바탕 설교까지 늘어놓았다. 즉 그들의 패배는 프랑스 왕국이 범하고 있는 온갖 가증한 죄악에 대한 하나님의 징벌로서 온 것이며, 영국 왕 자신은 이 어지러운 나라 가운데 질서를 회복하기 위해 하늘이 보낸 것이라고 되풀이하여 말했다. 그리고 나서 헨리 5세는 군대를 이끌고 칼레로 향했다. 영광에 도취한 그는 피곤조차 느끼지 못했던 것이다. 그리고 곧 영국으로 귀국했는데, 영국민은 유례 없는 열렬함으로 그를 맞이했다.

프랑스 궁정은 다만 경악할 뿐이었다. 3명의 원수를 장님으로 만든 후, 산채로 우물 속에 빠뜨려 죽인 무지막지한 제후 아르마냐크 백작의 철권 정치가 파리를 뒤흔들고 있었다. 그리고 파리 시민들은 모두 그를 증오하고 있었다. 루이 드 기엔, 그리고 그의 동생 황태자 장이 차례로 죽어갔다. 이제는 그들의 동생 샤를 드 퐁티위가 흔들리고 있는 프랑스 왕좌의 후계자가 되었다. 1417년 · 1418년 · 1419년, 그리고 1420년 사이에는 수많은 극적인 사건들이 일어난다. 헨리왕이 재차 프랑스에 상륙한 것이다. 이번에는 의회의 승인으로 많은 귀족들을 이끌고 올 수 있었던 헨리왕은 18개월 만에 노르망디 전체를 복속시킬 수 있었다. 겁 없는 장이 이끄는 부르고뉴파가 파리를 점령했고, 아르마냐크 백작은 깊은 상처를 입었다. 그러나 샤를 황태자는 간신히 피신할 수 있었다. 부르고뉴 공작은 몽트로에서 미래의 샤를 7세의 장교들에 의해 살해당한다. 새 부르고뉴 공작, 선공 필리프는 바이에른 출신의 이자보 왕비와 결탁하여 헨리 5세와 트루아 조약을 체결하였다. 그리고 샤를 황태자는 왕권을 빼앗기고, 이는 카트린 드 프랑스와 결혼하여 백합 왕국의 후계자가 된 영국 왕에게로 돌아갔다.

이제 헨리 5세는 아직 샤를 황태자의 지배 아래 있는 고장들(루아르 지방과 피레네 지방)을 복속시킬 수 있었을 것인가? 그것은 아무도 알 수 없는 일이 되었다. 왜냐하면 승리의 절정을 구가하던 그가 1422년 8월 31일, 비엔에서 이질에 걸려 뜻밖에 세상을 떴기 때문이다. 이리하여 그는 성왕 루이의 왕관을 영원히 써볼 수 없는 몸이 되고 말았다. 그의 장인, 가련한 샤를 6세는 같은 해 11월 21일 그를 따라 무덤 속에 들어오게 된다. 그리하여 아쟁쿠르의 승리자와 '미녀' 카트린 사이에서 태어난 헨리 6세는 그의 숙부 베드포드 공작의 섭정 아래 '프랑스와 영국의 왕'으로 선언된다.

정력적이고 섬세한 감각을 갖춘 탁월한 전략가이며, 안 드 부르고뉴 공주의 충실한 남편이기도 한 이 군주와 사람들이 '부르주의 왕'이라는 경멸적인 별명을 붙인 샤를 7세 사이의 투쟁은 결국 영국군의 완전한 승리로 끝나고 말것인가? 1428년 영국의 최정예 부대는 프랑스군의 방어 체계 가운데 척추에 해당하는 지점이라 할 수 있는 오를레앙을 함락시키기 위하여 포위전을 벌이고 있었다. 바로 이때 하나의 기적이 일어나게 되는 것이다…….

14

'그리스도의 여기사' 잔 다르크

1432년 휴버트와 얀 반 에이크가 부유한 상인 유도쿠스 비지트를 위해 제작한 성당 제단 장식화 '신비의 어린 양' 가운데 포함되어 있는 한 짝의 그림은 특별히 우리의 관심을 끈다. 그것은 '그리스도의 기사들'을 묘사하고 있는 그림이다. 엄숙하고도 아름다운 자태의 기사들은 백색 갑주를 입고 손에는 창을 들고 어깨에는 방패를 걸머진 채 나아가고 있다. 또 그들은 시종들이 오랫동안 정성들여 손질한 훌륭한 전마들을 타고 있다. 이것은 당시의 철갑기병들의 이상적인 모습이라 할 수 있다. 천국의 첫번째 계단이라 할 수 있는 성지를 향하여 (방패와 군기 위에 장식되어 있는 십자가가 이를 증명한다) 떠나고 있는 기사들의 모습……

숫처녀 잔은 이 기사들 중의 한 명, 즉 '그리스도의 여기사'였다. 이 소녀는 비천한 농부의 딸이었으나, 그 어떤 귀족보다도 뛰어난 태생적인 고귀함·너그러움·용기·충직함을 가지고 있었다. 그리고 바로 이것이 그녀에 대한 허무맹랑한 추측들이 난무하고 있는 이유이다. 예를 들어 19세기 초반의 부지사였던 P. 카즈는 그녀가 어떤 대공의 사생아이며 그녀의 몸속에는 왕가의 피가 흐르고 있다는 주장을 퍼뜨렸던 것이다. 이런 식의 허황된 주장을 믿는 사람들이 아직도 적지 않은데(이런 식의 주장에는 잔 다르크가 재판과 화형식 후에도 살아남았다는 주장이 항상 곁들여진다. 하지만 이 문제는 좀더 복잡한 것이며 아직 의문이 완전히 풀리지 않았다고 말할 수 있다. 우리는 이 문제에 대해서 더 이상 논의하지 않을 것이다), 최근 레진 페르누는 그녀의 저서 《코숑 앞에 선 잔》〔아래에서도 보겠지만 코숑은 잔 다르크를 취조하여 죽음에 몰아넣은 음험한 보베 대주교 피에르 코숑(Pierre Cauchon)을 말한다. 한편 프랑스어에는 이와 철자는 다르지만 발음이 같은 cochon이라는 단어가 있는데 이는 '돼지'를 뜻한다〕을 통하여 이런 주장의 허구성을 분명히 밝혀 주고 있다.

잔 다르크는 성령의 방문을 받았다(그녀의 짧은 생 가운데 일어났던 기적을 달리 설명할 길이 없다). 하지만 그녀가 1429년 2월 보쿨뢰르에서 출발하기 전, 그녀는 이미 기초적인 군사 교육을 받았을 가능성은 있다(그렇다고 해서 그녀의 신비가 완전히 설명되는 것은 아니다). 매우 짧은 시간 안에 2명의 무인, 즉 장 드 메츠와 베르트랑 드 풀랑지는 그녀를 믿게 되었다. 장 드 메츠는 전투 경험이 풍부한 백전노장이었고, 후자는 보다 젊었으나 잔의 가족에 대해 잘 알고 있었다. 이 두 귀족이 잔 다르크에게 잠시 주어졌던 한가한 시간 동안(보드리쿠르는 시농에 있던 국왕의 명령을 기다려야만 했다) 그녀에게 기사로서 갖추어야 할 기본적인 것들, 즉 말타기(그녀는 말을 타기는 했지만 그것은 기병이 아닌 농사꾼의 방식으로였다), 검을 찌르고 휘두르는 법, 그리고 물푸레나무로 만든 무거운 창을 겨누고 찌르는 법 등을 가르쳐 주었다. 드디어 시농에 도착한 지 3일 후, 그녀는 성내의 투기장에서 창을 휘두르며 말을 달리는 모습을 보여주었고, 이를 본 알랑송 공작은 큰 감명을 받았다. 공작은 그녀에게 노련한 철갑 기병이나 할 수 있는 이런 무예를 어디서 배웠느냐고 물었다.

하나님이 불어넣은 영감으로 충만한데다가 예외적인 자질을 타고난 잔 다르크는 당시에 사용되던 전략을 이루는 원리들을 완벽하게 이해했다. 포병의 적절한 사용법, 공격해야 할 성의 약점을 찾아내는 법, 지형지물 이용법, 공격 시간의 선택 등등……. 그녀는 매우 강건한 체격의 소유자였다. 그녀가 오를레앙을 탈환하기 위해 블루아를 떠나 행군을 시작했을 때, 첫날이 지나고 이튿날이 되어서야 비로소 그녀는 그 무거운 갑주로 인해 어깨에 타박상을 입었노라고 약간 불평했을 뿐이다. 하지만 이후로는 그녀는 갑주에 완벽하게 적응하게 된다.

또한 이 17세 소녀는 천성적인 통솔력을 지니고 있었다. 그녀는 프랑스군 안에 있는 수많은 무장들 가운데 한 명에 불과했지만, 그녀에게는 뭔가 신성한 기운이 감돌고 있었다. 사람들이 흔히 생각하는 것과는 반대로, 1429년 5월 8일 프랑스군이 오를레앙을 해방할 때 군을 지휘한 것은 그녀가 아니었다. 이 역할을 맡은 것은 부삭 원수였던 장 데 브로스와 프랑스 제독이었던 루이 드 퀼랑이었다. 이들이야말로 정식으로 프랑스 국왕의 임명을 받은 장군들이었던 것이다. 하지만 그녀 주위에는 어떤 신성한 후광 같은 것이 감돌고 있었고, 또 전투 때 보여준 드높은 무공으로 이 거친 남자들에게 심대한 영향력을 행사하고 있었던 것이다.

이 거친 무인들! 이들은 노획과 약탈에 혈안이 되어 있었으며, 오랜 세월 동안 계속된 전쟁으로 인해 심성이 굳어져 자신들이 저지르는 죄악에 대해 무감각해져 있었다. 라 이르조차 앞으로는 '자신의 몽둥이' 이외에는 다른 것을 걸고 맹세하지는 않겠노라고 말했을 정도였다. 무인들은 고해성사를 하고 성체 배령에 참여하였지만, 그것이 끝나면 늙은이까지 약탈할 수 있는 자들이었다. 하지만 잔 다르크의 권위 앞에서 거역하는 무인은 거의 없었다. 라울 드 고쿠르는 잔 다르크에게 충심으로 복종하지 않은 몇몇 안 되는 무인들 중의 하나였다. 그는 후에 잔 다르크의 복권을 위한 재판이 열렸을 때, 루앙에서 화형받은 이 처녀에 대한 위선적인 찬사를 늘어놓을 것이다. 하지만 그가 그녀에 대해 품은 철저한 불신은 결코 사라지지 않았다.

반면 알랑송 공작·라 이르·생트라유, 미래의 뒤누아 백작인 오를레앙의 서자, 앙투안 드 샤반·질 드 레 등은 그녀의 권위에 굴복하였으며 열과 성을 다해 그녀를 지지했다. 이렇게 잔 다르크로 인하여 프랑스군은 일시에 변모한다. 랭스에서 대관식을 올리기 위하여 샤를 7세를 모시고 가고 있는 국왕군이 1429년 여름, 생존을 위하여 궁벽한 시골인 샹파뉴 지방을 약탈하는 일도 있긴 하였지만, 그것은 그들이 제대로 봉급을 받지 못했기 때문이다. 레진 페르누와 조르주 보르드노브는 당시 잔 다르크를 움직이고 있던 유일한 힘은 뜨거운 열정, 단지 그것뿐이었다고 주장하고 있다. 이것은 아마도 맞는 말일 것이다.

1430년 5월 23일 잔 다르크는 콩피에뉴에서 생포되었고, 이에 그녀의 친구들은 크게 상심한다. 이 일이 있기 전 알랑송 공작은 그녀에게 나중에 자신의 공작령을 되찾는 일을 도와 달라고 부탁한 바 있었던 것이다. 프랑스 왕국의 살아 있는 깃발이라 할 수 있는 잔 다르크는 대수롭지 않은 작전을 나갔다가 그만 적군의 손아귀 안에 들어가 버린 것이다. 그녀와 함께 잡힌 두 동료 중 한 명은 이탈리아 용병이었고, 다른 한 명은 스코틀랜드 용병이었다. 그녀는 몇 안 되는 호위병들과 함께 어떤 소규모 부대에 합류했었는데, 이 두 사람은 이 무리를 지휘하는 자들이었던 것이다.

잔 다르크의 생포 소식에 크게 상심한 라 이르는 루비에를 출발하여 '그의' 성녀를 구출하기 위한 작전을 벌이려 하였으나, 병력이 충분치 못해 포기하고 만다. 라 이르의 명성이 훼손되는 것을 원치 않는 사람들은 그가 작전을 중도에 포기한 데에는 샤를 7세가 개입했기 때문이라고 말하기도 하지만, 그것은 전혀 사실이 아니었다. 샤를 7세의 장모이자 시칠리아 여왕이기도 한 현명한 욜랑드 다라공은 언제나 잔 다르크를 지지했었다. 하지만 그녀는 자신의 아들 르네로 하여금 로렌 공작령이 걸려 있는 상속 전쟁을 피하게 하려는 정치적 계산 때문에 필리프 드 부르고뉴에게 잡혀 있는 잔 다르크를 저버린다. 결국 긴 우여곡절과 지리하게 계속된 협상 끝에 잔다르크는 보베 대주교이며 영국의 앞잡이인 피에르 드 코숑에게 금화 1만 에퀴에 팔리고 만다.

루앙에서 있었던 그녀의 재판에 대한 이야기는 무수히 많다. 보베 대주교는 너무도 음험하고도 능란하게 이 재판을 진행해 나갔기 때문에 잔 다르크가 당황하는 일이 여러 번 있었다. 하지만 대부분 그녀는 음험한 판관들의 질문에 날카롭게 답변했다. 19세밖에 되지 않은 이 샹파뉴 시골 처녀는 명석한 정신을 지니고 있었던 것이다! 하지만 피에르 코숑은 베드포드 섭정에게 이 다루기 힘든 계집을 '결국에는 약점을 잡아내어 죽여 버리겠노라'고 맹세했었던 것이다. 여기서 우리는 한 가지 사실만을 지적하고 넘어가기로 한다. 1430년 4월, 잔 다르크는 그녀에게 목숨을 의탁하려 찾아온 '강도' 프랑케 다라스란 자를 상리스의 행정관에게 넘겨 버린 적이 있었다. 물론 그자는 1백 번 교수형을 받아 마땅했고, 또 행정관은 실제로 그렇게 했다. 하지만 여기서 쥘 미슐레는 다음과 같은 질문을 던지고 있다. 자신에게 목숨을 의탁한 자를 이처럼 가혹하게 넘겨 버리다니? 사실 이 일이 있기 전 잔 다르크는 프랑케와 맞바꾸기를 원했던 '레지스탕스' 한 명이 처형당했다는 소식을 들었었다. 그래서 화가 난 그녀는 프랑케를 사지(死地)로 넘겨 버렸던 것이다. 이러한 사실은 전쟁이라는 거친 현실 가운데서 그녀의 심성 또한 거칠어져 버렸다는 사실을 증명하는 것은 아닐까? 미슐레는 이어 다음과 같은 질문을 제기한다. '전쟁'과 '성스러움'은 과연 양립 가능한 것일까?

1431년 5월 30일 루앙에서 집행된 잔 다르크의 화형식 이후, 그녀의 옛 전우들 중 많은 이들이 탈선의 길로 빠져든다. 라 이르 · 생트라유 · 앙투안 드 샤반 같은 이들은 1435년부터 1440년까지 프랑스 전역을 휩쓴 '살갗 벗기는 자들'이라는 이름의 고약한 집단을 잠시나마 이끌게 된다. 알랑송 공작은 샤를 7세가 쓴 전쟁 비용을 결코 갚지 않게 되리라는 사실에 화가 나서 오를레앙의 루이 황태자, 그리고 수많은 다른 대귀족들과 한패가 되어 샤를 7세를 몰아내려는 중세식의 역모를 꾸민다. 궁정에 돌아와 지금 국왕의 총애를 한몸에 받으며 권세를 누리고 있는 리시몽 대원수야말로 그들이 타도해야 할 정적 1호였다. "국왕 만세! 하지만 재상들은 물러나라!"는 구호는 군주제도 자체만큼이나 해묵은 것으로 별반 이상할 것도 없었다. 하지만 장 도를레앙 같은 영웅마저도 국가의 운명은 풍전등화와 같은데, 이런 한심스런 정쟁 속에 뛰어드는 것을 보면 소름이 끼치지 않을 수 없었다. 하지만 대시종 뒤누아 백작(그는 롱그빌 백작이기도 했다) 같은 이가 다시 국왕의 신임을 회복한 일은 그나마 불행중 다행이었다. 이 양심적인 인물은 그의 기도서 가운데 금글씨로 다음과 같은 감동적인 구절을 새겨 넣게 했던 것이다. "하나님! 저로 하여금 깨끗한 마음을 갖게 해주소서!" '그리스도의 여기사'에 대한 추억이 그의 가슴속에 깊은 각인을 남겨 놓았었던 것이다.

질 드 레 역시 잔 다르크를 잊지 않는다. 1429년 샤를 7세가 프랑스 원수로 임명한 이 질 드 레는 자비를 들여 《오를레앙 농성전의 신비》라는 그림을 제작하게 한다. 하지만 그는 비뚤어진 심성의 소유자였다. 조부 크라옹 경에 의해 버릇없이 양육된 그는 하인 한 명을 단검으로 찔러 살해한 끔찍한 죄를 저지른 적이 있었다. 하지만 그는 아무런 벌도 받지 않았다. 거대한 재산의 상속자이며 사치스런 생활과 음악을 즐기는 (그의 예배당에는 국왕도 갖지 못했던 훌륭한 성가대가 있었다) 그는 결국 터무니없이 호사스런 생활을 영위한 끝에 파산하고 만다.

못된 간신배들에 의해 타락한 그는 잃은 재산을 되찾기 위하여 1백 40명의 (아마 더 될지도 모른다) 어린아이들을 사로잡아 끔찍한 실험을 하여 죽이고 만다. 1440년 비행이 발각된 그는 너무나도 진지한 기색으로 참회를 하여 화형식에 운집한 군중들의 마음을 감동시킨다. 그는 아마도 프랑스의 역대 원수들 중 가장 기이한 사람이었을 것이다. 남색가이자 마법사이며 또 유아 살해자이기도 한 그는 아직까지도 끔찍한 공포의 화신으로 여겨지고 있다.

잔 다르크의 순수함과 흠없는 성스러움, 그리고 영적인 권위는 이 거친 남자들로 하여금 한순간 동안이나마 다른 사람으로 변모시키는 능력을 갖고 있었다. 하지만 이런 짧은 은총의 시간이 지난 후에는, 그들은 거친 현실이 내뿜는 악의 힘에 다시금 사로잡히고 만다. 성스러움에 이르는 길은 그토록 오르기 힘든 것인가?

"우리 하나님 선생님을 먼저 받들어야 해유." 잔 다르크는 그녀의 군기에 새겨진 그리스도상이 상징하듯 무엇보다도 그리스도의 여기사였다. 하지만 그녀는 절대적인 신앙 가운데, 그리고 흠없이 성실한 태도로서 하나님의 영예와 프랑스 왕국의 영예를 하나로 결부시켜 생각했다. 그녀의 어린아이 같은 순수한 심성은 노회한 정치가들을 당황하게 만들었고, 그들의 교활한 책략들을 멈칫거리게 만들었다. 물론 그녀는 이 잔혹한 전쟁이 끝나기를 갈망했다. 너무도 많은 프랑스 백성들의 피가 흘렀기 때문이다. 하지만 이 평화를 그녀는 '창을 사용하여' 획득하기 원했다. 그녀의 '착한 국왕님'이 파리와 루앙을 탈환하여 잃은 권위를 되찾을 때만이 이 평화는 다시 찾아올 것이었다. 그렇게 되면 (이렇게 그녀는 모종의 날카로운 예감으로 생각했다) 부르고뉴 공작은 국왕님 앞에 무릎을 꿇게 될 것이고, 영국놈들은 프랑스땅 밖으로 쫓겨날 것이다. 그리하여 오를레앙에 계신 샤를 공작님은 이 모든 굴레에서부터 해방될 것이다…….

그런데 그녀의 목숨을 앗아간 것은 실은 프랑스 궁정의 정치가들이었다. 왜냐하면 프랑스 왕가에 대해 그토록 많은 봉사를 한 잔 다르크는 그들의 계획에 방해물이 되기 시작했기 때문이다. 시칠리아 여왕마저——물론 양심의 가책과 함께——그녀를 저버렸다. 우리가 잘 알고 있는 정치적 이유 때문이었다. 사실 당시의 상황은 모든 것이 오를레앙과 파테의 소녀 영웅의 파멸을 함께 공모하고 있었다. 어떤 이들은 그녀를 시샘했으며, 또 어떤 이들은 무정하게도 저버렸다. 결국 혼자만의 고독 가운데 내버려진 그녀는, 그러나 더욱 숭엄한 상태로 빠져들었으며 용기 있게 희생을 받아들였다. 배은망덕한 국왕과 그녀가 그토록이나 완전한 자유를 되찾아 주기 원했던 왕국의 구원을 위한 희생을…….

15

후스 전쟁

(1419-1436년)

1415년, 체코의 사제이자 프라하대학의 저명한 박사인 얀 후스는 영웅적인 용기를 보이며 화형대 위에 오른다. 콘스탄스 종교회의의 교부들이 그에게 사형을 언도했던 것이다. 그는 자신이 흠잡을 데 없는 신앙을 가졌음을 주장했고, 또 지기스문트 황제의 안전 보장 약속에 의하여 보호받고 있다고 믿었지만, 결국 그는 신앙상의 과오와 악마적인 교리를 이유로 단죄되고 말았다. 이미 5년 전부터 프라하의 대주교는 그에게 공적인 발언을 금지한 바 있었다. 그리고 1412년, 로마 교황청은 그를 파문했었다.

당시 교회는 로마 교황을 추종하는 일파, 아비뇽의 교황을 따르는 일파, 그리고 피사 종교회의의 교황을 따르는 일파 등으로 사분오열되어 있었다. 이런 교회 내부의 무질서는 너무나도 극심하여 1414년 11월, 게르만의 황제 지기스문트 1세의 적극적인 후원 아래, 새로운 공의회가 콘스탄츠에서 개최되었다. 이 교부들의 모임이 있었던 4년의 기간 동안, 이 도시에는 1만 8천 명에 달하는 성직자들이 거쳐갔다고 사람들은 말한다. 영국인 위클리프와 얀 후스의 이단은 단죄되었다. 보헤미아 출신 박사 후스의 제자인 프라하의 히에로니무스 역시, 1416년 스승 못지않은 영웅적인 모습으로 화형대에 올랐다. 그는 과거 무시우스 스카에볼라가 보여준 바 있는 그런 부동심을 지니고 화형대에 올랐다. 그러나 스카에볼라가 불 속에 던진 것은 팔 하나에 불과했지만, 그의 경우는 몸 전체를 던진 것이다. 그리고 과거 소크라테스가 독약을 마셨을 때만큼이나 서슴없이 화염 속으로 들어갔다……. 이처럼 경외심에 찬 글을 쓰고 있는 이는 바로 화형식 광경의 증인이자, 후에 위대한 교황 피우스 2세가 될 젊은 에네아 실비오 피콜로미니였다.

종교회의는 피사의 교황 요한 22세를 퇴위시킨 후, 로마 교황 그레고리우스 12세마저 설득하여 자진 퇴위하게 함으로써 궁지에서 벗어난다. 그리고 새 교황으로 오도네 콜로나를 선출하니 이가 바로 마르티누스 5세이다.

3일 동안에 추기경직과 교황직이라는 최상위 직책에 오른 이 정력적이고도 강인한 남자는 위기에 처한 교회의 구원자의 역할을 수행하게 될 것이었다. 교황에 대적하는 아비뇽의 베네딕투스 13세는 복종을 거부했으나 기독교 세계 안에서 그를 따르는 사람은 별로 없었다. 이로써 당분간은 로마 교황청의 우위가 인정되었다.

마르티누스 5세는 혼란에 빠진 교회 개혁이라는 어려운 과업을 추진하려 하나, 곧 중대한 위기에 직면하게 된다. 오래전부터 지배자 독일인들을 증오해 왔던 보헤미아 사람들이 얀 후스의 원수를 갚는 한편, 그가 설파한 교리, 즉 평신도로 성서를 자유롭게 검토할 수 있는 권리와 빵과 포도주 둘 다 제공되는 온전한 성만찬을 누릴 권리가 있다는(당시의 성만찬 때 포도주는 오직 성직자들에게만 제공되었고, 평신도는 빵만을 받았다) 교리를 지키기 위하여 폭동을 일으켰다.

"구세주께서는 그분의 사도들에게 땅 위의 모든 권력을 금지하셨었다. 하지만 이제 그분의 성스러운 말씀은 사람들의 조롱거리가 되고 말았도다. 왜냐하면 그리스도께서 출생하신 지 3백년이 지난 후, 콘스탄티누스 대제가 교황에게 왕국을 하나 주었기 때문이다. 오늘날 우리는 하늘에서부터 부르짖는 소리를 들을 수 있다. 독(毒)이 하나님의 교회 안에 부어졌도다……. 기독교 교회 전체는 이 세상의 부(富)에 의하여 중독되어 썩어가고 있도다"고 이제 고인이 된 프라하대학의 박사는 소리 높여 외쳤다.

중세인들은 콘스탄티누스 황제가 로마교회에 교황령을 증여했다고 믿고 있었고, 심지어는 단테조차도 이런 식으로 말한 적이 있었다. 하지만 이것은 잘못된 믿음이었다. 교황청의 영지는 752년 프랑크 왕 피핀이 교황 스테파누스 2세에게 조성하여 준 것이다[교황이 프랑스에 와서 피핀 왕의 대관식을 거행해 준 대가로 프랑크 왕은 이탈리아의 라벤나·펜타폴레·코르시카 지방 등을 롬바르디아 인에게서부터 빼앗아 교황에게 증여한다]. 하지만 케르시쉬르와즈에서 있었던 이 증여가 행복한 결과들을 가져왔다고 볼 수 있는가? 얀 후스와 프라하의 히에로니무스는 그들의 정신적 스승인 위클리프가 주장했던 것처럼 교황청이 복음 시대의 청빈함으로 돌아가라고 설교했다.

반란을 일으킨 체코인들은 그들을 공격해 오는 독일 기사들에 맞서 과감히 싸울 것을 결의했다. 스위스 산사람들이 보여준 예는, 이제 철갑 기사는 무적의 존재가 아니라는 사실을 잘 보여 주지 않은가?

룩셈부르크의 지기스문트는 약간 유약한 성격의 소유자이긴 했지만 모종의 근성 또한 없지 않았다. 우리는 1396년 투르크의 술탄 바야지드가 니코폴리스에서 그에게 안겨 준 참담한 패배에 대하여 이야기한 바 있다. 당시 일개 헝가리 왕에 불과했던 그는 이렇게 패주했음에도 불구하고 1411년 황제관을 쓰게 된다. 콘스탄츠 공의회의 후원자인 이 게르만의 황제는 이교도들의 반란에 직면하여 1418년 '용의 기사단'

혹은 '쓰러진 용의 기사단'을 창설한다. 지기스문트 황제의 형제이며, 황제자리에서 쫓겨난 '주정뱅이'라는 별명의 벤첼과 보헤미아 왕 포디에브라드는 반란군을 지지한다. 결국 보헤미아 왕은 교황청에 의해 파문될 것이다.

오스트리아와 독일의 기사들은 체코의 농부들을 마치 쥐새끼 쫓아 버리듯 승리할 자신이 있었다. 하지만 그들의 이런 환상은 무참히 깨져 버린다. 후스파가 거둔 빛나는 군사적 승리들의 원동력이 된 것은, 한편으로는 그들의 군사적 용맹성이었고, 다른 한편으로는 장수들이 보여준 탁월한 전략이었다. 일명 '애꾸'라고 불리는 얀 지슈카, 그리고 '면도한 사내'라고 불리는 프로코프가 바로 그 주역이었다.

얀 지슈카는 헨리 5세 곁에서 전쟁술을 배운 바 있었다. 또 그는 타넨베르크에서 튜튼 기사들과 함께 참담한 경험을 한 적도 있고, 아쟁쿠르 전투에도 참가했다. 그리고 그는 이런 전투들 가운데 수많은 교훈을 얻었다. 그는 재산은 별로 없었으나 보기 드문 재능을 소유한 기사였다. 후스주의자들에 의해 군의 최고 우두머리로 선택된 지슈카는 군대를 이끌고 승전에 승전을 거듭했다. 특히 그는 비트로프와 안스카에서 황제군에 대승을 거두었다. 하지만 이 걸출한 무인도 1424년 모라비아에서 페스트로 목숨을 잃고 만다. 지기스문트 코리후트에 의해 잠시 몰리던 그는 군의 주력을 이끌고 이 모라비아에 잠시 피신해 있었던 것이다.

사제 출신인 '면도한 사내' 프로코프는 얀 지슈카의 뒤를 이어 후스파의 수령이 되었다. 그는 지슈카만큼이나 탁월한 전략가였고, 또 열렬한 신앙의 소유자였다. 후스군은 다섯 차례에 걸쳐 십자군을 격퇴하여, 황제의 옥좌를 그 기반까지 흔들리게 했다. 후스파의 과감한 '돌격대'는 프랑코니아·브란덴부르크를 거쳐 헝가리까지 휩쓸며 지나는 곳마다 공포의 대상이 되었다.

　이것은 상대에 대한 몰살 전쟁이었다. 후스파 전사들은 기이한 그림들이 그려진 군기를 흔들고 다녔다. 어떤 것에는 거위가 그려져 있었는데, 이는 신성 로마 제국의 상징인 독수리를 비웃기 위함이었다. 또 다른 것은 황금 성배가 그려져 있었는데, 이것은 그들의 중심 주장 중의 하나인 포도주를 포함한 성찬식을 의미하는 것이었다. 독일의 한 노거장(老巨匠)이 그린 목판화(이른바 '마리아의 죽음의 거장')가 우리에게 보여주고 있는 것은, 체코와 오스트리아 궁수들과 기사들이 서로 뒤얽혀 싸우고 있는 치열한 전투 장면이다. 여기서 우리는 후스파 사람들이 새로운 종류의 전투 마차로 무장하고 있는 것을 볼 수 있다. 그것은 고대의 그것과 같이 바퀴가 둘 달린 전거(電車)가 아니고, 위쪽이 덮여 있고 그 위에 창들과 쇠뇌들이 고슴도치같이 삐죽삐죽 솟아 있는 농부의 투박한 우차(牛車)들이다. 이 움직이는 요새에 돌격하는 기사들은 간단히 분쇄되어 버렸다고 한다. 그래서 이 전차들은 오스트리아 기병들에게 공포의 대상이었다. 묵시록에나 나올 법한 이 악마의 전차들이 덜그덕대는 소리를 듣기만 해도 오스트리아군은 혼비백산하여 내뺐다고 한다.

　프라하 시립박물관에는 이 기이한 전쟁 기구를 보여주고 있는 부조(浮彫) 하나가 보관되어 있다. 마차의 오른편에는 말을 탄 전사 하나가 우차를 끌며 달리고 있는 짐승들을 미친 듯 채찍질하고 있다. 머리에 냄비같이 생긴 기괴한 투구를 쓴 또 다른 근육질의 전사는 이 네 개의 바퀴가 달린 무시무시한 탈 것 위에 위협적인 자세로 서 있다. 이 원시적인 양식의 조각은 아프리카 흑인 예술과도 비슷하게 보인다.

　하지만 후스파는 내분으로 갈라지고 있었다. 보헤미아 지방에 있는 나라들은 '과격파'에서 분리되어 나갔으며, 과격파들은 1434년 보크

미스브로다에서 노이하우스 백작에게 패배한다. 후스파 가운데 사회적 위계 질서와 사유재산 제도의 유지를 원했던 어떤 이들은 약간의 양보를 하면서 교황청과 황제와의 화해를 원했다. 그러나 순수한 공산주의를 설파하는 다른 이들은 투쟁을 계속할 뿐만 아니라, 이 투쟁을 독일과 오스트리아에까지 밀고 나가고자 했다. 하지만 결국 평화주의자의 목소리가 득세하여 교황청과 지기스문트 황제와 협상에 들어가게 된다. 공의회——1431년 바젤에서 열리긴 했지만——역시 후스파 반란군과 협약을 체결하기 위하여 교황 유게니우스 2세(교부들은 이 유게니우스 2세에 대하여 다른 이유로 반감을 갖고 있었다)와 연합하였다. 1436년에는 지기스문트 황제와의 강화조약이 체결되었다. 황제는 그 이전 해에 스스로를 보헤미아 왕으로 선포하는 데 성공했다. 투쟁의 결과는 전혀 헛되지 않았다. '과격파'는 포도주와 빵을 갖춘 온전한 성찬식의 권리를 획득하였던 것이다. 이렇게 해서 후스파 내란이 폐허로 만든 중앙 유럽에도 잠시 동안이나마 평화가 찾아오게 된다. 물론 투르크인들의 위협이 멀지 않은 곳에 있긴 하였지만……

농부들과 시골의 소귀족들로 이루어진 군대가 오랫동안 대공들이 이끄는 철갑 기사들을 패퇴시킬 수 있었다는 사실…… 이 쓰라린 진실의 확인은 기사들 사이에 불안감을 불어넣기에 충분한 것이었다.

콘스탄츠 공의회는 페라라로 위치를 옮겨 계속되었다. 하지만 당시 포 강 유역 평원에 창궐한 페스트에 쫓겨 피렌체에 정착하게 된다. 유게니우스 2세는 사망한다. 펠릭스 5세가 교황위를 양도한 후(제1대 사부아 공작 아메데 8세), 선임자보다 더 능란한 니콜라우스 5세는 다시 통일된 교회 가운데 평화와 단일성을 재확립하였다.

16

서양의 대공

 서양의 대공, 선공 필리프…… 유럽의 그 누구도 이 영광스러운 칭호를 감히 그와 다툴 수 없을 것이다. 그는 다음과 같이 말하곤 했다. "이 사실을 사람들이 좀 알았으면 하거니와, 만일 내가 원했다면 나는 왕이 될 수도 있었다." 이 말은 결코 과장만은 아니었다. 1422년 10월, 젊은 헨리 6세가 프랑스와 영국 왕으로 선포되었을 때, 선공 필리프는 그에게 경의를 표하지 않았다. 사실상 트루아 조약은 상당 부분 그의 손끝에서 나온 작품인 것이었다. 1431년 12월, 파리에서 이 어린 군주의 대관식이 거행되었을 때, 이 대관식 가운데 선공의 서열은 프랑스 제1의 세속 신하로 되어 있었건만 그는 이 영광스러운 역할마저도 시큰둥하게 생각했다. 1435년 9월 20일, 그는 아라스 의회에서 샤를 7세와 엄숙하게 화해한다. 두 사람이 체결한 협정 중 한 항목이 규정하고 있는 것은, 그는 평생 동안 왕에 대하여 그 어떤 가신맹세의 의무에서도 면제된다는 것이었다. 그리고 그의 광활한 영토 가운데 선공 필리프는 하나님 다음으로 높은 군주였다.

 부르고뉴 발루아 가문의 세번째 인물 선공 필리프는 사람들을 감쪽같이 속이는 법을 알고 있었다. 그가 죽은 지 50년 후에 《군주론》을 저술한 니콜로 마키아벨리는 '마키아벨리 이전의 인물들'(자기가 한 서약이나 맹세에 개의치 않고, 오로지 효율성의 윤리만을 신봉했던 사람들을 우리는 이렇게 부른다) 중에서도 가장 능란한 책략가였던 이 교묘한 인물을 한번도 언급하지 않을 정도이다. 유럽 각국의 궁정에서 선공 필리프는 기사도의 귀감으로까지 여겨지고 있었다. "나는 바로 군주니라고 그의 얼굴이 말하고 있는 것 같았다"고 선공의 전기를 쓴 조르주 샤틀랭은 감탄 어린 어조로 말하고 있다. '용맹함' 과 '너그러움' 이야말로 그를 규정하는 두 단어인 것처럼 보였다. 가끔은 불같이 화를 내기도 했지만 그는 자신의 신복들과, 더 나아가서는 그를 '착한 필리프 공작님' 이라고 부른 민중들의 사랑을 듬뿍 받았다.

하지만 이런 관대한 외관 뒤에는 자신의 계획을 이루기 위해서 그 무슨 짓이라도 할 수 있는 노회한 인간이 숨어 있었다. 그는 조카인 느베르 백작의 소유였던 풍요한 브라방 공작령을 빼앗았다. 그리고 가련한 자클린 드 바이에른은 불행의 구렁텅이 속에 빠뜨린다. 이 신중하지 못했던 젊은 여인이 유산으로 물려받은 영지들, 즉 에노·홀란드, 그리고 젤란드 등의 백작령은 이렇게 북부 부르고뉴 제국 속에 편입되게 된다. 마지막으로 선공 필리프는 잔다르크를 영국인들에게 팔아 넘긴 죄인으로 역사에 길이 남을 것이다. 하지만 당시 그의 동맹자들은 그를 너무도 두려워하고 있었기 때문에 이 비열한 짓에 대하여 감히 비난하고 나서지 못했다.

하지만 황금양모 기사단을 창설한 공작으로서, 혁혁한 명성의 토너먼트 경기자로서, 또 화가 반 에이크 형제 및 다른 플라망드의 거장들을 후원한 예술 옹호자로서의 공작의 명성은 지금까지도 꺼지지 않고 남아 있다. 현재의 벨기에 가운데, 그를 기리기 위해 그의 이름을 붙인 거리나 광장이 없는 도시를 찾아보기 힘들 정도이니까.

그리스 신화에서 영감을 받아 창설한 '황금양모 기사단' 은 그의 영광을 형성하는 데 큰 역할을 하였다. 1430년 1월, 이미 두 번이나 상처한 선공 필리프는 브뤼게에서 포르투갈의 황녀 이자벨과 성대한 결혼식을 거행한다. 당시 이 부르고뉴 공작은 헤아릴 수 없는 정부들을 가지고 있었다('그는 매우 음란했고, 이 점은 그 스스로도 어쩔 수 없는 약점이었다' 하고 조르주 샤틀랭마저도 인정하고 있다). 하지만 그는 자신이 창설하려 하는 기사단을 이 새 부인에게 바치려 했다. 사실 황금양모 기사단의 표어는 다음과 같았다.

이자보 부인이 살아 있는 한
그 어떤 여인도 취하지 않으리.

('역사상 이보다 거짓된 표어는 존재하지 않았다' 고 미슐레는 쓰고 있다.)

이 기사단을 창설하기 위하여 공작은 모든 정성을 다 쏟았다. 그 유명한 가터 기사단의 명성마저 무색할 수 있는 기사단을 만들겠다는 야심을 가지고 있었던 것이다. 15세기의 귀족들은 그리스 신화에 상당한 조예가 있어서, 거기서 자기가 원하는 모델을 찾아낼 수 있었다. 그리고 선공 필리프는 아르고 호의 승무원들을 이끌고 신비한 황금양모를 찾기 위해 콜키스에 상륙한 그리스 영웅 이아손을 자신의 모델로 삼았다. 이 영웅은 마녀 메데이아의 도움을 받아 황금양모를 지키던 구렁이를 쓰러뜨렸던 것이다. 나중에 공작 측근의 성직자(이들은 이 모델이 외설스러운 것이라고 생각했다)들은 이 그리스 전설을 보다 교훈적인 것으로 대체했으니, 그것은 구약성서에서 나오는 사사 기드온과 놀라운 양모의 이야기였다. 이처럼 성서에서 모델을 찾는 것이 그들에게는 좀더 안전한 것으로 느껴졌던 것이다.

황금양모 기사단은 24명의 기사들로 구성되어 있었으며, 공작 자신은 스물다섯번째 기사로 속하게 되어 있었다. 여기에 4명의 참사회 간부가 추가되는데, 그것은 총재(느베르 대주교 장 제르맹)·재무관·서기, 그리고 군사였다. 군사의 직책을 맡은 것은 훌륭한 가문 출신의 귀족 장 르페브르 드 생레미였는데, 그는 관습에 따라 기사단의 명칭 자체를 자신의 별명으로 삼고 있었다(따라서 군사는 '황금 양모'라는 명칭으로 불렸다).

기사단의 네 간부는 큰 정성을 들여 새 기사도 조직을 규정하게 될 66개 정관(定款) 조항을 작성하였다. 이에 따르면 기사단의 최고 수령인 공작에게 남성 후사가 없을 경우에는 기사단에 관련된 그의 칭호와 특권들은 모두 그의 딸에게로 귀속되게 되어 있었다.

기사들은 기사단 단장에 대한 '선하고도 참된 사랑'을 간직하고 있어야 했으며, '이름에 있어서나 무공에 있어서 진정한 귀족'으로 인정받아야 했다. 또 이들 사이에는 형제애가 흐르고 있어야 했다. 정관은 참사회와 각종 선거 의식에 관하여 상세히 규정하고 있었다. 정관은 기사들에게 조사의 권리를 부여했으며, 나중에 선공의 아들 '용담공 샤를'마저도 이들의 조사를 피할 수 없었다. 또 기사단원으로서 신분은 종신제였으나 세 가지의 '책망받을 만한 경우'에는 기사단에서 추방될 수 있었으니, 첫째, 신앙상의 과오를 범한 경우나 이단에 속한 경우, 둘째, 배신이나 불충의 죄를 범한 경우, 셋째, 적 앞에서 도망간 경우였다(사라진 별 기사단의 정관 역시 마찬가지의 규정을 담고 있었다). 이 때문에 오통 전투에서 영예로운 퇴각을 한 오랑주 대공은 그의 거듭된 요청에도 불구하고 결국 황금양모의 목걸이를 목에 걸 수 없었다.

이 목걸이에 달린 펜던트는 그 유명한 콜키스의 (혹은 유대의) 양이었다. 공작의 개인적 도상인 서로 교차되고 있는 두 개의 화승총은 이

펜던트의 황금판 위에 섬세하게 조각되어 있었다. 기사들은 진홍빛의 긴 장삼과 두건을 착용하게 되어 있었다.

브뤼게에서 거행된 이자벨 공주와의 혼인 축제를 마감하기 전에 선공 필리프는 "짐은 지극히 고귀한 황금양모 기사단 훈장을 창제하였으며, 또 착용하였노라"고 엄숙하게 발표했다. 그 다음해 말, 부르고뉴 지방의 수호 성인인 성 앙드레의 축일에 그는 릴에서 기사들을 소집한 가운데 첫 기사단 참사회를 열게 될 것이다.

일은 이렇게 이루어졌던 것이다. 1431년, 즉 루앙에서는 잔 다르크의 화형식이, 또 뷜네빌에서는 부르고뉴파의 승리가 있었던 이 해에 선공 필리프의 영광은 절정에 달해 있었다.

'서양의 대공'은 기사단의 정원을 최종적으로 31명으로 결정했다. 참사원의 24명의 기사는 단장인 공작이 직접 지명하며, 나머지 6명은 선거에 의해 선출되기로 되어 있었다. 그런데 이러는 도중에 기사단원 중 로베르 드 마스민이 사망하였다. 그래서 성 앙드레의 축일에 릴에서 열린 참사회는 이 사람의 엄숙한 장례식과 함께 시작되었다. 며칠 동안 고인에 대한 긴 추도의 기도 · 설교 · 경건한 의식들, 그리고 화려한 향연 등이 쉬지 않고 계속되었다.

노트르담 성당(프랑스에서 노트르담은 '성모'라는 의미로서 여러 도시에 있으며, 파리에 있는 것은 그 중 하나이다)에서 마지막 미사를 마친 후 기사들은 본격적인 참사회의에 들어갔다. 여기서 그들은 시몽 드 랄랭과 프레데릭 드 뫼르를 단원으로 선출했다. 11월 27일, 이 참사회의를 끝내며 선공 필리프는 기사단의 정관을 엄숙하게 공표했다. 기사단의 군사였던 르페브르 드 생레미의 가문집을 통해 우리는 이 릴 축제의 마지막을 장식한 장려한 토너먼트의 성대한 의식이 어떠했는가를 알 수 있다. 여기에서 황금 양모 기사단의 모든 기사들은 상세하게 묘사되고 있다. 그들의 갑옷에 새겨진 문장들은 그들이 타고 있는 말의 갑주 위에도 마찬가지로 새겨지고 있는 것이다.

기사단의 두번째 참사회는 1432년 브뤼게에서, 세번째 참사회는 1433년 디종에서 개최되었다. 그후 참사회는 좀더 드문드문 개최되었다. 하지만 참사회가 있을 때면 언제나 대공들은 성대한 축제를 벌이며 즐겼다.

이런 화려하고도 세련된 분위기 가운데 '만인 비무(比武)대회'라는 것이 성행했다. 이것은 기사도의 전설적인 전통들에서부터 가져온 주제들을 붙인 토너먼트의 이름이었다. 이 행사는 과거의 모습을 연출하기 위해 꾸며진 화려한 배경 속에서 열려졌는데, 이 배경은 당시 사람들의 순진한 상상의 소산인 경우가 많았다. 그래서 만일 13세기에 '세계 최고의 기사'라는 별명으로 불렸던 그 유명한 기욤 르 마레샬의 동시대인들이 이 배경을 보았다면 상당히 어리둥절해 했을 것이다.

이런 종류의 최초의 무술대회는——우리가 알고 있는 한에 있어서는——샤르니의 영주 피에르 보프르몽이 1443년 디종 근처의 마을 마르스네에서 개최한 것이었다. 이 대회의 명칭은 '샤를마뉴의 나무'였으며, 이것은 부르고뉴 공작과 사부아 공작이 관람하는 가운데 열렸다. 여기서 '위대하고 강력한 기사' 샤르니 경은 도끼를 휘두르며 스페인 기사 바스코 데 사베드라와 맞서게 된다.

이에 자극을 받은 샤를 7세는 영국의 헨리 6세와 그의 질녀 마르그리트 당주의 혼인을 기념하기 위하여 1445년 무술대회를 열게 된다. 여기서 발루아 왕가의 군주가 비무(比武)에 몸소 참여하며, 그의 사랑하는 정부 아녜스 소렐은——당시 연대기자들의 말을 믿을 것 같으면——황금 갑주를 입고 경기장에 등장했다고 한다. 성취에 대한 욕구와 사랑이 이 '부르주 왕'의 정신을 잠에서 깨운 모양이었다. 샤를

7세는 부르고뉴 공작을 몹시 질투하였다. 그는 프랑스 궁정이 촌스럽다는 사실을 쓰디쓴 심정으로 확인하지 않을 수 없었던 것이다. "사촌의 궁정은 우리보다도 더 화려하단 말이야!" 하고 그는 한탄하곤 했다.

필리프 공작의 궁정에 자크 드 랄랭 경보다 더 빛나는 기사는 없었다. '자케'(사람들은 그를 이렇게 불렀다)는 플랑드르 최고의 귀족 가문 출신이었다. 그는 미남이었고, 신앙심 깊고, 정중하고, 멋쟁이였으며, 또 너그러웠다. 간단히 말해서 당시대 사람들은 그를 옛적의 용맹한 갤러해드의 현신이라고 생각할 정도였다. 자케의 매력은 너무도 강해서 그가 샤를 7세의 빈객으로 초대받은 샬롱의 축제 기간 동안 오를레앙 공작부인, 즉 애교 넘치는 마리 드 클레브며, 르네 왕의 며느리 칼라브르 공작부인 등은 잠시도 그에게서 눈을 떼지 못했다. 이 지체 높은 귀부인들은 그를 자신의 특별한 '소일거리'로 삼기를 원했으나, '자케'의 전기를 쓴 르페브르 드 생레미의 말을 따를 것 같으면, 그는 결코 정조를 잃지 않았다고 한다.

이 멋진 귀족은 여러 대공들의 궁정을 전전했다. 그는 항상 머리부터 발끝까지 백색 복장으로 감싼 시동이며 시종들의 호위를 받으며 나타났다. 엄청난 재산가인 그는 최고의 왕공들만이 가능한 호사스런 생활을 영위했다. 1445년, 선공 필리프는 간트에서 황금양모 참사회를 개최했는데, 여기서 자케 랄랭은 스페인 기사 후안 데 보니파키우스와 맞서 땅에서, 그리고 말을 타고 비무를 벌였다고 한다.

1446년, 오브르댕의 영주인 생폴의 서자 장이 생토메르에서 개최한 '순례자 비무대회'는 6주 동안 계속되었다. 부르고뉴 공작과 공작부인, 그리고 그들의 아들이며 벌써부터 '기사도에 대한 욕망으로 피가 들끓고 있는' 어린 샤롤레 백작이 보는 가운데 6명의 고귀한 비무자, 일명 '순례자'들은 투기장 안에서 서로 무술을 겨루었다. 그들은 이 토너먼트만을 위한 일시적인 협회를 결성하기도 했다. 이러한 투사들이 존재했기 때문에 기사도는 아직도 그 아름다운 꽃을 만개시킬 수 있었던 것이다!

하지만 플랑드르의 농부들은 그들의 영주에 대하여 자주 반란을 일으켰다. 과세에는 이유들이 없지 않았으나, 그들의 삶은 온갖 과중한 세금에 의해 짓눌리고 있었던 것이다. 1437년 필리프 공작은 반란을 일으킨 브뤼게인들에게 크게 상처를 입을 뻔한 적도 있었다. 이로부터 14년 후에는 숱한 죽음과 불행을 초래한 간트의 대반란이 일어나 2년간 계속된다. 1453년 봄, 자크 드 랄랭은 작은 도시 푸케를 포위한 부르고뉴군의 장수 중 한 명이었다. 그러나 이 젊은 기사의 마음에 하나의 깊은 회한이 짓누르고 있었다. 그는 필리프 공작의 명으로 오드마르드 마을을 불질렀고, 이 참혹한 행위는 그의 마음 가운데 치료되지 않은 깊은 상처로 남았던 것이다.

1453년 7월 4일, 자케는 어떤 설교 신부에게 고해성사를 하면서 자신의 내적 고통을 고백했다. 이렇게 그는 얼마 후 찾아오게 될 자신의 최후를 예감했던 것일까? 그가 부르고뉴의 서자와 아돌프 드 클레브와 이야기하고 있을 때, 중세식 '대포'에서부터 발사된 둥근 돌덩이 하나가 세 영주들이 몸을 숨기고 있는 커다란 방패 위에 떨어졌다. 이에 커다란 나뭇조각 하나가 방패에서 떨어져 튀어나가 자케 드 랄랭의 머리에 맞았고, 그의 '머리의 한 조각과 뇌의 일부분'이 날아갔다고 한다. 용맹한 갤러해드의 현신은 이렇게 손에 무기를 들고, 지체 높은 다른 기사와 맞서 싸우다가 전사했다. 그의 목숨을 앗아간 것은 이름도 알려지지 않은 비천한 농부가 발사한 어떤 치사한 전쟁 기계였다. 당시 기사도의 꽃이었던 이 젊은 기사의 때이른 죽음에 공작과 휘하의 모든 신하들은 목놓아 울 따름이었다.

이 자크 드 랄랭의 순수한 가슴속에는 진정한 용자의 감정이 용솟음치고 있었다고 말할 수 있을 것이다. 하지만 이 15세기 중엽에 이르러서는 우리는 다음과 같은 질문을 던지지 않을 수 없다. 이제 기사도는 스스로의 우스꽝스러운 패러디에 불과한 것으로 전락하지는 않았는가? 1454년 2월 17일, 선공 필리프와 그의 신하들은 살아 있는 꿩 한 마리에 걸고, 최근 투르크인들의 수중에 넘어간 콘스탄티노플을 해방하겠노라고 맹세한 일이 있었으니, 이것이 바로 그 유명하고도 우스꽝스럽기 그지없는 '꿩의 서원(誓願)'이다(이를 둘러싼 자세한 상황에 대해서는 다음에 자세히 설명할 것이다). '성스런 교회'라는 사건도 있었다. 수녀로 변장한 어떤 시종 하나가 인조 코끼리를 타고 부르고뉴 궁정에 있는 영주들의 충성 서약을 받았다. 또 릴의 백작궁 홀에서 벌어진 연회의 여흥으로 제공된 것은 온갖 형태의 자동 인형들이 등장하는 연극이었다. 여기에서는 꼼꼼하게 재현된 요정 멜뤼진의 성이며, 승려들이 독경하고 있는 예배당, 심지어는 브뤼셀의 명물 동상인 '오줌싸개 소년'의 전신이라 할 수 있을 '오줌으로 장미수를 싸고 있는' 발가벗은 사내아이까지 볼 수 있었다!

이 코끼리와 기계 인형으로 가득한 여흥들, 신화 등 다른 출처에서 차용해 온 장식들만이 빛을 발하고 있는 이 성대한 의식들, 이런 것들과 첫 십자군 원정이 결의된 1095년의 클레르몽 공의회 가운데 십자가를 들어올리는 기사들의 모습 사이에는 그 얼마나 큰 거리가 있는가! 또 이슬람의 위협 아래 있는 성지를 구하기 위해 떠나자고 합스부르크 황제, 프랑스 국왕, 그리고 모든 기독교도들에게 호소한 1147년 성 베르나르의 베즐레 설교에 의해 고양되었던 그 깊고도 순수한 열정과는 얼마나 큰 차이가 있는가! 여기서 우리는 한 문명 전체의 쇠락을 확인할 수 있다.

여기서 사건들의 순서를 앞질러 이야기해 보자. 샤를 7세의 아들 황태자 루이(후의 루이 11세)는 부왕에 반대하는 제후들의 반란(1440년)에 가담한 일이 있는데다가, 왕의 총희 아녜스 소렐과는 끊임없이 언쟁을 벌여 결국에는 도피네로 유배되었다. 황태자는 거기에서도 자신을 유배시킨 부왕에 대하여 끊임없이 음모를 꾸몄기 때문에 국왕은 그를 붙잡으려 하였다. 그러자 그는 선공 필리프의 궁정으로 피신하였고, 이에 공작은 그를 극진하게 영접하고, 그나프 앙 브라방에 있는 성관을 거처로 제공했다. 루이는 여기서 사냥이나 벗들과의 음주나 담소 등으로 소일하며 아무 근심없이 지낼 수 있었다.

이 벗들 가운데 필리프 공작 궁정의 익살꾼인 기사 필리프 포와 앙투안 드 라 살이라는 이름의 문인이 있었다. 앙투안 드 라 살은 이러한 매우 자유스런 분위기 속에서 《1백 개의 새로운 단편들》이라는 음란한 문집을 썼다. 그의 작품 가운데 특히 우리의 눈을 끄는 것은 기사도에 대한 격렬한 풍자를 담고 있으며, 황태자를 매우 즐겁게 해주었던 《작은 장 드 생트레》이다. 장 드 생트레는 역사상 실제로 존재했던 인물이다. 우리는 선왕 장 시대에 살았던 이 인물이 푸아티에 전투에서 싸우는 모습을 이미 본 바 있다. 하지만 소설 속에 나타나는 그의 모험들은 순전한 상상의 산물이다. 이 허구적인 작품 가운데 주인공은 중세판 셀리멘이라고 할 수 있는 여인에 대한 사랑에 빠진다. 그녀는 벨 쿠진이라는 귀부인으로, 당 아베 신부 역시 그녀에게 치근거리고 있다. 이 방탕한 성직자는 마침내 이 요부의 마음을 얻는 데 성공하는데, 장 드 생트레는 이 배신에 대해 잔혹한 복수를 하게 된다. 작가가 기사 제도에 대하여 퍼붓고 있는 통렬한 풍자들은 이 시기에 와서 기사 제도라는 요새는 더 이상 난공불락의 성만은 아니라는 사실을 잘 보여주고 있다.

이 시대에 은세공 장인 자크 쾨르라는 사람이 부르주아식 성관을 지은 적이 있었다. 그 집 중앙 홀의 벽난로 외벽에 걸려진 벽화는 기사들의 마상결투를 우스꽝스런 모습으로 풍자하고 잇다. 이 그림은 2명의 기괴한 기사들이 당나귀를 타고 결투를 벌이는 모습을 보여주고 있는 것이다! 이런 불경한 그림은 전 세기만 하더라도 감히 생각할 수조차 없는 것이었다.

우리의 스승이신 레비 미르푸아 공작이 작고하기 얼마전 우리에게 보내 주신 편지에는 다음과 같은 구절이 들어 있었다. "15세기의 기사들은 더 이상 그들의 가슴속에는 존재하지 않게 된 것을 그들의 의복을 통해 나타내려 하였다." 선공 필리프의 궁정에 출입하는 어떤 기사는 다음과 같은 거의 신성모독적인 문장을 그의 좌우명으로 삼고 있다. "나는 나의 욕망의 충족 이외의 다른 그 무엇도 원치 않노라." 어떤 유명한 말과 같이 "쾌락의 정신이 희생의 정신을 대체하게 된 것이다."

당시 나날이 그 세력이 커지고 있었던, 그리고 귀족들의 출신과 특권들을 선망하던 부르주아들은 이렇게 기사도의 이상이 점차로 부식되어 가고 있는 모습을 은근히 즐거운 심정으로 지켜보고 있었다. 물론 기사도는 아직도 창창한 미래를 가지고 있는 것은 사실이었다. 하지만 이미 과실은 속에 든 벌레에게 먹히기 시작하고 있었다.

17
대공들이 시인이 되었을 때

발루아 왕가 사람들에게 있어서 예술 후원 사업은 그들이 지닌 여섯 번째 감각과도 같았다. 그만큼 그들은 이에 대한 본능적인 열정을 지니고 있었다. 강용왕 장은 채색 삽화들이 그려진 책과 보석들을 수집했었다. 그의 아들 샤를 5세도 선왕의 취미를 이어받았다. 열정적인 서적 수집가였던 그는 섬세하게 장정된 수백여 권의 서적을 소장한 서고를 남겼다. '현왕(賢王)'이라는 별호를 얻을 정도로 현명했던 왕은 아름다운 건물에 대한 취미를 갖고 있었다. 그래서 그는 레몽 뒤 템플로 하여금 수많은 프레스코화들과 조각된 화장널[천장과 벽이 만나는 부분을 이은 띠부분]들로 장식된 생폴 성관, 뱅센의 성채, 파리의 새 성벽, 생폴과 생토노레의 방새(防塞) 등을 축조하게 하였다. 적어도 그의 치세 기간 동안에는 건축가들·석공들·'그림쟁이'들, 그리고 채색공들은 밥 걱정은 안해도 되었던 것이다.

샤를 5세의 건축에 대한 열정이 그의 동생이며 부르고뉴 공작인 용담공 필리프에게도 전염되었던 것인지, 필리프 공작은 드루에 드 다마르탱에게 명하여 샹폴 수도원을 짓게 하였다. 이것은 일종의 수도원 겸 공동 묘지이라고 할 수 있는 곳이었는데, 공작은 하늘색과 금색으로 채색된 장식화들, 그리고 귀중한 성유물(聖遺物)들로 가득한 이 건물 안에 그의 집안 사람들과 함께 묻혀 영면하기를 원했다. 디종의 공작궁의 경호원 대기실에 보존되어 있으며, 클라우스 슬뤼테르와 그의 조수들 작품인 공작의 묘석 와상(臥像)은 아직도 그가 생전에 누리던 영광과 위엄으로 빛나고 있다.

베리 공작의 이름은 지금까지 제작된 것 중 가장 화려한 기도서들과 결부되어 있다. 우리는 발루아 왕조의 위대한 영주 가운데 한 명이며, 황금빛 모발의 푸아 백작 가스통 페뷔스가 펜을 들어 2세기 동안 (후에 푸이유 경이 이 방면에 새로운 저술을 내놓을 때까지) 사냥꾼들의 성서가 되었던 《사냥서》를 저술했다는 사실을 본 바 있다. 하지만 중세의 가장 위대한 두 재능이 탄생한 것은 중세의 마지막 세기에 이르러서였으니, 그 한 명은 시인들의 왕자, 오를레앙 공작 샤를이었으며, 다른 한 명은 그의 사촌이며 시칠리아와 예루살렘 왕인 르네 당주였다. 이 두 사람 모두 미소짓는 영광과 쓰디쓴 불운을 동시에 맛봐야 했다.

섬세하게 다듬은 손톱끝까지 예술가의 기질이 숨쉬는 왕자, 즉 너무도 매력적인 루이 오를레앙을 아버지로, 그리고 아름다움이 흘러 넘치는 나라 이탈리아 출신의 발렌타인 비스콘티를 어머니로 하여 태어난 샤를 오를레앙은 모든 우아한 것들에 둘러싸여 자라났다. 1394년 11월 24일, 생폴의 왕궁에서 그는 발렌타인 비스콘티가 그녀의 바람둥이 남편에게서 수태한 네번째 아이였다. 그는 어린 시절을 루이 오를레앙 공작의 소유이며, 공작이 끊임없이 아름답게 꾸몄던 성들, 즉 브리 콩트 로베르·아니에르·크레피 앙 발루아·샤토 티에리 같은 수많은 성들 속에서 두 형과 누이들과 함께 평화롭게 보냈다.

그에 대한 최고의 전기작가 피에르 샹피옹은 다음과 같이 쓰고 있다. "아이는 그가 차례로 통과하는 방들, 길쭉길쭉하게 그려진 우의적인 인물들로 채워진 태피스트리들로 벽면이 장식된 아름다운 방들의 그 모든 풍요함에 대하여, 그리고 마치 예배당 내부처럼 스테인드

글라스를 통하여 쏟아져 들어오는 현란한 빛들로 충만한 방들에 대하여 경이에 찬 눈을 떴다. 또 아이는 프랑스의 청명한 풍경들, 루아르와 우아즈 지방의 하늘, 거울같이 맑은 물, 숲들을 관조하였다. 그리고 때로는 열에 들떠 있는 것처럼 보이는 아버지, 가수들과 춤추는 남녀의 무리 가운데 둘러싸여 마치 환생한 사랑의 신같이 보이는 아버지의 모습 역시 지켜보았다."

소르본 출신의 엄숙한 사제이며, 신학의 대가인 니콜라 가르베가 그의 가정교사였다. 아이는 나비가 날아가는 것만 보아도 정신이 팔릴 정도로 약간은 가벼운 성품이었으나 배우는 모든 것을 쉽게 이해했고, 또 문장을 좋아하여 스승을 기쁘게 했다.

1398년(그가 4세밖에 되지 않았을 때), 어린 왕자는 반세스라스 황제의 질녀인 엘리자베스 폰 괴를리츠와 약혼하였으나, 이 약혼은 결실을 보지 못한다. 그러자 오를레앙 공작은 아들을 영국 왕 리처드 2세의 어린 과부인 이자벨 오브 프랑스와 혼인시켰다. 둘의 결혼식은 콩피에뉴(어떤 사람들은 상리스였다고 말하기도 한다)에서 성대하게 거행되었다. 그로부터 1년도 채 안 되어 부친 루이 오를레앙 공작은 배신자의 손에 의해 살해당하게 된다.

아름다운 얼굴이 눈물로 젖은 발렌타인 비스콘티는 샤를의 두 형, 즉 새로 오를레앙 공작이 된 샤를, 베르튀스 백작 필리프 등과 함께 블루아에서 올라가 샤를 6세에게 몸을 의탁하게 된다. 그녀는 자기에게 그다지 잘해 주지는 않았으나, 결코 잊을 수 없는 남편 루이 오를레앙의 원수를 갚겠노라고 선언한다. 가련한 왕은 그녀 못지않게 마음이 격동되어 있었다. 하지만 이런 비탄 속에서 과연 그는 무슨 일을 할 수 있었던가? 무수한 도당들이 서로 으르렁대며 싸우고 있는 와중에서, 그는 스스로를 너무도 약하고 무력하게 느끼고 있었다……

너그럽고도 선량한 성품의 소유자였던 발렌타인 비스콘티는 마리 당지앙의 아들을 양자로 받아들이니, 이 사람이 나중에 오를레앙의 서자, 그리고 더 이후에는 뒤누아 백작으로 세상에 알려진 사람이다. "사람들이 이 아이를 훔쳐다 나에게 주었지" 하고 그녀는 아이를 껴안으며 한숨짓곤 했다 한다. 하지만 그녀는 아들 샤를에게는 결코 복수의 의지를 잃지 말고 살해당한 부친의 원수를 갚을 것을 당부했다. 그래서 오를레앙 공작은 당시 최고의 기사 중 한 명이었던 소바주 드 빌리에를 자신의 시종장으로 삼고, 그에게서 무술을 배운다.

과부가 된 오를레앙 공작부인은 신의가 사라진 이 세상 가운데는 더이상 정의로운 심판이 불가능하다는 사실을 깨닫고, 1408년 12월 4일 슬픔 속에서 죽어간다. "더 이상 나에게 의미 있는 것은 아무것도 없어. 더 이상 나에겐 아무것도 존재하지 않아." 이것이 그녀가 남긴 마지막 말이었다.

3일 후 국왕은 편지를 보내 자신의 조카이며, 왕국의 가장 유력한 가문 중의 하나인 오를레앙가의 수장이 된 샤를 오를레앙을 미성년 후견 상태에서 해방하여 주었다. 이제 성인이 된 샤를은 이 자유를 어떻게 사용하게 될 것인가? 어전회의의 대공들은 그에게 당분간 부친의 살해자를 용서해 줄 것을 강요했다. 이제 그의 젊음은 꽃필 수 있을 것인가? 그는 소매가 넓은 그의 장삼 위에 다음과 같은 노래가사를 수놓게 하였다. "부인, 나는 이제 보다 더 즐겁소……." 하지만 이자벨 드 프랑스의 생은 짧게 마감된다. 그녀는 1409년, 매력과 섬세함이 넘치는 어린 남편과 드디어 달콤한 신혼의 기쁨을 누릴 수 있게 되었을 때, 산욕으로 죽는다. 너무도 일찍 꺾여 버린 백합이었다…….

하지만 왕자들에겐 오래도록 슬픔에 잠겨 있을 시간조차 허락되어 있지 않았다. 샤를은 16세였고, 이미 한번 상처한 몸이었다. 하지만 그의 일파의 수장들은 그로 하여금 아르마냐크 백작과 본 드 베리 사이에서 태어난 소녀와 혼인하게 하였다(불쌍한 계집아이! 그녀는 12세에 불과했다!). 베르나르 백작은 심히 사나운 영주였다. 이 거친 가스코뉴인은 철천지 원수인 페젠사게 자작과 그의 두 아들을 생포한 적이 있었다. 이에 그는 포로들의 눈을 빼내고 더러운 물이 고여 있는 우물 속에 던져 버리게 하였다. 이렇게 늑대같이 거친 사내가 오를레앙 일파에 큰 영향력을 미치고 있었으므로, 이제 겁에 질린 왕국은 오를레앙파 사람들을 아르마냐크 사람들이라고 부를 정도였다.

다시 내전이 터졌다. 그리고 영원한 숙적, 영국인들과의 전쟁에 다시 불이 붙었다. 1415년 10월 25일에는 아쟁쿠르 전투가 있었다. 가혹한 헨리 5세는 사로잡힌 프랑스의 대공들을 꾸짖었다. "하나님이 프랑스를 응징하시는 것은 당신들의 죄과 때문이오!" 이렇게 준엄한 설교를 늘어놓은 후, 대공들을 끌고 칼레로 갔다. 그런데 그 불행한 포로들 가운데는 샤를 오를레앙도 포함되어 있었던 것이다.

이렇게 해서 궁정 생활의 모든 즐거움들뿐만 아니라 들판의 평화와, 숲들과, 청명한 공기, 그리고 봄날의 꽃들이 만발한 초원을 사랑했던 21세의 청년은 거의 사반세기에 걸친 쓰라린 포로 생활을 시작하게 된다. 그는 악명 높은 어두운 런던 탑, 윈저 왕궁 내의 밀폐된 조그만 아파트, 그리고 리처드 2세가 어느 고약한 자객의 칼에 목숨을 잃은 바 있는 음산한 성채 폰티프랙트 등을 전전하며 유폐 생활을 계속한다. 하지만 그를 감시하는 토마스 워터톤은 명예를 아는 사람이어서, 이 쓸쓸한 젊은 대공의 감금 생활을 조금이라도 편하게 해주고자 노력했다.

1422년 8월, 헨리 5세는 뱅센에서 죽어가고 있었다. 이제는 프랑스를 거의 수중에 넣은 이 젊은 군주는 성공의 절정에 도달하여 이질에 걸려 세상을 뜬다. 그의 동생 베드포드 공작, 그리고 너무나도 기사다

워서 '예절의 아버지'라는 별명까지 얻은 충성스런 워릭 백작에게 왕은 유언을 남긴다. 자신의 어린 아들 헨리(그는 10개월 된 핏덩이에 불과했다)가 성년이 되기 전에는 영국에 포로로 잡아 놓은 4명의 대공, 즉 오를레앙 공작·부르봉 공작·위 백작·앙굴렘 백작 등의 몸값을 치른다 할지라도 절대 석방하지 말라는 유언이었다.

앙굴렘 백작 장은 아버지가 영국에 대해 행한 신의 서약에 대한 보증인 격으로 영국의 볼모가 된 몸이었다. 하지만 더욱 슬픈 것은, 이렇게 포로 신세가 된 4명의 대공들은 한 지붕밑에 함께 지낼 수조차 없었다는 사실이다. 영국의 섭정 글로스터 공작은 항시 이들을 떨어뜨려 놓는 비인간적인 처사를 자행했다.

이렇게 불쌍한 샤를은 이 감옥 저 감옥을 전전해야 했다. 노샘프턴 백작령에 있는 파더링게이 성에서 볼링브로크로, 그리고 다시 엄한 토마스 콤워스가 감시의 눈을 번득이고 있는 런던 탑으로 …….

1424년, 헨리 6세의 어전회의는 새로운 결정을 내렸다. 이제 오를레앙 공작은 자신의 감금 생활에 소요되는 모든 비용을 지불해야 했다. 반면 그의 감금 생활 조건은 개선되었다. 가끔은 전원에 나가 매사냥을 즐길 수도 있게 된 것이다! 이제 그를 지키는 간수 역시 더 이상 이름 없는 평민이 아니었다. 귀족 존 콜월 경이 그를 맡게 된 것이다. 이제 이 수인(囚人)은 베드포드 백작령 햄필에 소재한 백작 소유의 성이나 혹은 런던에 있는 자신의 성관에 거처할 수 있게 되었다. 1428년에서 1429년까지, 샤를 오를레앙은 맹렬한 포위 공격을 받고 있는 자신의 영지인 루아르 지방의 수도 블루아의 운명을 염려하게 된다. 그의 이복동생인 오를레앙의 서자 장의 중개를 통하여 그는 숫처녀 잔 다르크에게 자신의 문장이 새겨진 옷을 전해 준다. 그리고 그의 간수들은 잔뜩 찌푸린 얼굴로 소녀 영웅이 거둔 빛나는 승리의 소식들을 전해 주게 될 것이다.

　1432년, 잠시 동안 샤를 7세 군대의 포로로 있었던 (자르고 포위전에서) 서퍽 백작이 샤를 오를레앙의 새로운 간수가 된다. 이 고귀한 성품의 기사는 이 지극히 고귀한 대공을 자기 집에 모실 것을 요청했었던 것이다. 하지만 샤를의 포로 생활은 다시금 힘들어진다. 그는 북해를 바라보고 있는 영국 왕국의 전초기지라 할 수 있는 음울한 도버 성에 갇히고 만다. 하지만 그동안 프랑스에서는 많은 상황 변화가 있었다. 1435년, 샤를 7세와 선공 필리프는 서로 화해했다. 능란하고도 수완 좋은 부르고뉴 공작 부인, 이자벨 드 포르투갈은 남편의 사촌의 석방을 위해 노력한다. 이렇게 해서 아르마냐크파와 부르고뉴파 사이의 동족상잔은 극적으로 막을 내리게 된다. 칼레, 그리고 그라블린에서 협상이 진행된다. 1440년 11월 6일, 이 영원한 포로는 눈앞에 자유의 서광이 비치는 것을 느낀다(엄청난 몸값을 대가로. 그는 이 몸값을 성실하게 다 갚게 될 것이다). 하지만 그의 형제 앙굴렘 백작은 의심을 버리지 못하고 영국인들의 손에 남게 된다. 샤를은 바다를 건너 칼레에 귀국한다. 소식을 듣고 당장 달려온 부르고뉴 공작은 그를 뜨겁게 포옹한다. 비에이 뒤 템플 거리의 범죄, 몽트로의 함정, 이 모든 옛 원한들은 다 잊혀졌다! 그에게 여러모로 은혜를 베풀어 준 매력적인 공작부인에게 오를레앙 공작은 다음과 같이 말한다. "부인, 이제 나는 당신의 포로가 되었나이다!" 그는 자신을 위해 베풀어진 잔치를 마음껏 즐기고, 다시 밟은 프랑스땅의 공기에 흠씬 취한다. 선공 필리프는 공작에게 질녀를 처로 주었다. 그녀는 클레브 공작의 딸인 묘령의 처녀 마리였다.

　그렇다면 이 46세의 나이에 자유의 몸이 된 샤를 오를레앙이 그동안 기나긴 음울한 영어(囹圄)의 날들의 무료함을 달래기 위해서 했던 것은 무엇이었는가? 그것은 글을 쓰는 것이었다! 물론 그는 시 나부랭이나 긁적거리고 있었다. 하지만 고통스런 영어 생활은 그의 펜을 더욱 예리하게 만들었고, 그를 발전시켰다. 대영박물관에 보존되어 있는 한 유명한 세밀화는 일렬로 늘어선 감시병들이 지켜보고 있는 가운데 열정적으로 양피지를 펜촉으로 긁고 있는 그의 모습을 보여주고 있다. 스스로 서서히 성숙되어 가고 있는 것을 느끼고 있던 이 늙어 버린 청년이 노래했던 것은 무엇인가? 우선 그것은 잃어버린 자유였다.

도버 해협 바닷가에서 프랑스 쪽 바라보면서
어느 날 나는 기억하게 되었지.
내가 과거 이 나라 프랑스에서 누리던
그 달콤했던 즐거움을.
그리고 가슴속 깊이 탄식하기 시작했네.
내 마음이 사랑하는 프랑스 다시 볼 수 있다면
그 얼마나 행복할 것인가 하고.
이때 어떤 생각 떠올랐지
모든 행복 가져다줄
선한 평화의 길 열리고 있는 이때
이런 탄식 가슴속에 담는 것, 현명하지 못하다고.
그리하여 내 생각 다시금 평정 되찾았지.
하지만 내 가슴은 여전히
내 마음이 사랑하는 프랑스 그리워하고 있다네.

그리하여 나는 내 모든 소망을
희망의 배에 가득 실어 보냈네.

그리고는 그들에게 부탁했지.
쉬지 말고 바다를 건너가
프랑스에 내 소식 전해 달라고…….
우리에게 하루 빨리
선한 평화 하나님 보내 달라고!
그리하면 내 마음 평화를 얻게 되리
내 마음이 사랑하는 프랑스 다시 볼 수 있다면.

평화는 아무리 찬양해도 지나치 없는 보배.
길게 설명할 필요도 없으리.
내가 전쟁을 증오한다는 사실을.
그가 옳았는지 글렀는지 모르되,
전쟁은 오랫동안 막아 왔네
내 마음이 사랑하는 프랑스를 다시 보게 하는 것을!

"나는 전쟁을 증오한다." 과거 소바주 드 빌리에의 무술 제자였던 사람이 이렇게 말하고 있는 것이다! 기사의 입에서 나온 것으로는 전혀 새로운 종류의 말이 아닐 수 없었다. 도버 해협을 사이에 둔 두 나라의 많은 사람들이 마음속 깊이 숨기고 있던 내밀한 감정을 이렇게 솔직하게 표현할 수 있기 위해서는, 샤를과 같은 몹시도 지친 영혼이 필요했던 것이다.

신의 어머니, 즉 성모 마리아에게 이 고귀한 수인은 다음과 같은 절실한 기도를 드리고 있다.

자애로우신 동정녀 마리아여

평화를 위해 기도해 주소서!

하늘의 여왕이시여, 이 세상의 주인이신 마리아여

당신의 정중함을 발휘하여

성자들과 성녀들도 기도하게 해주소서!

그리고 우리의 청원(請願)을 전해 주소서!

이제는 높은 곳에 계신 당신의 아들께.

자신의 피로서 구속(球贖)해 주신

당신의 백성을 굽어살펴 주시라고.

모든 것을 파괴하는 전쟁을 쫓아내어 주시라고.

우리의 기도를 너그러이 들어주소서!

진정한 기쁨의 보배, 평화를 위해

기도해 주소서! 기도해 주소서!

이 미쳐 버린 세계가 '진정한 기쁨의 보화'를 되찾기 위하여, 시인은 '고위 성직자들과 성스런 생명을 추구하는 사람들' '영지를 지닌 군주들' '귀족들, 학정에 신음하는 민중들' '성실한 상인들,' 심지어는 '여자를 따라다니는 한량들' 마저도 그의 절박한 추구에 동참할 것을 호소한다.

그리고 행복했던 과거 역시 그의 뇌리를 떠나지 않는다.

지난 날 어린 시절, 난 꽃처럼 피어 있었네

그리고 싱싱한 젊은 과실되어 있었지.

그때 나의 주인 광기(狂氣)는

채 익지도 않았던 풋풋한 나를

기쁨의 나무에서 떨어뜨려 버렸네.

이런 이유로, 모든 것을 바로잡는 이성(理性)께서

올바르게 그리고 정당하게

그분의 뜻에 따라 행하셨네.

그의 지극히 위대한 지혜에 따라

나로 감옥 거적 위에 죽어가게 하셨네.

감옥 속에서 서서히 진행되어 가는 구역질나는 죽음까지 맛본 샤를 오를레앙은 생의 시인이었다. 그는 항상 새로운 사랑으로 인간을 맞아 주는 자연을 사랑했으며, 또 사람들이 너무도 잔인하게 그에게서 박탈해 간 사랑을 노래했다. 수인의 생은 창살 속에서 사그러들고 있었건만, 결코 절망은 원하지 않았다.

드디어 그토록 간절히 원하던 석방의 날이 찾아왔다! 부르고뉴 궁정의 따뜻한 환대, 그리고 싱싱한 소녀와의 재혼은 샤를 오를레앙에게 삶의 행복을 되돌려 주었으나 이 시대에 씌어진 그의 작품들 가운데는 아직도 일말의 우수가 남아 있는 것을 느낄 수 있다. 비스콘티 가문에게서 물려받은, 그러나 스포르차가에 의해 부당하게 찬탈당한 밀라노에 있는 자신의 권리를 되찾고자 얼마간 시도해 본 끝에 대공은 자신은 행동에 적합한 인간이 아니라는 사실을 깨닫게 된다. 그는 선공 필리프의 그것에 비해 촌스럽기 그지없는 샤를 7세의 궁정 분위기보다는 자신의 영지 루아르 지방을 더 좋아하게 된다. 앙리 비두는 다음과 같이 쓰고 있다. "블루아는 대공이 선호하는 거주지가 되었다. 당시 블루아 성을 이루고 있는 낡은 요새용 성채는 너무 딱딱하게 보였던 모양이다. 그래서 그는 1443년부터 성 신축 공사를 시작한다. 그 결과로 매우 아름다운 건물이 세워졌으나 지금은 존재하지 않는다. 하지만 오늘날까지 남아 있는 몇몇 목판화들이 이 성의 당시 모습을 우리에게 전해 주고 있다." 지금 이 성의 주루(主樓)는 사라졌으나, 푸아 성탑이나 샤토르노 성탑 같은 몇 개의 성벽 소탑은 심하게 파손되긴 했지만 아직도 남아 있다.

피에르 샹피옹은 다음과 같이 적고 있다. "그 어떤 군주가 수많은 하인들과 부르고뉴·피카르디·이탈리아 등 다양한 출신의 친구들이 북적거리는 잘 정돈된 집 가운데서 평화롭게 군림했던 이 착한 공작보다도 더 행복했었을 수 있었던가? 이렇게 샤를은 그의 재정을 관리해 주는 부르주아들과 더불어 평화롭게 살았다. 또 그는 '쇠사슬두건 기사단'을 창설하여 이의 단위를 귀족들과, 이를 기쁨으로 받고, 또 자신의 합당한 몫을 내는 사람들에게 분배했다. 그리고 샤를은 경건한 신앙을 가진 사람이었다. 그는 아름다운 기도들과 자신의 예배당 가운데 울려퍼지는 찬송가를 사랑했다. 물론 그렇다고 해서 결코 경건한 성자 행세를 하지는 않았다. 그의 인생관은 아주 단순했다. 잘 사는 것, 그리고 선한 목적을 추구하는 것, 그러나 벌써 이것만 해도 쉬운 일은 아니었다."

항상 그의 뒤를 쫓아다니던 늙은 개 브리케는 공작의 친구이며, 그의 명에 의하여 블루아를 다스리고 있던 장 드 사브즈의 거처, 사보니에르의 성관에서 주인을 따라와 뛰어 놀곤 했다. 그는 자주 식사를 같이 하는 시인 질 데 조름과 함께 게임을 즐겼으며, 석궁수들을 거느리고 솔로뉴의 늪가로 가서 물새들을 사냥하기도 하였다.

새로 지은 샤를 오를레앙의 아름다운 성에 출입하는 손님 가운데는 프랑스 국왕의 손자이기도 한 이 고귀한 대공이 지극 정성으로 맞아들이는 걸인이 하나 있었으니, 그가 바로 시인들 중 가장 가난하면서도 동시에 가장 부유한 자라고 할 수 있는 프랑수아 비용이었다. 《유언집》의 작가인 이 시인은 1475년 공작의 두 딸 중 첫째의 탄생을 기

넘하여 시를 한 편 지은 적도 있었다. 그는 몽베통·베르토 드 빌브렘·J.-L. 카요·질 데 조름 등과 함께 '블루아 시인 대회'에 참가하기도 한다. 이들은 모두 샤를 오를레앙이 이 대회를 계기로 하여 전국 각처에서 불러들인 빛나는 시인들이었다. 그리고 여기서 우리의 대공은 그의 가장 아름다운 작품 중의 하나인 발라드를 지어 이를 시인들의 판정에 맡긴다.

> 나는 샘물가에서 목말라 죽어가며
> 연인들의 불길 옆에서 추위에 떨고 있도다.
> 나는 장님이로되 다른 이들을 이끌고
> 분별력이 없으되, 스스로 현인이라 자처하며
> 태만하되, 자주 헛된 몽상에 빠지는도다.
> 내 운명은 마법에 걸려 있는 것일까?
> 좋은 일에서든 나쁜 일에서든
> 나를 이끄는 건 운명의 여신.

1462년 6월, 큰 행복이 그를 찾아온다. 베르나르 키예가 '기적의 아이'라고 이름 붙인 바 있는 인물, 후에 루이 12세가 될 아기가 탄생한 것이다. 이 늦게 얻은 막둥이의 탄생으로 말미암아 오를레앙 가문은 그들이 소유한 대군령(大君領)이 국왕령으로 넘어가는 운명을 피할 수 있게 되었다.

마리 드 클레브는 쾌활하면서도 약간은 교태어린 여인이었다. 하지만 그녀는 늙정이 남편을 마치 어린아이 다루듯 부드럽게 다독거려 주었다. 블루아의 부드러운 햇볕을 쬐며 평화롭게 늙어가고 있는 이 대공은 자신의 노쇠함에 대하여 웃어넘길 줄도 알았다.

이제 나는 늙었고

즐거운 책을 읽을 때면

눈 침침해 돋보기를 걸친다네.

그런데 그의 조카 루이 11세가 1464년 투르에 대공들을 소집해 어전회의를 열었을 때 그는 어쩌자고 거기서 이 '거미왕'을 질책하였던 것일까? 왕은 그다지 좋은 친척은 못되었던 것이다. 왕은 불같이 화를 냈고 이에 늙은 오를레앙 공은 큰 충격을 받았다. 그는 블루아로 돌아오는 길에 심장마비를 일으켜 1465년 1월 4일과 5일 사이의 밤, 앙부아즈에서 사망한다. 가련한 대공은 바람에 불려 꺼지는 촛불처럼 그렇게 숨을 거두었다. 이때 그는 거의 칠순에 가까운 나이였고, 이것은 15세기에는 그다지 흔한 일은 아니었다.

샤를 오를레앙이 지은 사랑의 노래들, 발라드들, 롱도[이들은 모두 일종의 정형단시(定型短詩)를 말함]들은 시대가 흘렀지만 아직도 우리의 마음을 매혹시키는 힘을 가지고 있다. 마르셀 아를랑은 그를 이렇게 평하고 있다. "나는 프랑스시 역사상 이처럼 단순하고도 특이한 목소리, 이렇게 순수한 노래가 또 있다고 생각하지 않는다. 그의 시는 우아함 그 자체이다……. 그의 시는 정묘한 솜씨로 깎여진 세공품과도 같지만, 또 매우 가식 없는 자연스러움도 느끼게 한다. 가장 우아하면서도, 동시에 현대인에게도 매우 친숙하게 느껴지는 것이다."

르네 당주는 샤를 오를레앙만큼의 시적 영감은 가지지 못했던 것은 사실이다. 하지만 그의 영지였던 앙제와 프로방스 사람들의 가슴속에 아직까지도 너무도 소중한 존재로 남아 있는 이 쾌활한 낙천가의 시는 그 얼마나 매력적이면서도 신선한가! 1409년 1월 16일, 앙주 공작이자 시칠리아와 예루살렘의 봉왕이기도 한 루이 2세와 그의 정실 욜랑드 다라공 사이에서 출생한 르네 당주 역시 어린 시절 귀염을 받으며 자라났다. 선량한 욜랑드 왕비는 샤를 6세와 아자보 드 바이에른 사이의 소생이나, 제대로 그들의 사랑을 받지 못하고 있는 가련한 퐁티외 백작 샤를을 불쌍히 여겨 슬하에 거두어들였다. 그리고 백작을 자신의 아이들, 즉 루이 · 르네 · 샤를(후에 멘 백작), 그리고 후에 프랑스 왕국의 가장 정숙한 왕비 중 하나가 된 마리 등과 함께 양육했다.

아버지 루이 2세의 영토는 실로 방대했다. 황금빛 포도덩굴이 뻗어 있는 포도원들이 가득한 앙주와 프로방스, 비옥한 목초지가 펼쳐져 있는 멘 백작령 등…… 하지만 이 방대한 영토도 그의 거대한 야심을 충족시키지는 못했던 모양이다. 그는 자신의 부친 루이 1세가 잔 여왕으로부터 유증받은 나폴리 왕국의 탈환을 꿈꾼다. 샤를 드 뒤라초의 아들이자, 그의 라이벌이던 라디슬라스가 시의(侍醫)의 딸과의 비극적인 연애 사건 끝에 독살되자 루이 2세는 호기를 잡았다고 생각했다. 하지만 운명의 여신의 마음은 알 수 없는 것이어서 결국 그의 희망은 이루어지지 않는다. 그는 1471년 4월 29일에 사망한다. 임종하면서 그는 네 아이에게 모든 일에 있어서 어머니에게 순종할 것과 최후의 순간까지 그녀를 존중해 줄 것을 권고한다. 이때 4세였던 르네는 이제 앙주 가의 명실상부한 새 수장이 된 형 루이 3세에게 충성을 서약한다.

욜랑드 다라공은 딸 마리를 미래의 프랑스 황태자 샤를 드 퐁티외 백작과 혼인시킨다. 마리의 남편 샤를 7세는 실패로 끝난 몽트로 매복전 때문에 궁지에 몰리고, 트루아 조약에 의해 저주받아 결국 '부르주 왕'이 된다. 그러나 그의 '착한 장모' 욜랑드가 그를 보살피고 있었다. 그리고 그녀는 자신의 집안 이익을 챙기는 일 역시 게을리 하지 않았다. 그녀는 아들 르네를 추기경이기도 한 바르 공작의 양자로 채택되게 하는 데 성공하고, 또 로렌 공작의 유일한 상속녀인 이자벨과의 혼인도 성사시킨다. 퐁타무송에 정착한 우리의 어린 대공은 이제 2개의 공작령이 무르익은 과실처럼 입 속으로 떨어질 날만 기다리고 있으면 되었던 것이다.

하지만 이때 로렌 공작령의 상속권을 주장하고 나서는 경쟁자가 있었으니, 부르고뉴 공작이기도 한 앙투안 드 보데몽 백작이 바로 그였다. 이렇게 해서 전쟁이 일어난다. 르네는 현명한 바르바장 원수의 충고를 따르지 않았고, 이 때문에 1431년 7월 4일 벌어진 뷜녜빌 전투에서 패배하여 포로의 몸이 된다. 그는 탈랑에 있는 부르고뉴파 성채에 감금되고, 얼마 안 있어 디종에 있는 선공 필리프의 궁전으로 이감(移監)된다.

이자벨 드 로렌은 용감한 여인이었다. 그녀는 남편에게 아홉 아이를 낳아 주었을 뿐 아니라(장남 장 드 칼라브르는 1427년 출생했다), 남편이 포로로 붙잡혀 있던 3년 동안 그의 영지들을 잘 간수한다. 결국 로렌 상속 문제를 모든 사람이 만족하는 방향으로 타결지은 조약이 체결되고 나서 그의 포로 생활도 끝을 맺는다.

당시 르네는 형 루이 3세와 나폴리 여왕 잔 2세로부터 두 개의 새로운 상속권을 물려받는다. 그래서 자신의 영지를 되찾으려 군대를 이끌고 알프스를 넘었는데, 이 이탈리아 원정전은 샤를 오를레앙의 그것만큼이나 운이 따르지 않았다. 결국 시칠리아 왕의 칭호를 간직한 채 앙주에 있는 그의 공작령에 머물러 있는 수밖에 없었다. 때로는 매제 샤를 7세의 궁정에 머물기도 하였는데 그는 국왕에게 큰 영향력을 행사하고 있었던 것이다.

로렌의 여걸인 아내가 죽기 얼마 전, 르네는 어떤 전원풍의 코미디 극에 출연한 무용수 잔 드 라발이라는 젊은 여인과 사랑에 빠진다. 1453년 홀아비가 된 그는 2년 후 이 여인과 결혼식을 올린다. 그녀와의 결혼 생활은 나이 차에도 불구하고 행복했으며, 이 때문에 그는 그의 야심 많은 아들 장 드 칼라브르의 죽음, 루이 11세의 압류로 인한 앙주의 손실, 그리고 그의 딸이자 영국의 왕비인 마르그리트 당주의 불행 등, 밀어닥친 무수한 불행에도 불구하고 위안을 얻을 수 있었다.

그는 은퇴하여 아내와 함께 프로방스에 있는 자신의 백작령에 칩거한다. 태양빛에 잠긴 이 고장의 산하를 너무나도 사랑했던 것이다. 그는 현인이었다. 전하는 말로는 그가 앙주 공작령을 잃게 되었다는 소식을 접했을 때 그는 도요새를 그리고 있었으며, 이 불행한 소식을 듣고도 작업을 계속하여 그림을 완성했다고 한다. 그는 평화로운 엑스 시, 혹은 그 시대에 갖출 수 있는 모든 쾌적한 시설이 완비되어 있는 타라스콩의 성에서 백성들과 함께 행복한 삶을 즐겼다. 니콜라 프로망이 그린 그림은 성모상이 굽어 보고 있는 '화염 덤불' 앞에서 기도를 드리고 있는 공작 부부를 보여주고 있다. 여기서 시칠리아 왕은 고대의 견유주의자를 연상시키는 둥글고도 선량한 얼굴을 하고 있으며, 잔 드 라발은 신비스런 미소를 머금은 입, 반짝이는 기름한 눈매 등 매우 온화한 얼굴을 보여주고 있다.

자크 르브롱은 다음과 같이 적고 있다. "르네는 조금도 두려워하지 않고 최후의 순간을 맞았다. 그는 어떤 사람들이 주장하듯 아름답고도 고귀한 말들을 늘어놓으며 임종한 것 같지는 않다. 하지만 그가 마지막 성사를 경건한 태도로 받아들인 것은 확실한 사실이다." 이렇게 그는 1480년 7월, 고해 신부가 읊조리는 찬송 소리를 들으며 눈을 감았다. 샤를 뒤 멘 백작마저 세상을 떠나자 진작부터 앙주가의 상속지에 눈독을 들이고 있던 공작의 조카 루이 11세가 1481년 프로방스 백작령을 서둘러 접수해 버린다.

강한 자에게 아부하는 것이 인지상정이기 때문일까? 때로 비평가들은 순박하면서도 신선한 분위기의 목가, 《레노와 잔통》이 시칠리아 왕루이 당주의 작품이라고 말하기도 했었다. 하지만 아마도 이 작품은 그의 펜 끝에서 나온 것은 아닐 것이다. 반면 우리의 평화로운 군주는 세 작품으로 말미암아 중세 문학의 제신전(諸神殿)에 들어올 자격을 얻었으니, 그것은 《허망한 쾌락의 고통》《토너먼트의 서(書)》, 그리고 《사랑에 빠진 가슴》이다.

첫번째 작품은 지금의 시각으로 보면 약간 구닥다리같이 보일 수도 있을 것이다. 하지만 귀중한 세밀화들이 포함되어 있는 수필본인 《토너먼트의 서》(이것은 현재 프랑스국립도서관에 보존되어 있다)는 이 르네왕이 무척 즐겼던 중세 토너먼트의 분위기를 우리에게 잘 전해 주고 있다. 여기서 마상결투의 세부적인 사항들이 꼼꼼하게 묘사되어 있다. '도전자 영주'가 '방어자 영주'에게 사령을 통해 도전 의사를 통고하는 것에서부터 의상과 문장들에 대한 묘사, 경기장의 배치, 둘러선 기사들이 외치는 함성 소리, 그리고 토너먼트의 여왕이 '더 잘하는 기사'에게 상을 수여하는 시상식에 이르기까지…… 이 해설서의 언어는 앙주 지방의 오래된 포도주처럼 맛깔스럽기 그지없다.

하지만 특별히 우리의 주의를 끄는 것은 《사랑에 빠진 가슴》이다. 달콤하기 이를 데 없는 《사랑에 빠진 가슴에 쏟아지는 따스한 긍휼》에 대한 추구, 《솔직한 소망》《불타는 욕망에 찬 가슴》《정중한 예절》, 그리고 《노여움》 같은 우의적 시들은 15세기판 《애정의 행로》라 할 수 있는 세계 가운데의 매혹적인 여행으로 우리를 이끈다. 이것은 고아(高雅)하고도 세련된 멋을 지녔던 한 문명의 정수라 할 것이다. 《10-18 총서》는 하나의 부드럽고도 너그러운 마음이 여인과 사랑에게 바친 헌사라 할 수 있는 이 섬세한 감성의 텍스트를 재출판하였는데, 이는 실로 훌륭한 결정이라 아니할 수 없다. 비엔 박물관은 이 《사랑에 빠진 가슴)의 기막힌 원고본 하나를 소장하고 있는데, 이것은 신비스런 매력이 물씬 풍기는 세밀화들을 포함하고 있다. 이 그림들을 통하여 우리는 기사도 정신이 지배하던 15세기의 매혹적인 시정(詩情)의 면모를 조금이나마 엿볼 수 있다. 쇠락하고 있긴 하였지만 우리의 마음이 끌리지 않을 수 없는 드높은 품위를 지녔던 한 사회의 격조 높은 시정을 말이다.

18
전술을 맞바꾼 프랑스인과 영국인

　전국 각지를 떠돌며 살인과 약탈을 일삼는 무장 집단 '에코르셰르'
〔'살가죽을 벗기는 자들'이라는 의미〕들의 극도에 달한 폐해, 남부 지
방 귀족들의 반란, 이 모든 것들은 샤를 7세에게, 비록 그가 부르고뉴
공작 선공 필리프와 극적인 화해를 이루었고, 또 1436년에는 파리를
탈환하기까지 했지만 그는 아직 프랑스 내의 모든 상황을 완전히 통제
치 못하고 있다는 사실을 잘 보여주었다. 하지만 이제 샤를 7세는 과
거의 허약한 '부르주 왕'만은 아니었다. 그는 화적들의 두령들을 여
럿 사로잡아 그들을 무자비한 교수형에 처한다. 심지어 가족의 애원
에도 불구하고 부르봉가의 서자까지 살려두지 않는다. 여기에 그는 빨
리 왕위를 상속하고 싶어 안달하고 있는 아들(미래의 루이 11세)로 하
여금 이 화적들 중 가장 고약한 자들을 이끌고 해외 원정을 떠나게 한
다. 지난 세기 베르트랑 뒤 게클랭이 그러했던 것처럼 말이다. 이를테
면 황태자의 임무는 이 화적들을 외국 원정으로 끌고 가서 그들 중 가
능한 많은 인원을 전사시키는 일이라 할 수 있었다. 과연 메츠의 주민
들, 그리고 스위스인들은 이들 중 많은 수를 죽여 주었다. 스위스인들
의 영원한 적 합스부르크가의 황제 프레드리히 3세를 위하여 황태자
는 생자크 전투에서 스위스 보병들과 맞선다. 하지만 이 전투를 통해
그는 용맹한 스위스인들을 높게 평가하게 되고, 나중에 기회가 되면

그들을 이용하리라고 생각하게 된다. 그리고 그는 스위스의 자치주들과 함께 조약을 체결한다.

하지만 포통 드 셍트라이 · 앙투안 드 샤반 같은 에코르셰르의 수령들 중 몇몇은 개과천선하기로 마음먹은 듯했다. 그들이 전투 가운데 보여준 용기와 풍부한 전쟁 경험은 부인할 수 없이 뛰어난 것이었다. 1444년 샤를 7세는 영국인들과 투르 휴전 조약을 체결한다. 5년 동안 지속된 이 휴전 상태는 영국의 헨리 6세와 르네왕의 딸 마르그리트 당주의 결혼으로 인해 더욱 강화되어 프랑스는 한숨 돌릴 수 있게 되었다. 프랑스 왕은 이 일시적인 평화의 기간을 이용하여 새롭고도 독창적인 전쟁 기구를 하나 개발하는데, 이것은 오랜 기사도의 역사 가운데 중요한 획을 긋게 된다.

1445년, 루피 성에서 서명된 왕의 서신에 의하여 국왕전속 근위대가 창설되었으니, 이것은 서양의 기독교 왕국들 가운데서 만들어진 최초의 기병대 상비군이었다. 동방의 비잔틴 제국의 빛나는 군대는 이제 과거의 희미한 그림자에 지나지 않았으며, 반면 투르크 기병대 시파히에게 참담한 패배를 당한 니코폴리스 전투의 괴로운 기억은 아직도 프랑크인들에게 생생했다.

봉건 시대를 통해 시행된 전국의 제후 소집 제도가 완전히 사라진 것은 아니었다(마지막 소집령이 내려진 것은 루이 13세 때였다). 하지만 새로 창설된 상비군으로 말미암아 이것은 거의 불필요하게 되었다. 국왕 전속 부대를 이루는 각 대대는 1백 개의 창기병 소대로 구성되고, 또 각각의 소대는 6명으로 이루어져 있었다. 각 소대의 대장은 고귀한 가문 출신으로 전통적인 절차에 의하여 기사 서품을 받은 귀족이었다. 하지만 그는 전시와 평화시를 막론하고 국왕으로부터 일정 액수의 봉급을 받았다. 따라서 그는 국왕을 위해 봉사하는 전시간 직업 군인이 된 것이다. 그의 휘하에는 3명의 궁수, 1명의 검수, 그리고 1명의 시종이 있었으며 이들 모두는 말을 타고 있었다. 궁핍한 시대에는, 시종이 때로 '하사한' 검수나 궁수의 역할을 하는 경우도 있었다. 시종 역시 양가 출신의 젊은이였으나 과거와 마찬가지로 비전투원의 신분으로 분류되었다. 일반적으로 궁수와 검수는 평민들 가운데서 모집되었다. 그들은 용감했고 규율이 제대로 잡혀 있었으며, 약탈 행위에 뛰어드는 경우(가혹하게 응징해야 할 필요가 있는 도시를 그들에게 '하사한' 경우를 제외하고는)는 거의 없었다. 그러므로 각 국왕전속 대대는 6백 명의 인원으로 구성되어 있고, 이들 전체는 왕에 의하여 임명되며, 엄중한 과실을 범했을 경우에는 파면될 수 있고, 또 부하들의 올바른 품행 유지에 대한 책임이 있는 대대장에 의해 지휘되고 있었다. 이 대대장은 거의 항상 대귀족 출신인 경우가 많았으며, 최소한 실력을 검증받은 장수여야 했다.

이 국왕전속 대대는 처음에는 오일어를 쓰는 지방에는 10개, 그리고 옥어를 쓰는 지방에는 5개가 있었다. 이렇게 하여 샤를 7세는 '최상의 컨디션에 있는' 9천 명의 기사들을 언제든지 동원할 수 있었던 것이다. 그는 명령 한마디로 이들을 왕국의 한쪽 끝에서 반대쪽 끝까지라도 이동시킬 수 있었다. 이 군사 개혁은 왕 혼자만의 작품이 아니었다. 그것은 리시몽 대원수, 피에르 드 브레제, 프레젠트 드 코에티비 등 그를 보좌하는 기라성 같은 군사 고문들의 작품이기도 했다. 《젊은 이》의 저자인 프랑스 제독 장 드 뷔에이는 프랑스 최초의 전략서 중의 하나를 쓰기도 한 사람이다. 그는 이 저서에서 과거 프랑스군이 범했던 과오나 실수들을 냉철하게 분석하고 있다.

규율이라곤 전혀 없는 떼거리에 불과했던 봉건 시대의 군대에 비해 볼 때, 이 국왕전속 부대는 엄청나게 발전된 군대 형태라고 할 수 있다. 앞에서 우리는 봉건 시대 군대의 기사들이 보여준 불필요한 영웅적 행동과 헛된 용맹의 예들을 무수히 보여준 바 있다. 하지만 이것은 비용이 많이 드는 혁신이기도 했다. 급료를 받지 못하면 부대원들은 그대로 탈영해 버릴 수도 있었다. 따라서 기사들의 급료를 지불하는 일이야말로 16세기 발루아 왕조의 왕들에게 있어서는 항상 커다란 골칫거리였다. 바로 이 이유 때문에 다른 나라의 황제들, 왕들, 그리고 대공들은 프랑스 왕이 보여준 모범을 따르는 것을 한동안 망설였다. 르네상스가 일어난 세기의 초엽, 마키아벨리는 그의 글 가운데 이 사실을 지적하고 있는 것이다. 하지만 모두가 프랑스 군대를 부러워한 것은 사실이다. 잘 규율잡히고 체계가 제대로 짜여져 있으며, 각자의 임무에 적합하게 무장되어 있고, 갑주를 보다 잘 덮어씌우기 위해 때로는 꼬리나 귀를 잘라내기도 하는 커다란 전마(戰馬)를 타고 있는 이 부대원들을 말이다. 선공 필리프는 엄청난 재산가였지만 과거 봉건 시대의 낡은 소집 제도를 고집하였다. 최초의 '부르고뉴 창기병'은 그의 아들 용담공 샤를 때 창설되었다.

1448년, 샤를 7세는 오랫동안 영국군의 강점이 되어 왔던 '바우맨'의 모델을 따라 자신의 궁수부대를 창설했다. 또 장 부로와 가스파르 부로 형제는 기동력이 뛰어난 가벼운 수레 위에 설치된 소구경과 중구경의 대포들로 무장된 포병대를 창설했다. 그래서 1449년 휴전이 깨어지자 이 '충성스런 부하들을 거느린 왕' 샤를은 이제는 걱정없이 전쟁을 맞을 수 있게 되었다. 그는 지금 영국의 통치자들이 서로 분열되어 있다는 사실을 알고 있었다. 글로스터 공작의 수상쩍은 죽음을 둘러싼 스캔들로 인해 영국인들은 아직 흥분 상태에서 벗어나지 못하고 있었던 것이다. 게다가 영국인들은 이제는 낡아 버린 옛 군제에 머물러 있었다. 영국의 대대들은 대대장에 의해 소집되어 다소 불규칙적으로 급료를 받는 전사들과 궁수들로 이루어져 있었다. 에드워드 3세 시대의 의무적인 징병제는 이제 옛말이 되고 말았다. 포병도 별 볼일 없었고, 수레 위에 실리지 않은 대포들의 기동력도 형편없었다. 간단히 말해서 30여 년이나 지속된 허약한 헨리 6세의 치세 동안 영국인은 프랑스에 의해 추월당했던 것이다.

영국인들이 지배에 지친 노르망디인들은 샤를 7세를 열렬히 환영하며 맞아들였다. 겁 많은 영국의 서머싯 공작은 루앙과 캉(1449-1450년)을 프랑스군에게 빼앗겼다. 이에 구원군이 셰르부르에 상륙했다. 헨리 7세 정부의 모든 희망이 걸려 있는 이 부대는 노르망디 재탈환의 사명을 띠고 있었다. 1450년 4월 15일, 포르미니에서 젊은 클레르몽 백작은 신중치 못하게도 적은 수의 병력을 이끌고 토머스 키리엘과 매슈 거프 군대와 전투를 벌였다. 그의 군대가 힘이 소진되어 가고 있을 때, 리시몽 대원수가 이끄는 무적의 국왕전속 대대가 도착하여 적의 배후를 공격했다. 영국군은 궤멸되었고, 얼마 안 있어 그들의 노르망디 지방 마지막 보루인 셰르부르마저 빼앗겼다.

1451년에는 뒤누아 백작이 보르도, 그리고 바욘과 기옌 지방 전체를 차례로 회복했다. 하지만 아키텐 사람들은 노르망디 사람들과는 달랐다. 그들 중 많은 사람들은 영국의 지배를 그리워하고 있었다. 왜냐하면 영국인들은 그들의 자유시의 권리들을 존중해 주었기 때문이며, 또한 샤를 7세가 보낸 염세리(鹽稅吏)들이 두려웠기 때문이다. 이리하여 보르도 지방의 귀족들과 족장들은 영국의 귀환을 간청하게 되었고, 이에 팔순 나이의 노장 탈보트가 프랑스군보다도 많은 수의 병력을 (이것은 백년 전쟁사를 통하여 예외적인 상황이라 할 수 있다) 이끌고 다시 프랑스땅에 상륙하게 된다.

하지만 이번에는 양측의 전략이 바뀌게 된다. 로에악 대원수, 라 팔리스 경, 그리고 가스파르 뷰로 등이 이끄는 샤를 7세의 군대는 견고한 포병대를 갖추고 자기 진지에서 꼼짝않고 기다리고 있었다. 한편 영국의 늙은 장수는 자기 나라의 관습에 따라 기사들을 모두 말에서 내리게 하였다. 그리고 그들로 하여금 마치 과거의 로마 군대 모양으로 방패 뒤에 숨어 거북 같은 밀집대형을 이루게 하였다. 탈보트 혼자만이 자그마한 회색 스페인 말을 타고 있었다. 프랑스군은 땅 위에 단단히 발을 딛고서, 모든 것을 휩쓸어 버릴 듯한 기세로 다가오고 있는 엄청난 수의 적의 대군을 기다리고 있었다. 바로 이때 가스파르 부로의 명에 의해 경수레 위에 설치된 대포들이 모습을 드러냈다. 포구에서 일제히 뿜어져 나온 폭탄들에 영국군은 박살이 났고, 살아남은 자들도 당황하여 못 박힌 듯 그자리에서 움직이지 못했다. 이에 몽토방과 라위노데가 이끄는 브르타뉴 출신의 전사들이 달려들어 영국군을 도륙하기 시작했다. 탈보트는 그의 장남과 함께 전사한다. 이것이 1453년 7월 17일의 카스티용 전투였다. 그리고 이 전투로 말미암아 기옌은 결정적으로 프랑스 수중에 돌아오게 된다.

탈보트는 군사들의 용맹성과 수적 우위만을 믿고 맹목적으로 돌격했던 것이다. 그는 그 어떤 포병대의 엄호도 받지 못했었던 것 같다. 이는 크레시 전투와 푸아티에 전투의 재판이라고 할 수 있으나 이번에는 상황이 뒤바뀌어 무모함의 대가를 치른 것은 영국쪽이었다. 군기가 잘 잡히고, 양호한 포병 지원을 받은 프랑스 기사들은 상대의 혼란을 틈타 치명상을 입힐 수 있었다.

이 패전의 소식에 분노한 영국 국민들의 마음은 얼음장같이 차가워졌고 불만에 찬 대귀족들은 이런 분위기를 이용했다. 1450년 대신(大臣) 서펙을 실각시키고, 심지어는 죽게까지 만들었던 요크가의 리처드는 마르그리트 당주 왕비가 이끄는 정부에 대해 저주의 말을 퍼부었다. 영국 국민들은 과거 에드워드 2세의 정부에 대해 그러했던 것처럼 그녀를 '프랑스의 암늑대'라고 불렀다. 하지만 이 의연한 여군주는 조금도 물러서지 않고 맞섰다. 1453년 10월 13일 그녀는 당시 점차로 신비주의적 광기 속에 빠져들고 있던 남편에게 아기를 하나 낳아 주었다. 야심가 요크 경은 왕의 병약한 상태를 틈타 스스로 왕국의 '보호 대공'의 칭호를 획득했으나 왕이 다시 일시적으로나마 이성을 회복하여 그 칭호를 상실하고 만다. 1455년 봄, 요크 경은 자신의 요크 백작령에 위치한 샌달로 물러나 거기에 그를 지지하는 워릭 백작과 솔즈베리 백작을 불러모은다. 이렇게 하여 반란을 일으킨 '백장미'의 귀족들은 랭커스터 왕가의 '홍장미'와 맞서게 된 것이다.

역사상 이 무자비한 싸움에서처럼 기사도의 규칙이 야만스럽게 짓밟힌 경우도 없었다. 물론 과거에도 승자가 패자를 용서해 주는 영예의 법칙을 위반하는 경우(레클뤼즈 전투 · 아쟁쿠르 전투)가 있기는 했다. 하지만 그것은 고립된 예들일 따름이었고 이런 일이 일어날 때마다 사람들은 경악하곤 했었다. 포로들이 몸값을 지불하고 석방되는 것, 이것이야말로 바람직한 전쟁으로 여겨졌었던 것이다. 하지만 이 장미 전쟁 동안 평민 보병들은 나중에 아군으로 전환하여 사용할 수 있기 때문에 석방되는 경우가 많았으나 적군의 장수들은 무자비하게 참수되거나 살해되었다. 랭커스터파와 요크파는 숨막힐 정도의 빠른 리듬으로 승리와 패배를 반복했다. 1460년 가을 동안 '증오심으로 사나워진'(이것은 미슐레의 표현이다) 마르그리트 여왕은 북부에 있는 백작령들과 웨일스 지방에서 군사를 일으켰다. 그해 12월 30일, 그녀는 웨이크필드에서 리처드 요크 공작의 군대를 궤멸시킨다. 클리포드 경은 패배한 요크 경의 어린 아들 러틀랜드 백작을 그의 애원에도 불구하고 가정교사와 함께 무참히 죽여 버린다. 이에 사람들은 그를 '웨이크필드의 백정'이라고 부르게 된다. 요크 공작 역시 살해당했고 그의 피에 젖은 머리는 인근 도시의 성벽 위에 꽂힌 말뚝 위에 걸렸다. 포로가 된 그의 부관 솔즈베리 백작 역시 버킹엄 공작의 서자인 엑세터 경의 명으로 참수된다.

'킹메이커'라고 불렸던 워릭 백작은 이 시대 대공들의 가장 전형적인 모습을 보여준다. 다른 대공들과 마찬가지로 그 역시 사병(私兵)들을 거느리고 있었는데, 그 수가 거의 3만에 달했다고 한다. 그의 궁 안에서는 측근들과 부하들을 먹이기 위해서 여섯 마리의 황소가 구워졌다고 한다. 이 워릭 백작이 웨이크필드에서 죽은 요크 경의 아들 에드워드 4세를 왕좌에 앉힌다. 1461년 3월 4일, 에드워드 4세는 스스로 영국 왕임을 선언한다. 그리고 그는 3월 28일과 29일 양일간에 걸쳐 벌어진 타우턴 전투에서 랭커스터파를 물리치고, 웨스터민스터 사원에서 대관식을 거행한다. 얼마 후 에드워드 4세는 가련한 헨리 6세를 사로잡아 런던탑에 처넣는다. 이에 왕비와 어린 웨일스 공 에드워드는 도주하여 프랑스 궁정에 몸을 의탁하게 된다. 이렇게 왕위를 찬탈한 요크가의 왕은 몇년 동안 느긋하게 왕위를 즐길 수 있었다. 하지만 워릭 백작은 왕이 자기가 세운 공에 대하여 충분한 보상을 해주지 않았다고 불만을 품게 된다. 그래서 그는 도버 해협을 건너 마르그리트 당주 여왕에게 검의 봉사를 제공하게 된다.

르네 왕의 딸 마르그리트 왕비는 군사를 일으킨다. 그리고 그녀의 사촌이기도 한 프랑스 국왕에게 상당한 액수의 군자금을 빌려 영국땅을 침공한다. 거기서 자신의 남편을 해방하고, 에드워드 왕으로 하여금 그의 매형 부르고뉴 공작의 궁정에 도망가게 만든다. 하지만 이 랭커스터파의 승리 역시 그다지 오래가지 못했다. 이제 자신은 랭커스터가의 충성스런 신하라고 선언한 워릭 백작은 빼앗긴 왕국을 되찾으러 군대를 이끌고 다시 돌아온 요크가의 에드워드에게 살해당한 것이다. 3주일도 채 안 되어 행운의 여신은 다시 백장미쪽을 향해 미소지었다. 마르그리트 왕비의 군대가 투크스베리에서 궤멸된 것이다. 전투가 끝난 후 웨일스 공 에드워드는 무자비하게 칼에 찔려 죽는다. 그리고 헨리 6세 자신도 살해된다.

이후로는 에드워드 4세의 절대적인 지배가 시작된다. 살해당한 랭커스터파 귀족들로부터 빼앗은 영지가 산출하는 풍요한 산물로 인하여 그는 호화스런 생활을 영위할 수 있었다. 그는 1483년 4월 9일에 죽는다. 그리고 그의 아들 에드워드 5세는 숙부 리처드 글로스터의 섭정하에 놓이게 된다.

그러나 이 숙부라는 사람은 야욕에 눈먼 자였다. 그는 아직 어린아이에 불과했던 왕을 그의 어머니 엘리자베스 우드빌에게서 빼앗아 런던 탑에 가두고, 얼마 후 왕자의 어린 동생과 함께 죽여 버린다. 그리고 1483년 7월 6일, 웨스터민스터 사원에서 대관식을 거행하고 스스로 왕좌에 오르니 이 사람이 바로 리처드 3세이다. 하지만 그는 조카들의 피를 뿌리고 탈취한 이 왕위를 오래 누리지는 못하게 된다. 왕위의 새로운 경쟁자가 나타났기 때문이다. 리치먼드 백작이며, 외가쪽을 통해서는 랭커스터가의 후계권이 있는 헨리 튜더가 요크가의 왕에 반기를 들고 일어섰던 것이다.

1485년 8월 22일, 보스워스(레스터 근처) 전투가 일어나려 하고 있었다. 리처드 3세의 병력은 적의 그것에 비해 훨씬 우위에 있었다. 하지만 전투가 한창 진행중일 때 스탠리 경이 진영을 바꾸어 자신의 모든 사병들을 거느리고 리치먼드쪽에 합류해 버렸다. 절망적인 전투 끝에 리처드는 전사하고 만다. 그가 쓰던 왕관은 들장미 덩굴 아래에서 발견되었다. 승자는 곧 그것을 주워서 머리에 썼다. 그리고 그는 헨리

7세라는 이름으로 오랫동안, 그리고 영광스럽게 군림하게 된다.

이것이 장미 전쟁의 매우 간략하게 압축된 이야기이다. 이 분쟁 가운데 기사들은 거의 모두가 명예 의식을 상실했다고 할 수 있는데, 그것은 상대 가문에 대해 품은 증오심이 너무도 강렬했기 때문이다. 이 전쟁중에 열두 번 가량의 대전투가 벌어졌는데, 이 가운데 기사들이며 전사들은 아예 말에서 내려 격돌했다. 도끼며 전투용 망치들이 피를 뿌리며 난무했던 이 야만스런 육박전 속에서 전술상의 진보란 기대할 수 없었다. 걸작 《리처드 3세》를 쓴 셰익스피어는 참으로 옳은 말을 남겼다. 35년 동안 피에 물든 알비온에 있었던 것은 배신과 살인·고통과 극적인 상황 반전뿐이었다. 과거의 영국 기사층의 상당수가 이때 사라져 버렸다.

강력한 군대, 그리고 사전에 예측되고 준비된 자원에 기반을 둔 중앙 집권적 권력은 프랑스 왕국을 질서와 평화의 길로 접어들게 했다. 이 군주적 질서는 종래의 봉건적 질서를 대체했다. 단려왕 필리프에 의해서 시작된 움직임은 불행히도 백년 전쟁 때문에 잠시 중단되었지만 다시 그 필연적인 힘으로 계속 진행되어 나간다. 이제 길들여진 프랑스 기사들은 왕의 재무관들이 지급하는 급료를 받기 위하여 각자의 정해진 위치 속으로 얌전히 들어가고 그들에게 부과된 규율을 받아들이게 된다. 그들은 영불 전쟁으로 말미암아 파산했던 것이다. 그들 자신, 혹은 자녀들의 몸값을 지불하기 위하여 그들은 자신의 영지들까지 부르주아 대금업자들에게 담보로 걸어야 했다. 따라서 이제 귀족들은 왕이 하사하는 빵을 기쁜 마음으로 받아들일 수밖에 다른 방도가 없었다. 바로 이런 이유로 해서 모든 이들이 국왕전속 부대에 기를 쓰고 들어가려 했던 것이다. 하지만 기사들은 그들의 자긍심마저 버리지는 않았다. 우리는 이탈리아 전쟁을 통하여 철갑 기사들이 선배들 못지않은 용기와 희생 정신을 보여주는 모습을 확인하게 될 것이다. 하지만 이 모든 것들도 이제는 강력하게 조직된 국왕 군대라는 한계 속에서 이루어질 것이다.

그동안 영국은 내란이 가져온 야만 상태 속으로 빠져들고 있었다. 하지만 영국의 부르주아들뿐 아니라 대부분의 귀족들조차도 이 동족 상잔의 투쟁에 직접 참여하지는 않았다는 사실을 알아야 한다. 그들이 누렸던 지난날의 영광에 대하여 향수를 느끼고 있는 영국 사람들은 귀족들간에 벌어지는 이 유혈극을 서글픈 시선으로 바라보고 있을 뿐이었다. 따라서 그들은 튜더 왕조의 헨리 7세와 그의 후계자들이 왕권의 위신을 전부 회복하고, 분열된 나라를 재통일한 데에 대하여 감사하는 마음을 지니고 있었다. 웨일스 출신의 강맹한 족속인 튜더 가문은 갱신된, 그리고 이제는 현명한 지혜를 사용하며 국회와 공존하는 방법을 배우게 된 귀족 계층을 기반으로 하여 영국이라는 커다란 섬에 자존심과 번영을 다시금 안겨 주게 될 것이다.

19

1백 년간의 십자군 운동:
막을 수 없는 이슬람의 부상 2

투르크의 국경을 위협하던 몽고인들은 이제 멀리 떠나 버렸다. 앙카라 전투의 패장의 손자 무라드 2세는 이제 오스만투르크 제국의 패권을 비잔틴 제국의 남은 부분과 발칸 반도 전체에까지 확장시킬 것을 꿈꾸고 있었다. 하지만 여기에서 필사적으로 영토를 지키기 위해 저항해 오는 2명의 기독교도 영웅이 있었다. 첫번째 인물 스칸더르베그는 극히 기묘한 인물이었다. 원래 스칸더르베그라는 이름의 이 알바니아인은 이슬람교도로 자라났다. 그런데 니슈의 패전(1443년)이 있었던 날 저녁, 그는 이슬람교도의 진영을 떠난다. 그리고 두라초의 코 앞에 있는 크루제라는 마을을 점령하고, 이때부터 무라드 2세에게 악착스레 맞서는 적으로 변신한다. 1444년 알바니아인들은 그를 자신들의 대공으로 인정한다. 그는 1468년에 죽을 때까지 조국의 험악한 산악 지형을 이용하여 오스만투르크 제국에 대한 절망적인 투쟁을 계속한다.

두번째 인물 야노슈 후냐디는 트란실바니아의 소귀족 출신으로, 침략자 투르크인들에 대한 투쟁에 평생을 바친다. 그는 1440년 베오그라드 근방에서 싸웠으며, 4년 후에는 마로스 센트 임레에서 전투를 벌인다. 헝가리의 귀족들은 1446년 그를 아직 미성년의 나이이던 라슬로 5세의 섭정으로 선언한다. 그는 헝가리 동남부의 국경을 견고하게 구축하고, 침략해 오는 오스만투르크군을 막아내는 데 성공한다.

비잔틴 제국의 황제 요한 8세는 바젤 공의회에 이어 1439년 열린 페라라−피렌체 공의회에 참석한다. 그는 거기서 공의회의 교부들에게 로마 교회와 그리스정교 사이의 분열 상태를 종식시키겠노라고 약속했다. 하지만 비잔틴의 백성들은 그를 따르지 않았고, 콘스탄티노플에 있는 황제의 대리인들에게 적대감을 드러냈다. 따라서 공의회에서 교회 통일에 관한 협약을 체결한 두 당사자는 이 조약이 한낱 덧없는 것에 불과하다는 사실을 느끼고 있었다.

1444년 바르나에서 기독교도들에 대하여 대승을 거둔 술탄 무라드 2세는 1451년 세상을 뜨고, 그뒤를 이어 아들 메메드 2세가 새로운 '신자들의 사령관'이 된다. 예외적인 강한 의지력의 소유자인 이 젊은 군주는 우선 하나의 목표를 정했으니, 그것은 콘스탄티노플을 점령하는 것이었다. 이 먹잇감은 손쉽게 얻을 수 있을 듯 보였다. 도시 전체 중 한 교외 부분만이 성벽으로 방어되고 있었다. 게다가 비잔틴 황제 콘스탄티누스 드라가세스의 군대는 수천 명에 불과했다. 이 거대 도시의 방어를 위하여 황제는 대단히 견고한 성벽들과, 반드시 달려와 그를 도와 줄 기독교도의 함대에 모든 기대를 걸고 있었다. 투르크군은 이미 공격을 개시하고 있었다. 하지만 이미 네 차례나 그들의 공격은 매우 효율적인 방어가 가능한 지형에 위치해 있는 콘스탄티노플의 성벽에 부딪혀 번번이 실패할 뿐이었다.

1453년초 비잔틴 제국 사람들은 기독교도 함대가 닻을 댈 수 있게끔 권양기(捲楊機)로 무거운 쇠사슬을 당겨 황금뿔(보스포루스 해협의 유럽쪽에 있는 좁고 긴 만으로 천혜의 정박지를 이루고 있기 때문에, 이것을 중심으로 하여 콘스탄티노플 항구가 형성되었다) 만을 가로질러 걸쳐 놓았다. 그리고 그들은 난공불락의 성벽을 손보아 더욱 견고한 것으로 만들어 놓았다. 하지만 비잔틴 황제는 커다란 실망을 맛보게 된다. 기독교 함대에 타고 온 병력은 주스티니아니(그가 지극히 용맹한 대장인 것은 사실이었지만)가 이끄는 베네치아와 제노바 군사 2천 명에 불과했던 것이다. 따라서 그의 휘하에 있는 5천 명의 병력과 다 합쳐도 이 거대한 도시를 방어할 병력이라고는 겨우 7천 명밖에 되지 않았던 것이다. 또 비잔틴 국민들이 무장 투쟁을 하도록 유도하는 것도 거의 불가능했다. 귀족들과 상인들은 재산을 숨기는 데만 급급했고, 서민들은 때가 되면 나타나 이 새로운 센나케리브[기원전 7세기 아시리아의 왕] 군대에게 흑사병을 내려줄 수호천사를 기다리고 있을 따름이었다.

메메드 2세는 침략군을 가동시켰다. 당시 그는 거의 20만에 달하는 대군을 거느리고 있었다고 한다. 포병대만 해도 1백30개의 대포를 보유하고 있었다. 우르뱅이라는 이름의 헝가리 출신의 배교자가 진두지휘하여 제작한 거대한 기계 하나는 1천3백 파운드의 돌덩이를 1천 미터 떨어진 곳까지 날릴 수 있었다. 실로 당시의 핵무기라고 할 수 있었다. 백인 근위 보병인 자니세르, 투르크 기병인 시파히, 비정규군인 바시 부주크 등으로 구성된 술탄의 군대는 이슬람교 율법사들의 설교에 넋이 나가 있었다. 성전을 벌이다 죽는 병사는 비록 콘스탄티노플의 함락을 보지 못할지라도 알라신의 낙원에 가게 될 것이라는 내용이었다…….

1453년 4월 5일, 완벽하게 조직된 이 군대는 그리스인의 거대도시 앞에 텐트를 친다. 자신감에 찬 투르크인들은 쉽사리 승리할 수 있을 것이라 확신하고 있었다. 자신들의 전력상 우세가 너무도 명백했던 것이다! 하지만 그 대형 대포는 겨우 몇 개의 거대한 돌덩이를 날리고 난 후 폭발되고 만다(그 통에 우르뱅을 비롯한 포병 수십 명이 사망한다).

또 과감할 뿐 아니라 꾀도 많은 대장 주스티니아니는 투르크 함대를 공격하여 그 중 몇 대를 침몰시킨다. 하지만 호기 넘치는 메메드 2세가 이 정도에 낙담할 리 없었다. 그는 통나무 굴림대들을 교묘하게 연결하여 그의 함대를 보스포루스 해협에서부터 황금뿔 만에까지 그 위에 굴려오게 하였다. 돛을 활짝 편 배들이 비탈길을 굴러 내려와 접근할 수 없었던 곳으로 여겨졌던 황금뿔 만에 마술처럼 질서정연하게 내려앉는 모습은 정말이지 등을 오싹케 하는 광경이 아닐 수 없었다.

이 성공에 용기백배한 메메드 2세는 5월 29일 아침, 본격적으로 도시를 공격하였다. 콘스탄티누스 드라가세스는 위험이 있는 곳이면 어디든지 나타나 고함을 지르거나 몸소 싸우기도 하면서 부하들을 독려했다. 하지만 주스티아니는 치명상을 입어 함대의 선상에 이송되었다. 그가 성벽 위에서 모습을 감추자 이탈리아인들과 그리스인들의 사기는 크게 움츠러들었다. 투르크군 역시 수많은 사상자를 내었다. 수차례에 걸친 공격은 엄청난 피를 흘리며 실패를 거듭했던 것이다. 하지만 결국 그들은 포위된 성의 관문 중의 하나를 탈취하는 데 성공한다. 그리고는 그 문을 통하여 투르크군이 물밀듯 쏟아져 들어왔다. 황제는 살해되었고, 그리스군의 방어는 단번에 와해되어 버렸다.

그리고는 참혹한 장면들이 연출되었다. 수천의 그리스인들은 이탈리아 함대의 배들에 서로 올라타려고 아우성을 쳤으나 성공한 사람은 별로 없었다. 다른 이들은 하늘에 대고 결코 내려오지 않는 기적을 빌다가 결국엔 이슬람교도 백징들의 반월도에 목이 잘려나갈 뿐이었다. 그리고 역사상 가장 참혹했던 약탈(다른 하나는 1204년 십자군이 자행한 약탈이었다)이 3일간에 걸쳐 계속되었다. 열에 들뜬 투르크 병사들은 콘스탄티노플을 마음껏 유린했다. 강간·약탈·살인이 쉴새없이 계속되었다. 대공들의 어린 아들, 딸들은 노예로 끌려가 동방 제후들의 하렘 속에 벌어지는 온갖 난행의 제물로서 그 생을 마감할 것이었다. 도시의 도서관들, 고대의 모든 지혜를 간직하고 있던 이 귀중한 도서관들이 약탈당했으며 교회당들은 더럽혀졌다. 메메드 2세는 말을 탄 채로 성 소피아 성당 안으로 들어가 자신이 이룬 죽음의 작품을 취한 듯한 시선으로 둘러보았다. 산더미같이 쌓인 보화들·금·은·귀한 명주·설화석고와 반암(斑岩)으로 만든 항아리…… 이 모든 보물들은 아시아로 향하는 배들에 실려 나갔다. 승리감에 취한 술탄은 콘스탄티노플을 자신의 제국의 수도로 삼을 것을 결정했다.

기독교권 최대의 거대 도시를 정복하기 위하여, 그리고 지중해의 거의 대부분을 지배했던 비잔틴 제국의 마지막 흔적을 지도상에서 지워버리기 위해서는 단 54일로 충분했다. 이 전투에서 살아남은 자들이 아직도 겁먹은 눈을 하고 성스런 도시 콘스탄티노플이 겪은 참혹한 수난을 전해 주자 서유럽 곳곳에서는 공포의 탄식 소리들이 터져 나왔다. 수많은 기독교도들은 기독교 세계의 방벽이라 할 수 있는 이 도시를 돕지 않은 데에 대하여 뼈저리게 후회하였다. 기독교 세계? 이제 그것은 '머리를 잃었다'고 교황 니콜라우스 5세의 영향력 있는 비서인 에네아 실비오 비콜로미니가 탄식했다. 그리고 그는 비통한 어조로 덧붙였다. "이제 교황도, 황제도 사람들의 존경도 복종도 받을 수 없게 되었다. 이제 사람들은 그들을 하나의 허구적 존재, 그림 속의 인물같이 여길 뿐이다." 이제 교황청은 교회 동서 대분열의 마지막 후유증을 떨쳐 버릴 수 있게 되었지만 아직 예전의 위엄을 되찾지 못하고 있었다.

하지만 교황들이 오스만투르크의 위협에 맞서기 위해 기독교도들을 봉기시키는 시도를 하지 않았다고는 말할 수 없다. 콘스탄티노플의 함락은 유럽의 수많은 왕공들과 영주들을 불안에 떨게 만들었다. 우리는 앞에서 1454년 2월 선공 필리프가 극적으로 연출된 축제가 끝날 무렵 이교도들을 다르다넬스 해협 저편으로 쫓아 버리겠노라고 '뀡에 걸고' 맹세한 것을 본 바 있다. 이 '서방의 대공'은 실제로 강력한 원정대까지 결성하였으며, 합스부르크 황제 프리드리히 3세에게 라티스본에서 만나자고 요청하였다. 하지만 심약하고도 겁이 많은 황제는 오지 않았다. 이에 필리프 공작은 얼마나 화가 났던지, 그의 최초 뇌일혈 발작이 이때 찾아왔다. 그래서 그는 자신의 땅으로 되돌아오지 않을 수 없었던 것이다.

한편 발칸 반도에서는 투르크인들에 대한 투쟁, 영웅적인, 그러나 중과부적의 항쟁이 계속되고 있었다. 스칸더르베그는 1468년 사망한다. 그가 죽고 나자 알바니아는 정복자의 손에 넘어가고 만다. 하지만 투르크가 항상 성공만 거둔 것은 아니었다. 교황 칼리스투스 3세는 현지의 기독교도들로 하여금 항쟁을 계속하도록 격려하면서 군자금을 보내 주었다. 그리고 열렬한 선교사 카피스트라노는 현지에서 설교를 통하여 성전을 호소하였다. 1456년, 마자르족의 영웅 야노슈 후냐디는 베오그라드를 용맹하게 방어하여 투르크군을 격퇴하였다. 결국 투르크군은 수개월간 양 진영을 기진맥진하게 만든 농성전을 포기하고 철수하지 않으면 안 되었다. 이 위대한 헝가리인은 얼마 후 사망한다. 그러나 죽을 때까지도 그는 투르크인들을 불가리아에까지 몰아내었다. 그의 아들 마티아슈 코르비누스는 1458년 헝가리 왕으로 선출된다. 그리고 그는 투르크의 완강한 적수로서 투쟁을 계속해 나갈 것이었다.

하지만 메메드 2세는 베오그라드에서의 쓰라린 실패에도 불구하고 서방에 대한 진격의 끈을 늦추지 않는다. 그리하여 1458년에는 모레아를, 1464년에는 보스니아를 정복하며 그곳에서 상업 활동을 하고 있던 수많은 제노바인들과 베네치아인들을 쫓아낸다. 새 교황, 즉 1458년 피우스 2세의 이름으로 교황의 삼중관을 쓰게 된 이 뛰어난 인물 에네아 실비오 피콜로미니는 이교도들에 대한 투쟁에 헌신할 것을 결심한다. 그는 기독교권 왕공들의 정신적 해이를 한탄하며 1463년 다음과 같은 글을 쓴다. "좋다! 이제 우리는 백발이 되었고 몸은 병들었지만, 가톨릭 신앙을 수호하기 위한 전쟁을 우리의 의무로서 떠맡을 것이다."

다음해 1464년, 피우스 2세는 십자가를 메기 원하는 모든 기독교도들의 모임을 제안한다. 하지만 초대받은 대공들은 결국 오지 않는다. 아드리아 해가 바라보이는 해안에 도착한 교황은 거기 구름같이 모여 있는 자원자들의 무리들을 본다. 하지만 그들은 모두 누더기차림의 초라한 몰골이었고, 게다가 역병마저 휩쓸고 있었다. 설상가상으로 교황 자신도 역병에 걸려 버렸다. 베네치아 선단이 나타났다고 신하들이 알려 주었을 때 그는 한숨을 내쉬며 말했다. "어제 이 교황에게 부족한 것은 선단이었으나 오늘 이 선단에는 교황이 없게 될 것이라……." 이렇게 베네치아 총독은 교황의 임종을 지켜보았다.

서자 앙투안 드 부르고뉴는 기독교계의 명예를 회복하기 위하여 현재 이슬람교도들과 포르투갈인들이 서로 차지하려고 싸우고 있는 모로코의 항구 세우타 앞에서 이교도들과 전투를 벌인다. 그는 승리하였지만, 이 승리에는 지엽적인 의미밖에 없었다.

이렇게 투르크의 진출에 맞서는 왕공이나 영주가 없었다는 사실은 당시 시대의 진실을 보여주는 하나의 징조였다. 더 이상 십자군의 이상에 의해 움직이지 않는 기사들…… 이제 진정한 기사도는 빈사 상태에 빠져 있었던 것이다. 과거 십자군의 이상은 모든 기독교 세계의 결속제 역할을 했다. 14세기에는 녹백작·루이 드 부르봉·장 드 느베르 같은 이들이 일으킨 십자군 운동에는 여전히 많은 제후들이 자원해 참여했다. 하지만 그들의 손자들은 이제 향락으로 신경이 연약해지고, 장미 전쟁 때 영국인들이 그랬듯 개인적인 이해 관계에만 사로잡혀 서로를 해치기만 할 뿐 조부들이 보여준 숭고한 모습을 다시 보여줄 능력이 없었다. 벌써 기사 제도에는 조종이 울려진 것이다.

하지만 기사 제도의 용맹한 옹호자들이 완전히 사라진 것은 아니었다. 성 요한 기사단의 승려 기사들은 투르크군의 거듭되는 공격에도 불구하고 1522년까지 로데스에 있는 요새를 견고히 지켜냈다. 그리고 이 승려 기사들은 말테 섬으로 피신을 하는데, 이후 이 섬은 난공불락의 장소로 남게 될 것이다.

20
이탈리아: 용병의 시대

14, 15세기의 스페인이 카스티야·아라곤·나바르, 그리고 코르도바 이슬람교국과 같은 왕국들로 이루어진 모자이크였다면 이탈리아는 대공령들과 공화국들의 집합체였다. 성 베드로의 후예인 교황들의 영역은 로마를 그 수도로 하고 있었다. 이 교황령은 로마 인근의 시골 일대와 오스티아에서 안코나에 이르는 긴 띠 모양의 영토에 걸쳐 있었다. 남부의 드넓은 영토를 지배하는 나폴리 왕국과 시칠리아 왕국은 앙주의 카페 왕가, 그리고 후에는 아라곤 가문의 대군령이었다. 밀라노 공작령은 비스콘티 가문의 학정 아래 신음하고 있었다. 또 수백 년에 걸친 라이벌 관계에 있는 소국(小國)들로 이루어진 이탈리아 북부는 마치 미로와 같이 얽히고 설켜 있었다. 그러나 강력한 힘을 가진 피렌체·제노바, 그리고 베네치아 같은 상인들의 공화국들은 귀족들, 꾀바른 상인들, 그리고 대담한 선주(船主)들이 소유한 부로 인해 이탈리아 내에서는 군계일학적인 존재들이었다.

귀족들이 추방당한 피렌체를 다스리는 것은 시의 장관이었지만, 실질적인 힘을 지니고 있는 것은 은행가들과 명주와 모직 등을 취급하는 중개상들로 구성된 지배 계급이었다. 콰트로첸토의 시대, 즉 15세기에는 메디치가가 발흥하게 될 것이다. 이 세기 후반 이 메디치가의 코시모·피에로 일 고토소, 그리고 로렌초 등은 명목상의 권리는 없지만 실질적인 독재 정치를 하게 된다. 코시모는 '조국의 아버지'라는 칭호까지 얻는다.

제노바는 라이벌 베네치아와 마찬가지로 바다, 그리고 해상무역이 이루어지는 항구에 의존하여 살고 있었다. 성 조르주[전설에 의하면 성 조르주(영어의 성 조지)는 베이루트에서 용을 죽이고 희생물로 바쳐진 공주를 구했다고 한다. 편력 기사 전형으로서의 성 조르주에 대한 숭배는 6세기경부터 동양과 서양에서 이루어졌으나 십자군이 동방에서 들여온 후 유럽 전역에 퍼지게 되었다. 특히 제노바·베네치아·바르셀로나, 그리고 영국 등의 수호성자로 숭배되고 있다] 은행의 지원을 받는 제노바의 선주들은 동방을 향해 배들을 띄워 비단길과 향료길의 '종착지'를 찾기도 했다. 또 제노바는 근처에 있는 피사를 제압하는 데 성공했으나 베네치아와의 경쟁은 훨씬 더 힘들고, 심지어는 무자비하기까지 한 싸움이었다.

도제[Doge; 옛 베네치아나 제노바의 총독을 일컫는 말]들의 도시, '승리를 구가하는 도성'(이것은 이 도시에 대하여 찬탄을 금치 못하는 코민의 표현이다)의 세력은 당시 절정에 달해 있었다. 11세기에 베네치아는 콘스탄티노플의 황제로부터 지중해에 있는 비잔틴 해역 내에서 독점적인 교역권을 얻어냈다. 베네치아인들은 자신들의 특권을 지키기 위하여 지중해 해상에서 부딪히는 한자동맹 독일 상선들을 침몰시키기까지 하였다. 베네치아 귀족들은 프랑스나 독일의 제후들만큼이나 자신의 출신에 대한 자긍심을 지니고 있었다. 그들의 이름은 공화국의 황금서 안에 새겨져 있었다. 베네치아 공화국을 지배하는 것은 시위원회였는데, 이 시위원회의 구성원들은 상호 감시를 통해 서로 견제하게 되어 있었다. 도제는 사람들의 존경을 받았으나 그의 권한은 십인회와 상원에 의해 제한되어 있었다.

이 이탈리아 공화국들의 귀족들은 기사들과 같은 생활을 영위했다. 그들은 전원에서 매사냥을 즐겼으며, 도성의 거리에서는 토너먼트를 벌였다. 메디치가의 로렌초는 1469년의 토너먼트에서 그의 귀부인, 뇌쇄적인 루크레치아 도나티의 색깔을 입고 출전한다. 그의 좌우명은 그들이 누리던 풍요한 시대를 상징하고 있었다. '시간은 되돌아온다.' 리카르디-메디치 궁에 있는 유명한 프레스코화 가운데 그는 동방박사의 모습으로 그려져 있는데, 왕실 혈통의 군주와 같은 옷차림을 하고 있다. 하지만 피렌체나 제노바의 신중한 중개상인들이 전장에 직접 나서는 일은 거의 없었다. 하지만 교황파 겔프당과 황제파 기벨린당이 싸우던 시대부터 도시들간에는 전쟁이 빈번하게 일어났다.

때문에 값비싼 용병들을 고용하지 않을 수 없었다. 용병대 대장은 각 도성의 군주들이나 귀족들에게 재정 지원을 받고 그들에게 군사 서비스를 제공했다. 그들은 스스로 필요한 용병들을 모집하고, 훈련시키고, 장비를 갖추어 주어 가공스러운 인간병기들로 키워냈다.

최초의 용병 가운데에는 외국인 출신이 많았다. 예를 들어 브르타뉴 출신이며, 베르트랑 뒤 게클랭의 기수를 지냈던 자의 사촌이기도 한 실베스트르 드 뷔드 등을 들 수 있다. 가톨릭 교회의 대분열이 일어나 교황 우르바누스 6세와 클레멘스 7세가 대적하게 되었을 때 그는 무시무시한 '클레멘스파'로 활동했다. 그는 브르타뉴 용병들의 선봉에 서서 '교회 만세! 생 말로와 생 이브를 위하여!' 라고 소리치며 자신의 고용자를 위하여 열렬히 싸웠다. 바로 이런 이유 때문에 그의 별명은 '교회의 수호자'였다. 하지만 불행히도 그는 아미앵의 탐욕스러운 추기경, 장 들라 그랑주의 화물과 은제품들을 약탈한 죄목으로 교황청의 명에 의하여 참수되었다.

이 실베스트르 드 뷔드가 전쟁에서 자주 마주쳤던 이가 하나 있었으니, 그는 크레시 전투와 푸아티에 전투의 영웅 영국인 존 호크우드 였다. 1360년 브레티니 평화 조약으로 말미암아 그는 일감을 잃는다. 그는 1362년 프랑스 대원수를 격파한 무시무시한 '늦게 온 자들' 무리에 속해 있었다. 프로방스 백작령을 약탈한 다음, 그는 이탈리아로 건너가 거기서 밀라노 공작에게 봉사하게 된다. 또 그는 교황과 피렌체 공화국을 위해서도 활동한다. 이탈리아인들은 그를 조반니 아쿠토라고 불렀다. 그는 부와 영예를 획득한 후 로마에서 죽는다. 이 무서운 용병 대장은 유언장을 통하여 상당한 액수의 유산을 가난한 사람을 위한 구호 기관 창설을 위해 내놓는다. 그가 내놓은 조건은 이 구호 기관의 혜택을 입는 사람들이 자신의 영혼의 구원을 위해 기도해 달라는 것이었다. 아마도 생전에 지은 많은 죄들이 마음에 걸렸던 모양이다.

하지만 각국의 왕공들과 공화국의 상인들은 '야만적인'(이는 이탈리아에서는 외국 출신이라는 뜻이다) 용병들이 가끔 '규칙'을 준수하지 않는다고 생각했다. 전에도 시모네 마르티니의 프레스코화에서 성벽 앞에서 말을 달리며 용맹하게 싸우는 모습으로 표현된 바 있는 구이도라초 다 폴리뇨 같은 이탈리아 출신의 용병 대장이 항상 있어 왔던 것이 사실이다. 하지만 14세기말에는 수많은 이탈리아 출신의 용병 대장들이 출현하여 이들은 용병의 전성기라고 할 수 있는 14세기의 영웅이 된다. 이들은 로마(콜론나가, 오르시니가)나 밀라노(트리불체가)의 대귀족 가문 출신이거나, 타데오 주스티니아니, 알베리코 다 바르비아노같이 이보다는 좀더 지체 낮은 귀족 가문 출신, 혹은 용맹한 파치노 카네('개'라는 뜻)처럼 평민 출신이었다.

파치노 카네…… 이 유명한 용병 대장은 1390년 몬페라토 후작에게 봉사하고, 나중에는 밀라노 공작의 장수로 활약한다. 15세기 초반 그는 브레시아 전투와 카살레치오 전투를 승리로 이끈다. 이때 그의 영광은 절정에 달해 있었다. 비스콘티 공작은 그를 밀라노군 대장으로 임명한 수밖에 없었다. 에드몽-르네 라랑드의 표현에 따르면 '이 궁정의 시장, 이 쇼군'은 그의 군주를 불안하게 만들기 시작했다. 다행히도 그는 너무 위험한 인물이 되기 전에 사망한다.

무치오 아텐돌로의 생애는 마치 하나의 소설과도 같다. 보잘것없는 농사꾼의 아들로 태어난 그는 항상 답답한 현실에서부터 벗어나리라는 꿈을 꾸곤 했다. 그런데 어느날 그가 힘들게 괭이질하고 있던 밭 옆으로 군대가 지나가게 되었다. 그들을 따라갈 것인가, 아니면 이 비참한 삶을 계속할 것인가? 그는 속으로 생각했다. '곡괭이를 집어던져 보자. 만약 이 곡괭이가 여기 이 나뭇가지에 걸린다면 나는 이들을 따라갈 것이다.' 그리고 곡괭이가 나무에 걸렸고, 이렇게 주사위는 던져졌다. 무치오 아텐돌로는 군인이 되었다. 그는 자신을 '스포르차'(자신의 힘을 아는 자)라고 부르게 했고, 용맹함으로 대원들 사이에 큰 명성을 얻게 되었다.

내세울 만한 가문 출신이 아닌 용병들은 그들의 정체를 숨기기 위하여 별명을 사용하곤 했다. '아기'(피친니노), '얼룩 고양이'(가타멜라타), '말더듬이'(타르탈리아) 등등⋯⋯.

한 명의 용병을 훈련시키고, 필요한 무장을 시키는 데에는 적잖은 비용이 들었다. 또 그는 '규칙'을 준수해야만 했다. 이 규칙에 따르면 싸움이 일어나더라도 너무 많은 피를 흘리면 안 되었다. 즉 이끄는 부하들의 목숨을 지극히 아꼈는데, 그것은 인도주의적인 배려가 있어서가 아니라 그들 자신의 이해를 위한 것이었다. 예를 들어 1440년 안지아리에서 피렌체군이 승리를 거두었을 때——전설에 의하면——이 전투중에 발생한 사망자는 단 한 사람에 불과했다고 한다. 그것도 철갑 기병은 무거운 철갑 속에서 질식하여 죽었다는 것이다! 사실 실제의 전투에서는 이보다 많은 희생자가 나왔을 것이다. 하지만 15세기말 이탈리아인들은 '프랑스인들의 광기'를 보고 공포로 얼어붙었던 것이 사실이다. 정말이지 이 프랑스 '야만인들'은 조금도 '규칙'을 지키지 않았던 것이다.

교황 피우스 2세 피콜로미니는 다음과 같이 쓰고 있다. "너무나도 변화를 좋아하는 이탈리아, 고정된 것이라곤 아무것도 없는 이 이탈리아에서는 농노가 왕이 되는 것도 그다지 어려운 일만은 아니다." 무치오 아텐돌로의 아들, 프란체스코 스포르차의 이야기는 이 말의 생생한 예를 보여준다. 아버지가 죽었을 때 22세였던 프란체스코는 부친의 용병대를 물려받는다. 그는 차례로 교황 외젠 2세, 밀라노 공작 필리포 마리아 비스콘티, 그리고 새롭게 전쟁을 일으킨 바젤 공의회 등에게 봉사하게 된다. 결국 교황은 그에게 모든 사람이 탐내는 자리인 교회 장관의 직위를 부여하고, 나중에는 안코나의 귀족 작위까지 주게 된다. 몇년 후 프란체스코 스포르차는 파문당한다. 당시 교황청은 그의 영적 권위와 현세적 권력을 별다른 구별없이 마구 행사하였던 것이다. 그리고 스포르차에게 가해진 이 파문은 나중에 철회되기도 하였다.

그리고 나서 이 대담한 용병 대장은 아라곤 출신이며 나폴리 왕 페르난도를 위해 봉사하게 되고, 이 나폴리 왕은 그에게 칼라브리아 지방의 영지, 그리고 바리의 공작령까지 주게 된다. 이제 보잘것없는 농부의 손자가 공작이 된 것이다! 이것은 기적의 땅, 이탈리아에서나 가능한 일이었다. 이제 그는 비스콘티 가문, 이 대단한 가문의 마지막 공작의 유일한 혈육인 비앙카 마리아 비스콘티에게 청혼할 수 있게 되었다. 비앙카 마리아는 아름답고도 (약간 통통한 몸매였지만) 영리한 여인이었다. 그녀가 지참금으로 가져온 크레모나의 영지, 여기에다 장차 차지하게 될 엄청난 상속에 대한 전망은 무치오 아텐돌로의 아들처럼 냉철한 정신의 소유자가 아니었다면 아마도 머리를 돌게 했을지도 모른다.

그런데 의외의 일이 발생했다. 비스콘티 공작이 사망하자 밀라노인들은 스스로 공화국임을 선포한 것이다. 하지만 꾀바른 스포르차는 자신이 상속하게 될 영지의 주민들에게 민주 제도의 불편한 점들에 대하여 납득시켰다. 나를 공작으로 삼는 것이 더 낫지 않겠는가? 그는 민중들의 영웅으로 떠올랐고, 결국 무수한 촛불들로 밝혀진 홀 안에서 대관식을 거행하게 된다. 그리고 실제로 그는 국민들에게 좋은 군주가 되었다. 또 그의 아내는 많은 아이들을 낳아 주었으며, 그는 평화롭게 통치하다가 1466년 자신의 공작위가 후손들에게 잘 상속되리라고 믿으며 눈을 감는다. 그는 교묘하고도 섬세한 사람이었으며, 그의 능란한 책략에 대해서는 후에 마키아벨리가 찬사를 늘어놓게 될 것이다. 하지만 그의 아들 갈레아초 마리아는 부친의 이런 장점을 물려받지 못했다. 그는 문인들과 예술가들에 대해서는 너그러운 보호자였지만 밀라노 귀족들로부터는 큰 미움을 받았고, 결국 그들 중 하나가 1476년 그를 암살하게 된다.

이렇게 스포르차 가문에 두 용병 세대가 있었던 것과 마찬가지로 피친니노 가문에도 두 세대가 있었다. 아버지 니콜로는 필리포 마리아 비스콘티가 총애하는 용병 대장이었으며, 후에는 볼로냐의 영주가 된다. 그의 아들 자코포는 베네치아 공화국, 그리고 칼라브리아 공작인 장 당주를 위해 봉사하게 된다. 아버지보다 모험적인 성향이 강했던 르네왕의 아들은 그의 이탈리아 상속지를 되찾으려 무던히도 애썼다. 하지만 이를 위하여 벌인 원정전은 모두 실패로 끝났다. 자코포는 그를 배신하고, 대신 공작의 철천지 원수 아라곤의 페르난도편으로 건너가 버렸다. 하지만 의심 많은 나폴리 왕은 새로 자기편이 된 이 용병을 경계했다. 결국 얼마 후 그를 감옥에 처넣고 아무런 공식적 절차 없이 목매달아 죽이게 한다.

일명 '카르마뇰라' 프란체스코 부소네는 매우 비천한 출신이었다. 그는 피에몬테 지방의 돼지치기였던 것이다. 그는 처음에는 하인으로 용병대에 입대하여 나중에는 정식 군인이 된다. 그는 전투에서 용맹하였다. 그의 대장은 필리포 마리아 비스콘티였는데, 그를 신임하게 되어 자신의 군대 전체를 맡기게 된다. 하지만 군주와 용병 대장 사이에는 불화가 생겨 결국 용병 대장은 자신의 봉사를 원하는 베네치아로 도망친다. 돈이 많았던 베네치아 공화국은 유명한 콜레오니·가타멜라타 같은 최상급의 용병들을 고용할 수 있었다. 하지만 공화국은 이들을 완전히 신뢰하지는 않았다. 상원의원이기도 한 두 공화국 감독관은 항상 이들을 감시하여 총독과 십인회에게 이들에 대해 상세한 보고를 올리는 임무를 맡고 있었다. 카르마뇰라는 처음에는 찬사에 묻혀서 살았으나, 곧 베네치아인들은 그가 포로들을 너그럽게 풀어 주는 것을 의심어린 눈으로 보기 시작했다. 그리고 그는 여러 차례 전투에서 패배를 맛보았다. 그는 베네치아에 소환되었고, 소환된 날 시의 귀족들에게서 융숭한 환대를 받았다. 하지만 이 운하의 도시에 도착한 다음날 체포되어 피아첸차 광장에서 참수형을 받았으니, 이는 1432년의 일이었다. 아마도 그는 양다리 걸치는 행위를 했다는 혐의를 받은 듯하다.

반면 바르톨로메오 콜레오니는 최고의 영예를 누렸다. 그는 베네치아 공화국을 위하여 브레시아·베로나, 그리고 가르다 호수 등지에서 밀라노군을 격파했다. 그리고는 투구를 돌려쓰고 이번에는 필리포 마리아 비스콘티를 위해 봉사하게 된다. 1448년에는 베네치아로 다시 돌아온다. 그런데 이 도시의 의심 많은 성향을 감안하면 놀라운 일이 아닐 수 없는데, 베네치아는 자신을 등졌던 이 용병 대장에 대하여 조금도 원한을 품지 않았다. 오히려 그는 1454년 베네치아 용병대의 종신 총사령관이 된다. 많은 재산까지 받은 그는 이 재산을 고향 베르가메를 위하여 아낌없이 쓰고, 1475년 자기 집의 침대에 누워 편안히 눈을 감는다. 베네치나는 조각가 베로키오로 하여금 그의 기마상을 제작하도록 만들었다. 이 조상은 지금도 총독들의 제신전인 산 자니폴로 예배당 앞에 오연한 모습으로 우뚝 솟아 있다.

리미니의 영주 지기스문트 말라테스타는 프랑스 작가 앙리 드 몽테를랑의 비장미 넘치는 희극으로 인해 불멸성을 획득한 인물이다. 또 그는 셰익스피어에게도 영감을 주었다고도 한다. 피우스 2세는 그에 대하여 끔직한 초상을 하나 남기고 있다. 이 피콜로미니 교황에 의하면 그는 근친상간·거짓 맹세·살인·남색·신성모독 등 온갖 흉악한 죄악들을 자행했다고 한다. 한마디로 그는 흥미있는 인물이라 아니할 수 없다. 하지만 이 괴물 같은 사내의 생애에도 밝은 부분이 전혀 없지는 않았으니, 그것은 이소타 리미니에 대한 정열적인 사랑이었다. 그리고 이 아름답고도 영리한 여인은 그의 사랑에 화답했다고 한다. 말라테스타에게 그녀는 한 명의 여신이라고 할 수 있었으리라. 이 점을 제외하고는 그는 가장 추악한 짓들을 저지르고 다닌 자였다. 심지어는 그의 동성애 대상이 다름 아닌 카메리노의 영주 베니에 바라노, 즉 그의 장인이었을 정도니까. 그는 교황청에 의해 파문당하고 결국 저주받은 자로서 공개 화형에 처해지고 만다.

이 악명 높은 용병 대장이 남긴 일화 하나는 그의 성격의 기이함을 잘 보여주고 있다. 그는 교황 바오로 2세를 극도로 증오하고 있었다. 그는 교황을 암살하리라 마음먹고 교황께 알현을 요청하였다. 그러나 막상 흉악한 생각을 행동에 옮기기 직전, 그는 갑자기 교황 앞에 무릎을 꿇고 용서를 빌었다. 교황이 용서해 주지 않을 수 없는 상황이었다 (물론 마지못해 용서해 주었을 것이다).

하지만 이 사나운 용병 대장은 예술 방면에 있어서는 안목이 있는 보호자였다. 그는 피사넬로를 보호했고, 피사넬로는 지그스문트-이소타 커플의 모습을 담은 매력적인 메달을 제작했다. 또 그는 레온 알베르티에게 교회당 건축을 하나 맡겼는데, 이 교회당의 모습은 기독교적 분위기와는 너무 거리가 멀어서 지금도 현지인들은 이것을 '말라테스타의 사원'이라고 부르고 있다. 이 성전은 그의 기억을 후세에 남기기 위한 것이었는데, 사실 그는 (몽테를랑의 말에 따르면) 자신의 이름을 후세에 남기기 위해 상당히 노심초사했다고 한다.

이 음산하고도 피비린내 나는 인물들 가운데 대조를 이루는 기이한 인물이 하나 있었으니, 바로 '덕이 많은 용병대장'이라 불렸던 페데리코 다 몬테펠트로였다. 그는 당시 이탈리아의 군주들 사이에 매우 인기 높은 대장이었다. 그는 모두 19명의 군주를 위하여 봉사했으나, 사실 그는 매우 훌륭한 인물이었다. 우르비노 공작이기도 했던 그는 신하들에 둘러싸여 그들과 친밀한 대화를 나누며 산책을 즐기기도 했으며, 또 시민들의 축복의 대상이기도 했다. 그는 호인과 같은 어조로 다음과 같이 말하기도 했다. 즉 이 세상에 선택하기 힘든 것이 세 가지 있으니, 하나는 좋은 참외요, 또 하나는 좋은 말(馬)이요, 나머지 하나는 좋은 여인이라는 것이었다. 그리고 무언가를 결정해야 할 일이 있으면 보닛을 눈 위로 푹 눌러쓰고 자신의 영혼을 신에게 맡기곤 했다.

"그는 하나의 눈으로 모든 것을 본다." 이렇게 피우스 2세는 찬탄 어린 어조로 말하곤 했다. 왜냐하면 그는 어떤 토너먼트에서 불행히도 창 끝에 한쪽 눈을 잃었기 때문이다. 그래서 이 '덕망 높은 용병 대장'

의 수많은 초상화와 메달들 가운데 새겨진 그의 모습은 항상 옆모습 (왼쪽)으로만 나타나고 있다. 페데리코 다 몬테펠트로는 당시의 가장 개명한 예술보호자 중 한 명이었다. 라우라나가 건축한 장려한 현관 이 달린 그의 웅장한 궁전은 아직도 조금도 손상되지 않은 채 작은 우르비노 시를 압도하듯 서 있다. 그의 보호를 받은 피에로 델라 프란체스카는 그의 아내 바티스타 스포르차를 위하여 초상화 두 점을 제작했는데, 이 두 작품은 이곳 박물관이 자랑하는 걸작 중의 하나이다. 또 그는 우르비노의 보잘것없는 화가의 아들이었던 어린 라파엘로를 격려하고 키운다. 이 교양 있는 사내는 종종 플랑드르 화가 쥐스트 르젠트가 철학자들과 교부들의 부조상들로 꾸민 그의 서재 '스투디올로'에 들어가, 거기서 비토리오 다 펠트레 등 당대의 지성들과의 대화를 즐겼다.

볼테라 시를 약탈한 것은 이 '덕망 높은 용병 대장'의 생애 중 유일한 오점이라고 할 수 있을까? 이 조그만 도성은 피렌체의 지배에 항거하여 일어났고, 이에 메디치가의 로렌초는 용병 대장에게 인정사정 보지 말고 쓸어 버리라고 당부했다. 하지만 페데리코 다 몬테펠트로는 짐승들같이 날뛰며 약탈하는 부하들을 제지하느라 검을 들고 맞서다가 하마터면 목숨까지 잃을 뻔했다. 하지만 결국 그는 그들을 막지는 못했다.

'덕망 높은 용병 대장'은 1482년 조그만 공작령을 아들 구이도발도에게 남기고 세상을 뜬다. 이 매력적인 왕자와 그의 아내인 부드러운 성품의 엘리자베스 다 곤차가는 부친의 예술 보호 활동을 이어 계속해 가면서 모든 사람을 받아들인다. 그런데 교황 알렉산데르 6세의 아들인 고약한 세자레 보르자는 이들의 삶에 풍파를 몰고 온다. 이렇게 화가들과 시인들의 나라는 전유럽 군주들의 야심이 부딪히는 대결장으로 변해 버린 것이다. 찬연하게 빛나던 콰트로첸토는 이렇듯 무기들이 부딪히는 소리와 함께 막을 내리게 된 것이다.

이탈리아는 예로부터 뚜렷한 개성을 가진 인물들이 출현하는 모순의 고장이었었다. 스스로 고대 로마 시대 대가문의 후예라 주장하는 로마와 나폴리의 대공들, 그리고 육상에서는 전투하기를 꺼리지만 선상에서 벌인 투르크인들과의 전투에서는 영웅적인 모습을 보였던 베네치아의 귀족들, 또 돼지치기, 목동들의 아들들인 용병들과 어깨를 나란히 하고 싸웠던 고귀한 가문 출신의 철갑 기병들, 이 모든 이들은 이탈리아 기사 세계의 다양한 면모를 이루고 있다. 이 이탈리아 기사들의 모습은 유럽 다른 곳의 기사들에 비해 매우 특이한 모습을 보여주고 있는 것이다. 바로 이런 점 때문에 이탈리아 기사의 역사는 매우 기묘하고도 매력적인 점을 갖고 있으며, 또 그렇게 때문에 이 역사는 그의 독특한 특수성 가운데서 연구되어야 한다.

21

용담공 샤를 이야기

사람들은 생탕투안 거리의 포석들을 들어내었다. 임시로 설치된 이 투기장에 우차로 실어다 부운 모래들은 구월의 작열하는 태양빛 아래 희게 빛났다. 프랑스·플랑드르·브라방, 그리고 두 부르고뉴 가에서 온 가장 오연한 기사들이 자색과 금색이 섞인 화려한 마의(馬衣)로 감싼 전마를 올라타고 각자의 위용을 한껏 뽐내고 있었다. 여기서 샤를 드 샤롤레는 대결을 원하는 자는 누구든지 상대해 주었다. 나팔 소리 힘차게 울려라! 찬탄의 표정으로 구경하고 있는 평민들 앞에서 사령들은 토너먼트에 출전하는 기사들의 이름이며 가문의 좌우명들을 소리 높여 외쳤다.

루이왕은 그의 '경애하는 사촌'에게 사과의 뜻을 전해 왔다. 이 축제에 참가하지 못한다는 것이었다. 그렇다면 할 수 없지! 왕없이 우리끼리 축제를 치를 것이다. 지난 8월 15일 랭스에서 대관식을 올린 루이왕은 이마를 찌푸리고 있었다. 모든 축제를 주관하는 부르고뉴가의 삼촌의 섭정을 그는 속으로 지겨워하고 있었다. 그래서 자신의 안방이라고 할 수 있는 파리에서 활개치고 있는 이 방자한 기사들의 코를 납작하게 해줄 계략을 하나 생각해 냈던 것이다.

그는 생탕투안 거리에 있는 어떤 집의 창문을 통하여, 그가 총애하는 풍만한 몸매의 두 부르주아 파리 여인의 흰 어깨 뒤에 몸을 숨기고 내려다보면서 자신이 꾸민 고약한 계획이 진행되어 가는 광경을 지켜보고 있었다.

대회가 절정에 달했을 때 짐승가죽으로 만든 옷을 입은 '야만스런 사나이' 하나가 주인의 것과 비슷한 마의에 감싸인 전마를 몰고 느닷없이 경기장 안에 출현했다. 그리고 이 거한이 휘두르는 쇠뭉치 아래 플랑드르와 부르고뉴 출신의 멋진 기사들은 차례로 모래밭 위에 나가 떨어졌다. 이 거한은 프레데릭 드 비텔름이라는 이름을 가진 자로서 에노가의 시종이었는데, 이 기사들의 축제에 재를 뿌리려 했던 루이왕에 의해 매수된 자였다. 샤롤레 백작은 속이 무척이나 썼다. 국왕이 그를 은근히 약올리고 있었던 것이다…….

이것이 바로 루이왕의 생애였다. 즉 그의 생 전체는 그가 왕에 즉위하였을 당시 왕국의 존망을 위협할 정도로 강성했던 대봉건 영주들에 대하여 벌인 가차없는 투쟁의 연속이었다. 이 프랑스 왕국은 샤를 7세가 영국인들의 위협에서부터 구해 낸 왕국이었다. 하지만 대봉건 가문들, 그리고 오만하고도 강력한 영주들은 계속 왕권에 맞서 도전해 오고 있었다. 부르고뉴 공작 · 브라방 공작 · 부르고뉴 궁중백작 · 플랑드르 백작 · 에노 백작 · 홀란드 백작 · 젤란드 백작 등 헤아릴 수도 없는 각종 작위를 소유하고 있는 선공 필리프는 그 중에서도 가장 두려운 자였다. 재능 있는 젊은이인 선공의 아들 샤롤레 백작은 성미 급하고, 또 야심 많은 성격이었다. 숲 속의 늑대같이 오만하고 거칠었던 그는 부친에게 (처음 둘 사이에는 많은 불화가 있었으나 결국 아버지는 아들을 총애하게 되었다) 국왕이 자신을 농락했다는 사실을 알렸다. 이 배은망덕한 새 국왕은 프랑스 왕국을 다스릴 자격이 없다! 부르타뉴 공작 프랑수아 2세 · 아르마냐크 백작 · 뒤누아 백작 · 느무르 공작, 그리고 루이왕 자신의 형제 '작은 전하' 알랑송 공작 · 베리 공작 등 다른 대영주들도 그와 한 목소리를 냈다. 루이왕의 정책은 한심스럽다는 것이었다. 그는 선왕을 보위하여 영국놈들의 손에서 왕국을 구해낸 훌륭한 가신들을 몰아내고, 대신 그 자리에 그가 부르고뉴 백작의 거처에서 굴욕적인 유배 생활을 하는 동안 그를 지지해 주었던 그나페-브라방의 패거리들로 채워 넣었다고 떠들어댔다.

앙주 공작이며 시칠리아 왕이기도 한 르네, 늙은 오를레앙 공작 샤를, 그리고 강맹한 세력을 지닌 부르봉 공작 등은 왕에 대한 역심을 공개적으로 드러내지는 않았다. 하지만 그들은 행동하고 싶어 몸이 달아 있는 왕에게 이렇게 말하고 있는 듯했다. "함부로 까불지 마시오!" 하지만 루이 11세의 말에 타고 있는 것은 그의 고문단(顧問團) 전체라고 말할 수 있었다. 다시 말하여 그가 세상에서 믿는 것은 단 한 가지, 오로지 자신의 판단뿐이었다.

대영주들은 왕국을 자기들 마음대로 뜯어고치고 프랑스 왕가의 혈통을 이어받은 대공들의 특권을 전부 되찾을 목적으로 '공익 동맹'이라는 이름으로 함께 뭉쳤다. 이렇게 하여 두 진영은 몽레리 전투에서 부딪히게 된다. 한쪽은 영주들의 군대로, 이는 샤를 드 샤롤레가 직접 몸을 드러내지 않은 부친의 참모장의 이름으로 지휘하고 있었다. 여기에 맞선 것은 루이왕의 충성스런 국왕전속 대대들로, 왕은 이들에게 자신의 운명을 걸고 있었다.

1465년 7월 16일 벌어진 전투는 혼란스러웠다. 양측에 모두 부끄러운 도주들과 빛나는 무훈들이 있었다. 하지만 국왕의 군대는 동맹군의 저지를 뚫고 파리로 가는 길을 열 수 있었다. 이것은 바로 루이 11세가 원하던 바였다. 하지만 우세한 전투를 벌인 샤롤레는 나름대로 승리의 나팔을 불었다.

루이왕은 곰곰이 생각했다. 무언가 양보하는 체하면서 적의에 불타는 동맹군을 누그러뜨려야 할 필요가 있었다. 그래서 콩플랑과 생모르 조약을 통하여 국왕은 영주들이 원하는 것을 모두 들어주겠노라고 약속했다. 베리 공작에게는 노르망디를 대군령으로 줄 것을 약속했다. 이때 국왕은 속으로 이렇게 생각하고 있었다. '조금만 참자! 언젠가 이 모든 것을 되찾아올 날이 오리라!' 이렇게 하여 결국 '공익 동맹은 뿔뿔이 흩어져 각자 행동하게 되었다' 라고 코민은 적고 있다. 이후 샤롤레 백작은 부친 사망 후 물려받은 엄청난 유산을 차츰 탕진하게 될 것이다.

주인과 하인은 서로 닮는 법이던가? 플랑드르 대지방 수령의 아들 필리프 드 코민은 1472년 용담공 샤를을 배신하고 국왕편으로 넘어온다. 장 리니지에는 이 교활한 인물을 다룬 뛰어난 전기 가운데 이 사람을 좀더 '완화된 마키아벨리' 라 부르고 있다. 1468년 페론에서 신중하지 못한 행동으로 라이벌의 손아귀 안에 떨어진 루이왕의 왕좌와 생명을 보전해 줄 것을 주군에게 진언했을 때, 그는 이미 만약의 경우 주군에게 등을 돌릴 것을 생각하고 있었던 것일까? 이 추측은 가능하기는 하나 확실치는 않다. 분노에도 불구하고 용담공 샤를은 자기가 충성 서약을 바친 국왕에 대한 존중심을 잃지는 않았다. 필리프 경은 언제나 협상의 신봉자였으며, 이런 이유로 당대 최고 외교관 중의 한 명이었다.

이렇게 1472년 8월 7일 밤 필리프 드 코민 경은 용담공 샤를의 궁정을 떠나 루이왕 진영으로 들어가게 된다. 샤를 공작이 그의 마음을 상하게 했던 것이다. 공작은 맹렬히 화가 나서 왕의 얼굴에 대고 장화를 집어던졌고, 이로 인해 그는 부르고뉴 궁정에서 '장화를 뒤집어 쓴 머리' 라는 별명까지 얻게 되었던 것이다. 그로서는 참을 수 없는 치욕이었다. 게다가 페론 전투 이후로 그는 성질이 불같은 용담공 샤를보다는 자신의 성격에 훨씬 가까운 점을 보여주는 미래의 군주를 더 높게 평가하고 있었던 것이다.

그의 평생의 작업 전체가 새로운 시대의 '효율성의 윤리'에 대한 찬가라고 말할 수 있는 코민은 진정 '현대적인' 정치가였다. 그가 루이 11세에서 감탄한 점이 하나 있었는데, 그것은 자신의 맹세를 부인하고라도 궁지에서부터 벗어나는 모습이었다. 왜냐하면 이른바 '천라지망 거미왕'(사람들은 그를 이렇게 불렀다) 루이 역시 인간이었으므로 간혹 실수를 범하기도 했기 때문이다. 마키아벨리 방식으로 표현하자면 '그는 충분히 신중하게 기다릴 줄 몰랐다.' 또 그는──조제프 칼메트의 유명한 표현에 따르면──'명멸(明滅)하는 천재'〔빛이 명멸하듯 성공과 실패를 반복하는 천재〕였다. 사람이란 항상 성공할 수만은 없는 법이다.

루이 11세는 밀라노 공작 프란체스코 스포르차와 지속적으로 서신 교환을 하였으며, 토마스 바쟁의 글에 따르면 이 이탈리아 공작은 왕에게 수많은 '교활한 충고들'을 보내 주었다고 한다. 이 두 사람은 평생 한번도 직접 만난 일은 없었지만 시장바닥의 두 사기꾼처럼 서로 죽이 잘 맞았다. 폴 머레이-캔달은 이렇게 교환된 이 정묘한 서신들 대부분을 발굴해 냈다. 루이 11세는 스스로 곤경에 처해 있다고 느낄 때면 언제나 스포르차에게 차원 높은 정치술의 교훈들을 구하곤 했던 것이다.

우리는 루이 11세가 이를테면 '반(反)아서왕' 같은 사람이라고 말한 적이 있었다. 그런데 바로 이 루이왕이 프랑스 왕조 전체를 통틀어 그 명성과 권위에 있어서 헨리 3세가 창설한 성령 기사단과 견줄 수 있는 기사단을 창설했던 것이다. 도대체 무슨 꿍꿍이속이 있었던 것일까? 1469년 8월 1일, 당시 앙부아즈에 거주하던 그는 성 미셸 기사단을 발족할 것을 결정한다.

몽생미셸 수도원의 가장 아름다운 홀 안에서 거행된 엄숙한 행사 중에 천사장 성 미셸 수도원의 순례자들의 조개들로 장식된 황금 목걸이가 36인의 대공들과 귀족들에게 나누어졌다. 이 성지는 침략자 영국군에 항거해 싸운 충성스런 프랑스인들의 저항의 상징이었다. 루이데스투트빌과 그 휘하의 1백20명 노르망디 기사들은 '영국이 지배하는 프랑스' 라는 이 어두운 시대 동안에 영국군들의 거듭된 공격을 모두 격퇴시킨 바 있었다. 더욱이 성 미셸은 성 드니, 성 마르탱 드 투르, 그리고 성왕 루이와 더불어 프랑스 왕국의 수호성인들 중의 한 명이었다.

이멘시 오세아니 트레모르(Immensi Oceani Tremor; 거대한 대양의 공포), 이는 이 기사단의 표어였다. "형제들과 동료들은 기사단에 입단할 때 그들이 전에 속했던 다른 모든 기사단 자격을 포기해야만 했다." 기사단의 우두머리들은 성 미셸의 목걸이를 받을 수 있었지만 이 영예는 평범한 기사들에게는 허용되지 않았다. 또 이 규칙은 황금양모 기사단 단원들에게는 적용되지 않았다. 동시에 두 주인을 섬길 수는 없었던 것이다.

루이 11세는 그의 동생 샤를, 즉 그가 증오해마지 않으며, 그를 불안하게 하는 기엔 공작과, 또 자신에 대한 충성심이 의심스러운 대원수 생폴 백작에게 목걸이를 수여했다. 그는 인색하게도 이 목걸이를 그의 고문관들 중 가장 부유한 자들에게만 수여했다. 앙투안 샤반, 즉 왕이 페론에서 경솔한 행동으로 인해 위급한 상황에 처하게 되었을 때 그의 생명을 구해 준 다마르탱 백작의 이름은 이 고귀한 왕립 단체 정관집의 간지(間紙) 위에 발루아 왕의 이름 옆에 나란히 표기되어 있다.

재건된 프랑스 왕국이 드디어 자신의 기사단을 갖는 것은 분명 중요한 일이었다. 영국·사부아, 그리고 부르고뉴가 보여준 모범을 뒤

따라 모든 기독교 국가들은 자신의 기사단을 보유하고 있었다(예를 들어 덴마크 왕 올덴부르크 왕가의 크리스티안 1세는 1458년 코끼리 기사단을 창설한다). 하지만 신하들의 충성심에 대하여 지극히 회의적이던 루이왕이 단순한 충성 서약만으로 (비록 그것이 엄숙하게 행해졌을지라도) 이 36인의 기사들을 휘하에 묶어둘 수 있다고 진심으로 믿었을까? 아마도 그는 그렇게 순진하지만은 않았을 것이다.

성 미셸 기사단 기사들의 복장은 극히 화려했다. 청색 두건, 진홍빛 눈부신 백색의 망토 위에 비로도 영대(領帶)를 둘렀다. 루이 11세는 몸소 기사단 총회를 주재할 때를 제외하고는 그다지 화려한 복장을 갖추지 않았다. 평소에 그는 너무도 형편없는 차림을 하고 있었기 때문에 사람들의 웃음거리가 되었다. "베네딕트! 저이가 정말 프랑스 국왕이야? 말과 몸에 걸친 모든 것을 합쳐 보았자 전부 20프랑도 안 되겠는 걸!" 하고 아베빌의 주민들은 놀라 말했다고 한다. 그들은 부르고뉴가의 과시적인 화려함에 익숙해져 있었던 것이다. 하지만 국왕은 사람들이 자기에 대하여 뭐라고 말하건 조금도 신경 쓰지 않았다. 축성(祝聖)된 납 메달들로 치장된 해리(海狸)피 모자를 쓰고 작은 말을 올라탄 그의 입가에는 항시 약아빠진 미소가 감돌고 있었다. '옷이 임금을 만드는 것은 아니지' 하고 그는 생각했던 것이다.

*

필리프 드 코민은 정치적 권모술수의 찬미자, 혹은 시대를 앞선 마키아벨리주의자라고 할 수 있다. 이와 정반대되는 사람으로 과거 시대의 옹호자이며, 의연하고도 귀족적인 풍모를 지닌 올리비에 드 라마르슈가 우뚝 서 있었다. 브레스 지방 출신인 이 사람은 루이 11세의 교활한 시종장보다 20년 연하였다. 필리프 공작의 시동과 시종을 거친 그는 '꿩의 서약'과 같은 기사도의 가장무도회 와중에서 홀로 '성스런 교회'와도 같은 역할을 수행한 사람이었다. 올리비에 드 라 마르슈는 룩셈부르크 함락 같은 빛나는 무훈을 노래한 영감에 찬 시인이었으며, 용담공 샤를의 세번째 부인 마르그리트 드 요크의 브뤼게 입성, 위대한 서자 앙투안 드 부르고뉴가 든 '황금나무의 행진'으로 대단원을 장식한 이 놀라운 봉건 시대의 행렬과 같은 부르고뉴 궁정에서 벌어진 화려한 행사들을 열광적인 어조로 묘사한 탁월한 이야기꾼이기도 했다.

올리비에 드 라 마르슈는 '봉건적'이라는 말이 포함하고 있는 모든 의미를 다 적용할 수 있는 사람이었다. 그에게는 오직 하나의 군주, 하나의 신앙, 그리고 하나의 법만이 존재할 따름이었다. 코민의 배신은 그로서는 끔직한 짓으로 여겨졌을 것이다. 이 용감한 기사는 주군(그는 왕의 대집사였다)이 그 어떤 위험한 곳으로 떠나든 항상 그를 수행했다. 그는 부르고뉴 발루아 왕가의 후예인 오스트리아 황가에 봉사하다가 거의 팔십이 가까운 나이에 죽을 것이다.

용담공 샤를은 올리비에 드 라 마르슈가 존경해 마지않는 기사도적 미덕을 지니고 있었으니 바로 맹세에 대한 신앙이었다. 선공 필리프의 아들이 미슐레가 묘사한 것처럼 전쟁이라는 이름의 모험을 즐기는 군주는 아니었지만 그의 내부에는 채울 수 없는 야심이 들끓고 있었다. "온 땅의 반을 준다 해도 그는 만족치 않았으리라"고 필리프 드 코민은 어떤 두려움의 감정마저 느끼며 말하고 있다. 하지만 말년에 판단력이 흐려져서 광기 어린 행동들을 하게 될 때에도, 그는 신하들에게 존경받는 기사로 남아 있었다. '황금 양모 기사단'의 단원들은 거의 자기 부정에 가까운 헌신을 그에게 바쳤다.

부르고뉴가의 샤를은 차례로 3명의 아내를 취하였다. 하지만 정부는 한번도 취하지 않았던 것같이 보인다. 그는 정숙한 사람이었을까? 그의 이복동생 보두앵은 루이 11세에게 그가 동성애자라고 욕한 적이 있다. 하지만 이것은 너무도 오만한 공작에게 모욕당한 이 친척이 지어낸 거짓 이야기에 불과할 것이다.

*

1472년부터 루이왕과 강맹한 힘을 가진 그의 봉신 사이에는 목숨을 건 투쟁이 시작되었다. 혼란스러웠던 이해 5월, 기엔 공작은 결핵으로 사망하고, 이에 용담공 샤를은 기엔 공작의 형인 국왕이 그를 독살했다고 비난한 것이다. 용담공은 보라색과 흑색으로 이루어진 그의 군기에 '복수! 복수!'라는 위협적인 문구를 수놓게 했다. 그는 왕국의 북부 지방을 침공하여 넬 지방을 휩쓸었다. 하지만 보베 지방 주민들의 완강한 저항에 맞부딪치게 된다. 이때 있었던 잔 아셰트의 일화는 유명하다. 7월 22일 용담공 샤를은 농성을 중단할 수밖에 없게 된다. 노르망디 지방의 정벌이 별 소득 없이 끝나자 그는 프랑스 공격 계획을 포기한다. 휴전협정이 조인된다. 하지만 그의 내부엔 여전히 거창한 계획들이 들끓고 있었다. 예를 들어 옛적의 로타랭지 왕국을 재건한다는 것이었다. 이것은 완전히 하나로 연결되지는 못하나, 북해에서부터 쥐라 산맥에까지 이어지는 방대한 나라로서, 그의 부친이 지녔던 야심이기도 했다. 그는 이 꿈을 실현하기를 원했다. 이를 위하여 그는 제국의 영토인 알자스 지방을 병합하는 한편, 또 낭시 지방에서는 로렌의 니콜라우스 공작을 축출해 내야만 했다. 이 니콜라우스 공작은 더 정확히 말하자면 지기스문트 대공이었는데, 그는 돈이 필요하여 알자스 지방의 대부분을 끌어들였고, 이에 스위스인들은 불안을 느끼고 있었다.

항상 스스로 프랑스의 발루아 가문 출신임을 자랑하던 부친 필리프 공작과는 달리 용담공 샤를은 스스로 외국의 왕공으로 여겼고 또 그렇게 행동했다. '우리 포르투갈 사람들' 하고 그는 말한 적이 있었는데, 이것은 긍지 높던 그의 모친 포르투갈 왕가의 이자벨을 암시한 것이었다.

샤를은 하나의 교묘한 조합을 생각해 냈다. 그에게는 두번째 부인 이자벨 드 부르봉에게서부터 얻은 딸 마리가 있었다. 한편 당시의 합스부르크 제국 황제였던 프레드리히 3세에게는 막시밀리안 대공이라는 아들이 있었다. 샤를은 이렇게 말했다. 만일 샤를 드 부르고뉴 자신을 로마인들의 왕으로 인정해 준다면 (즉 합스부르크 제국의 후계자로) 대공에게 자기 딸을 줄 것이며, 이렇게 해서 그가 죽으면 두 왕가의 유일한 후사인 이 부부는 제2 로마 제국이라 할 수 있는 합스부르크 제국과 부르고뉴-발루아 왕가의 방대한 영토들을 동시에 상속받을 수 있을 것이다.

사실은 프리드리히 황제 자신이 오래전부터 마리 공주를 아들과 결혼시키려 청혼해 오고 있던 터였다. 하지만 자신을 로마인들의 왕으로 인정해 달라는 용담공의 요구에 대해서 프리드리히 황제는 좀더 조심스런 태도를 보였다. 하지만 이 게르만의 시이저는 부르고뉴 공작의 사자(使者) 피에르 드 하겐바흐에게는 이러한 염려를 조금도 드러내지 않았다.

그리고 일들은 빠른 속도로 진척되었다. 샤를은 겔드르 공작령에 손을 뻗쳤다. 1473년 여름, 로렌의 니콜라우스 공작이 사망하자 샤를은 그의 젊은 후계자 르네 2세에게 피에르 프레데릭이 이른바 '보호-연맹'이라고 명명한 바 있는 것을 강요했던 것이다.

1만 5천에 달하는 병력을 거느린 샤를 드 부르고뉴 공작은 제국을 침입해 들어갔다. 그는 엑스라샤펠과 룩셈부르크를 지나 진격을 계속했다. 이에 합스부르크 황제 프리드리히 3세와 황태자 막시밀리안이 트리어에 나와 그를 맞았다. 9월 30일부터 11월 24일에 걸치는 기간 동안 회담이 계속되었다. 하지만 합스부르크 황제는 이 이른바 '상속자'의 야심이 너무 큰 데에 대하여 겁을 먹게 된다. 게다가 부르고뉴의 귀족들은 "이 자들은 침대보로 가죽각반에 묻은 진흙을 닦아내다니, 정말 무식한 촌뜨기들이야!" 하고 독일 사람들을 조롱하고 있었다. '악마와 함께 국을 먹기 위해서는 긴 수저가 필요해' 이렇게 생각한 황제는 과거 합스부르크 제국의 수도였던 도시 트리어를 슬그머니 떠나갔다. 허를 찔려 어안이 벙벙해 있는 용담공 샤를을 뒤에 남겨 놓은 채······.

그렇다고 하여 합스부르크 제국 내에서 지배적인 역할을 차지하려는 부르고뉴 공작의 야심이 수그러들 리 없었다. 그는 루프레히트 폰 바이에른에게 대주교령 도시인 쾰른에서 그가 상실했던 위치를 되찾아 주겠노라고 신앙을 걸고 서약한 바가 있었다. 이 성직자는——당시 독일에서는 흔히 있었던 일이지만——교회 참사회와 분쟁 상태에 있었던 것이다. 용담공 샤를은 반란을 일으킨 자들을 몰아내기 위하여 엄청난 군대를 일으켰다.

그런데 바로 이 기회를 틈타 루이 11세는 합스부르크가의 지기스문트 대공, 스위스의 고연맹에 속한 자치주들과 알자스의 저연맹에 속한 도시들을 한데 묶는 대연맹 결성을 획책하게 된다. 바로 1474년 봄의 일이었다. 이때는 아직 프랑스 국왕과 그의 초강력 봉신 사이에 맺은 휴전 조약이 발효되고 있던 때였다. 하지만 이 '거미왕'은 여기에 조금도 개의치 않고 평생의 숙적 발 밑에 함정들을 깔았다. 1474년 4월 11일, 알자스 사람들은 그들의 법적 군주인 합스부르크가 지기스문트의 이름을 연호하며 부르고뉴가의 총독 피에르 드 하겐바흐를 생포하여 브리자흐에 있는 감옥 속에 처넣었다. 그리고 한달도 채안 되어 이 부르고뉴 공작의 가신은 처형당했고, 이로 말미암아 지기스문트 대공은 그가 상속권을 갖은 봉지들을 되찾을 수 있었다.

용담공 샤를로서는 반격하지 않을 수 없었다. 1474년 7월 16일 지기스문트 대공이 쾰른에 입성했고, 이로부터 채 10일도 지나지 않았을 때 샤를은 그의 처남인 영국 왕 요크가의 에드워드 4세와 동맹 조약을 맺고, 함께 프랑스에 쳐들어가겠다는 서약을 했다.

7월 31일, 샤를은 쾰른 대주교에 대해 반기를 든 조그만 요새 마을 노이스에 대한 농성전을 시작했다(그러나 이것은 그의 불행을 초래하게 될 것이다). 인근 지방 전체가 화염에 휩싸였다. 과거의 원수인 오스트리아 사람들과 화해한 스위스인들은 부르고뉴인들에 맞서 전투를 시작하였고, 1474년 가을 중순 부르고뉴들은 에리쿠르에서 참패를 당했다. 섭정이던 사부아 공작부인은 부르고뉴 공작편에 가담했으나, 독일인들과 프랑스인들은 그해 12월 31일 안더나흐에서 동맹 조약을 체결하였다.

샤를 공작이 이끄는 군대는 노이스 시의 진흙 수렁 속에서 허우적대고 있었다. 혹독한 추위가 몰아친 그해 겨울, 그의 진영에는 역병마저 나돌기 시작했다. 설상가상으로 용담공 샤를의 적인 바이에른의 루프레히트를 돕기 위하여 쾰른 시에는 합스부르크 황제가 파견한 군대가 입성했다. 프랑스와 부르고뉴 사이에 체결된 강화 조약은 1475년 5월 1일 종료되었다. 루이 11세는 끊임없이 새로운 동맹자들을 끌어들였고, 샤를 공작의 끝없는 야심에 두려움을 느낀 르네 드 로렌 공작도 그에게 도전장을 던진 터였다.

이렇게 곤경에 처한 부르고뉴 공작이 숨좀 돌릴 수 있기 위해서는 영국군이 반드시 프랑스땅에 침공해 들어와 줘야만 했다. 그는 너무나도 많은 희생을 요구하는 노이스 농성 작전을 중단하고 합스부르크 황제와 강화 조약을 체결했다. 이제 그의 군대는 기진맥진해 있었고, 재정도 바닥나 있었다. 거기에다 플랑드르의 소국들은 더 이상의 지원을 거부하고 있었다. 공작은 짤막하게 내뱉었다. "이렇게 무시당하는 것보다는 차라리 노골적으로 미움받는 게 더 낫겠군."

그런데 영국군이 도착했다. 1475년 7월, 에드워드 4세는 여태껏 프랑스를 침공한 역대 영국 왕들 중 가장 멋진 군대를 이끌고 프랑스땅에 상륙했던 것이다. 또다시 백년 전쟁이 시작될 것인가? 샤를 공작은 그의 처남 영국 왕과 칼레에서 회동했다. 거기서 그는 다음과 같이 외쳤다. "나는 프랑스를 너무나도 사랑하오. 그래서 하나의 프랑스보다는 세 개의 프랑스를 원하는 것이오!"

한편 루이 11세 역시 강력한 국왕전속 부대, 그리고 궁수대 등 병력을 규합하였다. 하지만 이 병력을 사용할 필요조차 없었다. 프랑스 왕은 영국 왕의 고문관 중 하나를 매수하였고, 그를 통하여 결국 영국 왕까지 매수하는 데 성공했던 것이다. 그는 적왕에게 프랑스의 몸값을 지불했다. 그것은 금화 7만 5천 에퀴를 일시불로 지불하고, 매년 5만 에퀴라는 상당한 금액을 바친다는 조건이었다. 이렇게 해서 1475년 8월 29일, 피키니 조약이 체결된다. 이것은 '방탕아' 에드워드에나 프랑스 왕 모두에게 득이 되는 조약이었다.

피 한 방울 흘리지 않은 이 전쟁의 피날레 역시, 당시의 모든 전쟁들과 같은 방식으로 이루어졌다. 즉 하마터면 피흘리는 전장에서 충돌할 뻔했던 모든 이들이 함께 모인 거대한 연회가 아미앵 성 앞에서 열린 것이다. 루이 11세는 '목이 컬컬한 자들을 위하여 가장 살찌고 기름진 육질의 고기'를 영국인들의 식탁 위에 올려 놓으라고 명했다. "짐은 선왕보다도 훨씬 쉽게 적들을 왕국 밖으로 쫓아낼 수 있었노라" 하고 왕은 속으로 킬킬대며 웃었다. "왜냐하면 선왕께선 그들을 무력으로 몰아냈지만 나는 기름진 살코기와 포도주로 쫓아냈으니 말이야……." 하지만 그의 정적들은 "실로 비겁한 왕이로다!"라고 떠들어댔다. 하지만 채 반세기도 지나기 전에 마키아벨리는 다른 평가를 내놓게 될 것이다. "영예스럽든, 혹은 굴욕적이든 무슨 수를 써서라도 왕국은 구해내야 하는 것이다." 루이 11세는 시대를 앞선 마키아벨리주의자라고 할 수 있었다. 피에르 프레데릭스는 다음과 같이 적고 있다. "그는 기사도적 명예라는 것에는 조금도 신경 쓰지 않았다."

영국과 프랑스 간에 벌어진 이 이른바 '전쟁' 가운데 이중첩자의 역할을 한 것은 생폴 대원수였다. 루이 11세는 그에게 다음과 같은 편지를 보냈다. "나의 친애하는 사촌이여, 나는 그대와 같이 뛰어난 머리를 가진 사람이 필요하오!" 그러나 결국 영국과 프랑스, 양측에서 버림받은 생폴 대원수 루이 드 룩셈부르크는 교수대에 매달리는 몸이 될 것이다. 한편 왕은 용담공 샤를이 로렌 지방에서 맹위를 떨치고 있는 모습을 당분간 지켜보기만 하고 있었다. 샤를 공작은 1475년 11월 30일 낭시에 입성했었던 것이다.

하지만 용담공 샤를의 죽음을 향한 질주가 시작된 것은 바로 이 시점에서이다. 욜랑드 드 사부아 공작부인과 로몽 백작의 죽음에 마음이 조급해진 그는 쉽사리 승리할 수 있으리라 생각하고 스위스 자치주들을 침공한다. "이 스위스 젖소들을 헐값으로 사들일 수 있을 거야"라고 그는 말했다고 한다. 1476년 2월 8일부터 12일까지 그의 거대한 군대는 주뉴 협곡을 통과한다. 외관상 그의 정예부대는 무적인 것처럼 보였다. 샤를 공작의 직속 기병대는 5인으로 이루어진 분대들로 나누어지고 그 각각은 한 명의 대장에 의해 지휘된다. 또 영국 출신으로 그에게 봉사하는 기병 궁수대는 당시 전 유럽에 그 위명을 떨치고 있었다. 여기에 이탈리아 용병대까지 가세한 그의 군대는 거의 완벽하다고 할 수 있었다.

2월 19일 용담공 샤를은 그랑송 시를 포위했고 이틀 후에는 성을 함락한다. 성을 방어하던 사람들은 무자비하게 처형되었다.

이에 '우리의 황소' 혹은 '운터발덴의 암소'라는 이름의 거대한 각적(角笛)들의 울음 소리가 울려퍼지는 가운데, 스위스 자치주들의 시민군들은 속속 집결했다. 바젤·아펜첼·베른·우리·운터발덴 등 여러 자치주의 도시들, 혹은 산골에서부터 모여든 결의에 찬 무리들은 각 주의 장관들의 지휘를 받고 있었다. 그들에겐 중포병이 없었고 기병 또한 거의 없었다. 하지만 이들에겐 과거 오스트리아군을 수없이 격퇴한 바 있었던 용맹한 창병들과 석궁수들이 있었다. 게다가 스위스군은 화승총의 선조격이라 할 수 있는 '아크뷔트'라는 이름의 신무기를 보유하고 있었다. 일정한 대오를 이루지 않고 자유로운 저격수로 활동하는 이 화승총수들이 전투에서 발하는 효과는 결코 작은 것이 아니었다.

"그랑송에서 당한 우리 동포의 원한을 갚아야 한다"고 수염이 텁수룩한 스위스 병사들은 이를 갈며 창자루를 꽉 움켜잡고 있었다.

하지만 쉽사리 승리를 거두리라 확신하고 있던 부르고뉴 사람들은 두 발을 땅위에 굳건히 딛고서 스위스인들을 기다리고 있었다. 하지만 1476년 3월 2일, 대참사가 부르고뉴인들을 기다리고 있었다. 부르고뉴 기병들이 맞부딪힌 것은 6미터 길이의 장창을 꼬나쥔 스위스 병사들이 고슴도치 모양으로 이룬 하나의 철의 방벽이었다. 샤를 공작 군대는 공황 상태, 그 어떤 막강한 군대라도 빠질 수 있는 극심한 공황 상태 속으로 빠져들었다. 사실 오랜 기간 노이스 농성 작전을 거치며 지칠 대로 지쳐 있던 샤를 공작의 군대는 견고한 스위스군과의 충돌을 이겨내지 못하고 와해되었다. 재빨리, 그리고 멀찌감치 달아난 자들만이 목숨을 건질 수 있었다. 샤를 공작의 전위대장 샤토귀용 경, 부르고뉴 양가를 통틀어 가장 용맹한 장수였던 샤토귀용 경마저 그의 조그만 회색말 옆구리에 발이 낀 채 전사한 시체로 발견되었다.

부르고뉴 공작 역시 분노로 얼굴이 새하얗게 되었지만 패주하는 무리에 섞여 도망가는 수밖에 별도리가 없었다. 그의 어릿광대, 그 유명한 글로리위는 그의 옆에서 말을 달리며 이렇게 외쳤다. "자, 정말이지, 이제 진짜로 우리는 한니발같이 되었구만요!" 왜냐하면 이 일이 있기 전 샤를 공작은 알프스 산맥을 넘으면서 과거 로마 정벌을 위해 이 산을 넘었던 카르타고의 장군 한니발에 자신을 비유한 적이 있었기 때문이다. 쥐구멍이라도 있었으면 숨고 싶은 치욕이었다. 이 치욕스런 감정을 안고 패장은 부르고뉴 백작령에 속한 노즈로이라는 조그만 성에 피신하게 된다. 그는 여기서 6일간 머문다. 분노와 고통으로 수염 깎는 것조차 잊은 채……

하지만 이 결코 꺾이지 않는 정신의 소유자인 공작은 그다지 오랫동안 낙담해 있지만은 않았다. 그는 동맹군들을 재규합하여 다시 군사를 일으킬 것을 결심했다. 이 '스위스 소치기들'에게 시원하게 복수해주고야 말 것이다! 5월 27일, 그는 다시 일으킨 군대를 이끌고 베른으로 향한다. 도중에 그는 모라라는 이름의 작은 요새를 함락시키려 시도한다. 하지만 이 요새를 지키는 스위스군의 저항 역시 결코 녹녹치 않았다. 설상가상으로 스위스군을 원조하려 알자스인들이 달려왔고, 게다가 로렌의 르네 공작까지 스트라스부르에 군사를 집결시켜놓고 있었다. 이렇게 부르고뉴군 주위에는 서서히 적이 둘러싸며 조여들어 오기 시작했다…….

6월 22일, 알자스군과 스위스군은 부르고뉴 군사들이 결코 뚫릴 수 없는 없는 곳이라 안심하고 있는 진지를 공격해 왔다. 이에 샤를 공작의 기병대가 반격을 가했다. 하지만 스위스군들은 부르고뉴 기병대 말들의 옆구리 쪽으로 기어들어와 철갑 기병들을 하나하나 말에서 떨어뜨렸다. 샤를 공작의 중포병대 역시 무력화되었다. 다시 부르고뉴군은 패주하기 시작했다. 많은 사람이 호수의 검은 물에 빠져 익사했다. '목도 마르지 않았건만, 무수한 자들이 물 속으로 뛰어들었다네' 하고 그 지역의 민요는 노래하고 있다. 스위스군은 패주하는 부르고뉴 군사들을 인정사정 없이 도륙하였다. '모라에서처럼 잔인한' 이것은 이 지역에 아직도 통용되고 있는 표현이다.

샤를 공작은 게스를 거쳐 살랭에 도달했다. 분노와 치욕감으로 그는 제정신이 아니었다. 휘하의 최정예 장수들이 목숨을 잃었다. 생폴 대원수의 장남인 마를 백작·영국 용병 대장·로쟁보 경·몬터규 경·그랭베르그 경·마이이 경, 그리고 그 외의 무수한 용장들…… 자크 드 마스는 품안에 고귀한 공작기를 꼭 끌어안고 전사했다. 커다란 구덩이 안에는 수천의 시체가 산같이 쌓였다. 이로부터 4년 후 승자는 이곳에 거대한 납골당을 만들었고, 당시 주민들은 이것을 '부르고뉴 인들의 납골당' 이라고 불렀다.

살랭에서 샤를 공작은 백작령의 봉신들을 소집했다. 그러나 소집된 봉신들은 그의 명을 따르지도 않았고, 전비 충당을 위하여 돈주머니를 열지도 않았다. 수많은 사람들이 공작을 비겁하게 배신하고 떠나갔다. 어릿광대 글로리위마저도 그를 떠나갔다. 다음과 같은 한마디를 유명한 말을 남긴 채. "미친놈〔프랑스어에서 '광인' 에 해당하는 단어 fou는 어릿광대를 의미하기도 했다〕이 이제는 똑똑한 놈이 되었구먼

요." 플라망드 사람들은 마리 공주를 볼모로 붙잡고 있었다.

한편 르네 2세는 그가 상실했던 낭시를 수복했고, 시민들은 그를 열렬히 환영했다. 시를 지키고 있던 부르고뉴의 장군 장 드 뤼방프레는 그의 포로가 되었다. 하지만 르네 2세는 그를 관대하게 용서해 주었다. 왜냐면 샤를 공작을 섬기던 이 장수는 또한 르네 2세의 가까운 친척이기도 했기 때문이다. "나는 부르고뉴 공이 이 전쟁을 시작하지 않기를 간절히 바랐소. 그리고 그와 내가 또다시 이런 전쟁을 벌이게 될까 두렵소." 이것은 1476년 8월말의 일이었다.

이제 샤를 공작은 거의 광기에 사로잡힌 듯 보였다. 용담공은 자신에게는 어울리지 않는 비열한 행동까지 했다. 올리비에 드 라 마르슈로 하여금 사부아 공작부인과 그녀의 장남을 납치해 오도록 한 것이다. 그는 이 욜랑드 드 사부아 공작부인이 자신을 배신했다고 생각한 것이다!

그러나 공작부인은 샤를 공작 휘하에 있었던 프랑스 출신의 중신들 덕분에 석방된다. 루이 11세는 '부르고뉴 부인'이라고 비꼬듯 부르며 돌아온 자신의 누이를 맞아들인다. 하지만 결국 그는 그녀를 다정하게 포옹해 주며, 그녀는 그의 충실한 동맹자가 된다.

이제 보잘것없는 군대만을 보유하게 된 용담공 샤를은 어떻게 해서든지 자신에 낀 액운을 쫓아내 보려 애쓴다. 그는 퐁타무송에서 로렌군을 격파한다. 르네 2세는 다시 그의 공작령을 떠나 출정한다. 그가 출정하기 전, 그의 봉신들은 적에게 굴복하느니 차라리 죽음을 택하겠노라고 맹세한다.

1476년 10월 25일, 샤를 공작은 두번째로 낭시를 포위한다. 그는 이탈리아인 캄포바소와 이 나폴리 출신 용병 대장이 이끄는 용병대에 모든 희망을 걸고 있었다. 그달 말엽, 그는 엄청난 분노에 사로잡히게 된다. 아내와 딸이 있는 간트의 텐 월궁이 반란을 일으킨 플랑드르인들에 의해 포위되었다는 소식을 들은 것이다.

르네 2세가 바젤에 있는 스위스 총의회에 참석하여 자신에 대한 지지를 호소하고 있을 때, 샤를 공작은 프리드리히 3세에게 서신을 보내 자신의 딸을 막시밀리안 대공에게 시집 보내겠다는 의사를 재천명한다. 가련한 어린 공주 마리, 19세밖에 되지 않은 이 아리따운 소녀는 수많은 사람들의 탐욕의 대상이었다. 이는 공주의 잔혹한 운명이었다.

샤를 공작은 갈수록 냉혹한 성격으로 변해 갔다. 로렌 공작의 사자인 쉬프랑 드 바시를 사로잡은 그는 포로를 나무에 매달아 죽였다. 12월의 날처럼 침울한 성격으로 변한 그는 더 이상 입을 열지 않고 지냈다. 그해 겨울은 참혹했다. 포위한 자들이나 포위당한 자들이나 고통받기는 마찬가지였다. 보내오는 식량은 빨치산들에게 빼앗기는 일이 허다했다. 병사들은 기아에 허덕였다.

로렌 공작은 위닝그에 있었다. 이제 알자스 사람들은 전투 대형을 갖추고 있었다. 12월 26일 스위스 자치주 연합군은 출정을 개시했다.

샤를 공작의 외사촌인 포루투갈 왕은 친히 낭시의 진영으로 달려왔다. 그는 샤를 공작에게 그랑송과 모라에서의 패배를 거울삼아 농성을 중단하라고 설득했다. 이제 불과 수천의 병력밖에 없는 샤를 공작에게 전투는 무리라는 것이었다. 오랑주 대공은 전쟁을 포기하고 떠나가 버렸다. 그리고 공작이 철석같이 믿고 있던 캄포바소마저 두 아들과 이탈리아 용병대 전체를 이끌고 적진으로 건너가 버렸다. 이 비겁한 탈영은 용담공의 마음을 극도로 아프게 만들었다. 하지만 그 어떤 것도 그의 거센 결의를 꺾을 수는 없었다. 마지막 남은 충신들마저 농성전을 중단할 것을 애원했으나, 치욕보다는 차라리 죽음을 택하겠노라고 굳은 얼굴로 대답할 뿐이었다. 이것은 그해 마지막 날에 있었던 일이었다.

젊은 로렌 공작과 그를 따르는 기사들은 생디에에서 스위스 연합군과 합류했다. 공작은 이 스위스 병사들과 생사를 같이할 각오가 되어 있다는 것을 분명히 보여주기 위하여 말에서 내려 미늘창을 한 자루 들고 보병과 어깨를 나란히 하고 걸었다. "이러한 군주를 돕는 것은 우리에겐 영광이다." 스위스군 병사들 사이에는 이런 소리가 떠다녔다. 알자스 병사들 역시 스위스 병사 못지않은 굳은 결의를 보이고 있었다. 이때 캄포바소가 부하들을 이끌고 나타났다. 하지만 연합군은 약간의 경멸 섞인 태도로 이들을 맞았으며, 전략적 요충지라 할 수 있는 보시에르 교(橋) 수비에 이들을 배치했다. 하지만 캄포바노의 군대는 1477년 1월 5일에 벌어진 전투에 참여할 영예는 얻지 못하게 될 것이다.

대치한 두 진영 위에 불길한 새벽빛이 떠오르고 있었다. 날씨는 돌덩이가 얼어터질 정도로 혹독했다. 포위된 낭시의 시민들은 오랫동안 겪은 불안감, 그리고 특히 배고픔에 지칠 대로 지쳐 어서 빨리 전투가 일어나 이 모든 것이 끝나기를 기다리고 있었다. 두 진영의 병사들은 열에 들떠 무기를 준비하고 전열을 가다듬었다. 스위스 병사들은 알프스 각적들의 울음 소리에 맞춰 여러 개의 전대(戰隊)를 이루고 섰다. 이 각적의 소리에 부르고뉴 병사들은 온 몸에 전율이 흐르는 것을 느꼈다. "왜냐하면 그것은 모라에서 이미 들어본 적이 있는 소리였기 때문이다."

용담공이 머리에 투구를 쓰려고 할 때, 투구의 깃장식이 떨어져 내려 얼어붙은 땅에 굴렀다. "이건 신이 보낸 전조(前兆)인가……" 그는 어두운 낯빛으로 중얼거렸다. 하지만 그는 지체하지 않고 처절한 전투가 벌어지고 있는 전장으로 뛰어들었다. 전투는 치열했으나 그다지 오래가지는 않았다. 이 전투를 통하여 무수한 부르고뉴 기사들이 목숨을 잃었다. 위대한 서자 앙투안 드 부르고뉴 · 로몽 백작 · 올리비에 드 라 마르슈 등은 로렌 백작에게 생포되었다(거친 스위스 사람들과는 달리 보다 인간적인 르네 2세는 이들을 포로로 잡았던 것이다).

하지만 샤를 공작은 어디에도 보이지 않았다. 눈송이가 섞여 흩날리고 있는 매서운 삭풍이 휩쓸고 지나가는 로렌의 평원 가운데, 죽었든 살았든 실종된 공작을 찾으려는 악착스런 수색이 벌어졌다. 그런데 캄포바소 백작의 어린 시종 하나가 자신이 생장 연못이라고 불리는 음울한 장소 근처에서 얼어붙은 몇 구의 시체를 목격했노라고 보고했다. 이에 사라진 용담공의 시의와 평소 그를 모시던 늙은 세탁부 여인을 동반한 기병의 무리가 확인을 위해 떠났다. 정말로 얼어붙은 연못 근처에는 몇 구의 벌거벗은 시체가 반쯤은 늑대들에게 뜯긴 채로 누워 있었다. 시의는 형편없이 얼굴이 망그러진 한 시체의 모습에서 치아를 통하여 공작의 용모를 확인하였고, 하녀 역시 공작이 항상 손가락에 끼고 다니던 반지로 그를 확인했다. 그러자 두 사람은 흐느끼며 공작 앞에 무릎을 꿇었고, 이것이 바로 그들의 군주라고 고백했다.

이 비참한 죽음에 대하여는 여러 가지의 설이 나돌았다. 어떤 이들은 공작은 캄포바소의 부하들에 의해 비겁하게 살해되었다고 말했다. 또 어떤 이들은 그를 죽인 것은 한 귀머거리 무사였는데, 이 무사는 "이봐, 내가 바로 부르고뉴 공작이란 말이야!"고 외치는 공작의 말을 듣지 못했기 때문에 그를 죽였다는 것이다. 하지만 어떻게 죽었든 무슨 차이가 있으랴! 그는 거기 그렇게 있었다. 그 명성 높던 '서양의 대공'이, 벌거벗은 채로 온 몸이 뻣뻣하게 굳어져, 아무도 알아볼 수 없는 비참하기 그지없는 상태로 말이다……

너무나도 비참한 모습을 보고 측은한 마음을 갖게 된 르네 2세의 기사들은 시체를 수습하여 성대한 예의를 갖추어 낭시로 운반해 왔다. 르네 2세는 이 시신을 보자 생전에 그를 그토록이나 괴롭혔던 적수의 죽음에 비통한 눈물을 흘렸다. 그의 비극적 최후는 가장 냉혹한 사람의 마음마저도 흔들어 놓았던 것이다. "영명한 사촌이여! 당신을 이렇게 만든 것이 진정 나란 말이오? 당신과 나, 우리 공동의 불행한 운명이 그대를 이런 꼴로 만들어 놓았구려!" 하고 르네 공작은 탄식했다(어떤 전설에 의하면 그는 고인에 대한 조의를 표하기 위하여 고대 기사들을 상기시키는 기이한 '철사로 만들어진 수염'을 달고 다녔다고 한다). 낭시의 승자 중 하나는 이렇게 탄식했다고 한다. "오, 참으로 비통스런 일이로다! 기독교 세계의 3분의 1의 주인이 될 수도 있었던 이가 이처럼 누더기천 하나만으로 몸을 가린 채 누워 있다니! 신부도, 속세인도, 롤라르드파 사람도, 혹은 베긴 교단 수녀도, 그 어떤 사람도 임종시 그의 곁에 있어 선(善)의 길로 이끌지 못하였도다. 오 하나님! 오 하나님! 이 얼마나 슬픈 일인가요!"

*

단순한 정신의 소유자들은 서양의 대공작이 죽었다는 사실을 좀처럼 믿으려 들지 않았다. 어떤 사람은 그를 보았다고도 했다. 또 어떤 동굴 속에 숨어 지내는 신비스런 은자의 용모가 공작과 기이하게도 닮았다는 말도 떠돌았다. 이렇게 프레데릭 바르브루스의 신화가 부활되었다…….

하지만 그를 섬기던 기사들은 그가 분명 죽었다는 사실을 알고 있었다. 미슐레는 다음과 같이 적고 있다. "원수들마저 그의 죽음을 애석해 했거늘 하물며 그의 신하들, 그가 머리에 현기증이 일어 파멸의 길로 접어들기 전까지 보여준 고귀한 성품을 알고 있던 신하들이 느낀 슬픔은 어떠했겠는가! 황금양모 기사단 참사회가 브뤼게에 있는 성 구세주 성당에 처음으로 모였을 때, 그리고 이제는 이 횡뎅하니 크기만 한 성당 가운데 5명만 남은 이 기사들이 과거 주군이 앉아 있던 비로도 쿠션 위에 얹혀 있는 공작의 목걸이를 보았을 때, 그리고 그가 지녔던 그 모든 영광스런 칭호들 아래에 '작고'라고 씌어져 있는 그의 문장을 보았을 때 기어이 이들은 함께 울음을 터뜨리고야 말았다."

정적(政敵)의 죽음의 소식을 접한 루이 11세는 사악한 기쁨에 몸을 떨었다. 하지만 너무 서두르면 일을 망치는 법이다. 루이 11세는 상황을 빨리 진전시키려 서둘다가 오히려 마리 드 부르고뉴의 증오를 사고 말았다. 샤를 공작의 딸은 황태자 샤를과의 혼인을 거절하고 합스부르크가의 막시밀리안 대공에게 몸을 의탁한 것이다. 그들은 1477년 8월 18일 결혼식을 거행한다. 흐지부지하게 마감된 몇 차례의 전쟁과 외교적 협상들이 있은 후(이의 자세한 내용에 대해서는 자크 칼메트와 폴 머레이-캔달의 저서들을 통하여 알아볼 수 있다), 용담공 샤를이 남긴 제국 전체를 차지할 야심을 지녔던 루이 11세는 겨우 피카르디와 부르고뉴를 얻는 데 만족해야 했다. "이번에는 이것으로 충분해……" 하고 왕은 스스로를 위로하기 위하여 중얼거렸다. 그는 앙주의 유산에 대해서는 훨씬 더 실속 있는 모습을 보여 준 적이 있었던 것이다.

루이 11세는 그를 거역하여 일어서는 영주들에 대해서는 무자비한 전쟁을 벌여 탄압했다. 알랑송 공작은 사로잡혔고, 자기 누이와 결혼한 야만스런 제후인 아르마냐크 백작은 그의 성 하나를 방어하다 전사하였으며, 그의 동생 느무르는 참수당했고, 페르슈 백작은 무쇠 우리 속에 갇히는 몸이 되었다. 또 국왕은 혼인을 통하여 당시의 가장 강력한 두 가문을 자기편으로 끌어들였다. 즉 그는 장녀 안을 부르봉 공작의 동생이자 후계자이기도 한 늙은 보즈 경과 결혼시켰으며, 일 그러진 육체 속에 뛰어난 영혼을 숨기고 있었던 막내딸 잔은 재기발 랄한 정신의 소유자 루이 오를레앙 공작에게 주었던 것이다. 그는 이 어울리지 않는 두 쌍의 부부에게서 나올 2세들을 '먹여 살리는 데 큰 돈이 들게 되지 않기를' 바랄 뿐이었다.

1477년 '천라지망 거미왕' 루이 11세는 그가 범한 실수를 만회하기 위하여, 1482년 사고로 죽은 마리 드 부르고뉴의 딸 합스부르크가의 마르그리트와 그의 아들 황태자 샤를 사이의 약혼 계획을 세워 성사 시켰다. 어린 공주는 루이왕 자신의 궁정에서 양육되며, 지참금으로 아르투아와 부르고뉴 백작령을 가져온다는 조건이었다.

1480년부터 병석에 누운 루이왕이 벌인 마지막 사업 중 하나는 6 천 명의 스위스 용병으로 궁수들을 대체해 버린 것이다. 이 궁수들은 막시밀리언 군대에 맞선 기네가트 전투(1479년)에서 불량한 태도로 전투에 임해 그에게 참패를 안긴 주범들이었던 것이다. 그리고 평소 죽음의 고통을 그토록이나 두려워했던 이 늙은 군주는 1483년 8월 30일 플레시레투르에서 의연하게 임종을 맞는다. 그는 아들에게 자 신의 정치적 유언이라 할 수 있는 작품을 하나 남겼으니, 이것이 바 로 《전쟁의 장미나무》이다. 이 저서에서 그는 말하고 있다. "감출 줄 을 모르는 자는 군림할 수 없다." 이렇게 그는 평소 가장 깊은 흉중에 품고 있었던 생각을 드러냈다.

이렇게 '천라지망 거미왕'은 일생을 통하여 정적들을 하나둘 옭아 맨 거미줄을 쳤다. '자신의 왕국의 황제'였던 부친의 유업을 물려받 은 그는 봉건 시대의 폐허 위에 '왕권 국가'의 기초를 세운 것이다(에 마누엘 르 루아 라뒤리는 최근 이 왕권국가가 누렸던 영광의 순간들에 대하여 서술해 준 바 있다). 이 새로운 유형의 철의 왕 앞에서 기사들은 굴복하지 않을 수 없었다.

*

비록 서로 나이 차이가 상당히 났지만, 피에르 드 보즈와 안 부인("이 애는 프랑스에서 가장 덜 미친 여자라고 할 수 있지. 왜냐하면 프랑스에는 현명한 여자란 눈 씻고 봐도 없거든……" 하고 그녀의 부친 루이 11세는 낄낄거리곤 했었다)은 매우 훌륭한 가정을 이루고 있었다. 이 부부는 어린 샤를 8세가 성년에 도달하기 전까지 매우 효율적으로 섭정을 수행했다. 1484년 투르에서 있었던 삼부회 대의원들을 능란하게 달래어 놓은 후에, 그들은 1487년에서 1488년까지 그들에 대하여 '미친 전쟁'을 일으킨 오를레앙 공작·오랑주 대공·뒤누아 백작 같은 반역 귀족들의 곤두선 발톱을 꺾어 놓을 수 있었다. 한편 샤를 8세는 합스부르크가의 마르그리트 공주를 그녀의 부친 나라로 돌려보내는데, 이것은 보다 현명한 선택을 위해서였다. 즉 그는 오랜 전통을 지닌 브르타뉴 공작령의 후계자인 안 드 브르타뉴와 결혼한 것이다.

천성적인 기사로 태어난 이 젊은 발루아 왕가의 군주가 꿈꾸었던 것은 오로지 단 한 가지, 찬란한 군사 정벌과 승리의 영광뿐이었다. 그리고 그의 생애를 통하여 전쟁의 드넓은 영역이 그의 발 앞에 펼쳐지게 될 것이었다…….

22

기사도의 마지막 불꽃 이탈리아 전쟁

왕은 산 넘어 저편으로 간다
그는 수많은 보병들을 고용할 것이다
그들은 힘들여 진격할 것이다.
숨이 차다, 숨이 차! 조금만 더!
(당시의 노래)

샤를 8세는 아내 안 드 브르타뉴와 평화로운 시절을 보낸 자신의 왕국 프랑스를 떠나 위의 노래가 말해 주고 있는 있듯이 1494년 8월말 알프스 산맥을 넘는다. 2년 전 크리스토퍼 콜럼버스(이탈리아명은 크리스토포로 콜롬보)라고 불리는 한 제노바인이 아메리카 대륙을 발견했고, 세계는 커다란 변화의 와중에 있었다. 하지만 '작은 왕'과 그의 기사들은 아직 세계사 가운데 일어나고 있는 이 엄청난 변화들을 의식하지 못하고 있었다. 그들은 아직도 여전히 그들의 낡은 꿈을 좇고 있었던 것이다. 루이 11세(그는 "제노바놈들은 나에게 몸을 바쳤지. 그런데 난 그들을 악마에게 던져 주어 버렸어!"라고 말하곤 했다)의 아들은 일생일대의 모험을 찾아 이탈리아에 들어갔다. 거기에서 백부들이 남겨 놓은 앙주 왕국의 유산을 되찾기 위함이었다. 장 드 칼라브르가 실패했던 그곳에서 젊은 왕은 성공을 쟁취하려 하고 있었던 것이다. 태양빛 아래 불타듯 들끓어 오르고 있는 도시 나폴리, 그리고 신들의 땅 시칠리아…… 그는 이 땅들을 자신의 정당한 권력 아래 복속시키려 하고 있었다. 그리고 결국에는 예루살렘을 다시 정복하리라!

왕은 브리소네 대주교와 보케르 대판관으로 하여금 자잘한 국사들을 처리하게 하였으며, 피에르 드 로앙이나 지에 대원수 같은 선왕을 모셨던 노신(老臣)들을 존중하였다. 그리고 '천라지망 거미왕'의 최측근 책사였던 필리프 드 코민에게는 중요한 외교적 사명들을 맡겼다. 하지만 그가 가장 총애했던 이들은 왕의 젊은 시절의 친구들이었다.

샤티용, 부르디용, 그리고 본발
왕을 다스리고 있는 것은 바로 이들이라.

당시의 군대에는 이런 노래가 떠돌아다녔다고 한다.

이 혈기왕성한 젊은이들, 그리고 이들 외에도 라 트레모이 · 루이 드 뤽상부르 · 질베르 드 몽팡시에 · 이브 달레그르 · 루이 다르스 · 스튜아르 도비니 등과 함께 국왕은 하나의 찬란한 무공 대서사시를 쓰겠노라는 꿈을 품고 있었다. 약간은 침울한 분위기의 보즈 부인의 보호 아래서 소년기를 보내는 동안, 그는 모친이 앙부아즈에 있는 그녀의 '도서관'에 모아 놓은 기사도 소설들을 탐독했던 터였다. 그는 이 소설들에 완전히 도취되어 있었다.

샤를 8세의 군대는 눈이 부실 정도였다. 거대한 몸집의 스위스 창병들이 양쪽 선봉을 서고, 이들보다 몸집이 좀 작지만 민첩한 가스코뉴 쇠뇌수들과 화승총수들이 그 뒤를 이었다. 이 가스코뉴인들은 '용맹하지만 강도들처럼 못된' 자들이라고, 후에 이들이 행동을 목격한 마키아벨리는 말하게 된다. 번쩍이는 새 갑주와 병장기들로 몸을 감싼 국왕직속 기병대는 철갑으로 감싼 거대한 전마들을 타고 있었고, 이들에게선 그 누구도 감히 맞서기 어려운 힘이 느껴졌다. 자색·은색 그리고 금색으로 꾸며진 군복을 입고 있는 프랑스와 스코틀랜드 호위대는 국왕과 왕실의 왕자들을 호위하고 있었다.

미슐레는 그의 뛰어난 한 페이지 가운데 다음과 같이 상세히 묘사하고 있다. "33문의 청동 대포, 그리고 길다란 장포(長砲)들이 앞을 서고, 그 뒤로는 1백여 문의 소형 경포(輕砲)가 날렵하게 뒤따르고 있었다. 각각의 대포는 이탈리아식으로 황소가 끄는 것이 아니라, 여섯 마리의 말이 끌고 있었다." 이 대포들이 발하는 천둥치는 듯한 음향은 앞으로 이들이 이르는 전장마다 울려 퍼질 것이었다.

싸움만 벌어지면 신을 내는 이 열혈 기사들 중에서도 가장 눈에 띄는 사람은 젊은 바야르가의 피에르 뒤 테라이였다. 20세 남짓밖에 되지 않은 이 약관의 청년은 리니 백작, 즉 루이 드 뤽상부르 대대에 속한 장교였다. 그는 시종 생활을 마치자마자 왕궁에서 벌어진 토너먼트에서 용맹한 보드레이 경과 맞섰다. 벌써 이때부터 그의 명성은 드높았으며, 그를 잘 아는 이들은 그가 장차 큰 인물이 될 것이라고 말하곤 했다.

이탈리아 전쟁 시대는 행운의 여신이 중세의 기사들에게 그녀의 마지막 미소를 던진 때였다. 1493년, 합스부르크 제국에서는 막시밀리언 1세가 제위에 올랐다. 그는 토너먼트대회, 누렘베르크의 문장들, 위대한 무훈 같은 기사적 전통에 몰두해 있는 인물이었다. 더욱이 돈이 부족한 (독일 사람들은 그를 '땡전 한푼 없는 막시밀리안'이라고 불렀다) 그로서는 더더욱 야심찬 계획들을 세울 수밖에 없었다. 게다가 그의 능란한 결혼 정책은 황가의 엄청난 세력의 기틀을 마련하게 된다.

1492년부터 스페인 아라곤 왕국의 페르난도와 그의 아내 카스티야 왕국의 이사벨, 이 '가톨릭 왕족'들은 두 왕국의 힘을 합쳐 이슬람 아 벤세라주 왕조의 마지막 후손인 보압딜을 굴복시킨다. 이렇게 레콘키 스타(유럽인들이 이슬람교도를 추방하고 이베리아 반도를 되찾는 것을 의미하는 서반아어)가 완수된 것이다. 이제 그라나다의 이슬람교 왕국 은 더 이상 존재하지 않게 되었다. 스페인의 기사들은 엘 시드 캄페 아도르 때, 아니 그 이전부터 시작되어 오랜 세월 계속되어 온 이슬람 과의 그 해묵은 투쟁에서 결국 승리를 쟁취해 낸 것이다. 그리고 이제 스페인 기사들은 수많은 세력들이 끼어든 이탈리아 전쟁이라는 대혼 전 가운데 극히 중요한 역할을 담당하게 될 것이다.

샤를 8세는 부하들을 이끌고 토리노, 그리고 다음에는 밀라노로 갔 다. 거기서 죽을 병에 걸려 병상에 누워 있는 지안 갈레아초를 대신하 여 섭정을 하고 있는 음흉한 숙부 로도비코 일 모로의 영접을 받는 다. 그런데 지안 갈레아초의 모친이 샤를 8세를 찾아왔다. 그녀는 왕 의 발 밑에 몸을 던지고 자기 아들의 장래를 지켜 달라고 눈물로 탄원 하게 된다. 그녀는 호시탐탐 왕위를 노리는 음흉한 로도비코의 야심 을 너무나도 잘 알고 있었던 것이다……. 감동한 샤를 8세, 약자들의 보호자로 자처하는 이 군주는 이 여인에게 자신의 보호를 약속한다.

11월 17일, 왕은 메디치 일가를 시에서 추방해 버린 피렌체에 도착 한다. 개혁적인 승려 사보나롤라는 프랑스 왕이 마치 이탈리아에 부 활을 가져다 줄 천사라도 되는 양 열렬히 환대한다. 12월 31일 그는 로마에 입성한다. 교황인 알렉산데르 6세 보르자는 겁에 질려 1495년 1월 15일 프랑스와 평화 조약을 체결한다. 교황은 자신의 충심을 증 명하기 위하여 자신의 장남 세사레 보르자와 술탄의 동생 젬을 프랑스 왕에게 넘겨 준다. 행운은 계속해서 미소지었다. 2월 22일 젊은 군주는 처음으로 나폴리에 입성한다. 이에 앞서 아라곤가의 왕은 이미 줄행랑을 쳐버린 터라, 이제 나폴리땅은 루이 11세의 아들의 끝없는 야망 앞에 활짝 열려 있었다. 이어 5월 12일, 샤를 8세는 그를 환영하기 위해 축제가 벌어진 나폴리에 기병대를 거느리고 위풍당당하게 입성한다. 네 마리의 백마가 끄는 전차를 탄 그는 머리에는 왕관을, 그리고 양손에는 왕홀과 금옥관자〔金玉貫子; 위에 십자가나 독수리가 얹혀 있는 왕위의 상징〕를 들고 있었다. 나폴리 사람들은 그에게 '지극히 위엄 있는 황제,' 그리고 나폴리 왕이라는 칭호를 바치며 맞아들였다.

황제? 하지만 이 황제가 소유하게 된 영토는 어떤 곳이었던가? 조카가 죽자마자 스스로 밀라노 공작의 자리에 올라선 (이는 뻔히 예상할 수 있는 일이었다) 루도비코 스포르차는 과거 귀빈으로 모셨던 프랑스 왕을 배신한다. 그는 베니치아인들, 교황, 합스부르크 황제, 스페인의 가톨릭 왕들과 함께 샤를 8세에 맞서는 거대한 공동 전선을 결성했던 것이다. 샤를 8세와 그의 군대는 말하자면 거대한 쥐덫에 갇힌 셈이었다!

5월 20일, 왕은 나폴리를 떠난다. 그리고 이 나라의 통치를 질베르 드 몽팡시에게 맡겼는데, 그는 '멋진 기사이긴 하지만 항상 정오가 되기 전에는 잠자리에서 일어나지 않는' 그런 사람이었다. 왕은 남에서 북으로 이탈리아 북부를 가로질러 북상했다. 이것은 사실 적잖게 힘이 드는 일이었다. 도비니 경이 지휘하는 전위대는 세미니라에서 벌어진 전투에서 첫 승리를 거둔다. 하지만 만토바 후작인 프란체스코 다 곤차가의 지휘를 받는 이탈리아의 주력부대는 포르누라는 커다란 성읍 근처에서 그들을 기다리고 있었다. 전투가 벌어진 날 아침, 샤를 8세는 측근 중, 과거 샤를마뉴 대제를 옹위했던 롤랑과 올리비에같이 그의 곁에서 싸울 12명의 신하를 선발했다.

1495년 7월 5일에 있었던 양군간의 조우는 진정한 기사들간의 격전이라 할 수 있었다. 프랑스군은 한꺼번에 몰아닥치는 밀라노 카이아초 백작의 근위 기병대와 경기병, 그리고 베네치아 공화국이 고용한 알바니아 기병들을 한꺼번에 상대해야만 했다. 한순간 프랑스 왕은 매우 위험한 상황에 빠진 적도 있었다. 하지만 자신의 애마인 사부아산(産) 전마 위에서 몸소 격전을 벌여 위기일발 상황으로부터 빠져나올 수 있었다. 이어 이탈리아 경기병들은 프랑스 진영 가운데를 파고 들어와 마음껏 유린하기도 했다. 하지만 약탈하는 데에 정신이 팔린 이탈리아군 가운데는 잠시 혼란이 일었고, 이틈을 타서 프랑스군은 맹렬하게 돌격해 들어갔다. 결국 프랑스군 특유의 맹렬함이 효력을 발휘하여 그들은 첩첩이 늘어선 연맹군 진지들을 간신히 통과할 수 있었다.

연맹군의 방어막을 뚫고 프랑스로 귀환하는 것, 이것이 프랑스 왕이 원하던 바였다. 하지만 전장의 승리자 만토바의 후작은 승리의 나팔을 불게 했고, 화가 만테냐로 하여금 전승을 기념하는 그림 《성모의 승리》(현재 루브르 박물관에 소장되어 있다)를 그리게 했다. 이 전투는 프랑스군에게는 이를테면 제2의 몽레리라고 할 수 있었다.

이처럼 프랑스 병사들은 이탈리아 원정에서 쓰디쓴 추억만을 가져오게 된다. 하지만 샤를왕은 좀 달랐던 모양이다. 그가 마음속에 간직한 것은 달콤한 꽃향기 가득한 정원들, 수목이 우거진 궁전들, 푸르스름한 지평선, 그리고 빛나는 태양…… (그리고 아마도 관능적인 여인들까지) 이런 것들에 대한 향수였을 뿐이다. 역병에 걸려 신음했었던 병사들로서는 더 이상 품지 않게 된 달콤한 꿈을 왕은 아직도 버리지 못하고 있었던 것이다. 왕비는 그에게 허약하거나 단명한 아이들밖에 생산해 주지 못하였지만, 그래도 왕은 이런 아내를 몹시 사랑했다. 하지만 이런 아내에 대한 사랑에도 불구하고 그는 포기해야만 했던 그 아름다운 꿈을 또다시 시작해 보고 싶은 꿈에 젖어 살았다.

어쩌면 기사들의 이 '작은 임금님'은 이탈리아라는 신기루를 좇아 또다시 모험을 떠났을지도 모른다. 만일 그가 무척이나 사랑하던 앙부아즈 성에서 1498년 4월 7일 우연한 사고로 목숨을 잃지 않았더라면 말이다. 그리고 그의 사촌, 즉 샤를 오를레앙의 아들인 '기적의 아이'는 루이 12세라는 이름으로 그의 뒤를 이어 왕위에 오르게 된다.

샤를 8세는 그다지 두뇌가 총명하지 못했던 것은 사실이나 뛰어난 심성의 소유자였다. 그는 솔직함과 무구함과 선함, 바로 그 자체였다. 하지만 루이 12세는 어떤 사람이었던가? 분명 전왕보다는 훨씬 더 복합적인 인물이었다. 우선 그에게는 사람들에게 호감을 주는 외모를 가지고 있었다. 블루아 지방 시골농군 같은 모습도 있었던 것이다. 하지만 이런 호인풍의 모습은 단순한 외관일 뿐이었다. 그 속에는 스스로 정치적 술수에 재능이 있다고 생각하고 있는 어떤 인물, 시대를 앞선 마키아벨리적 군주의 엄청난 교활함이 숨겨져 있었다. 하지만 그의 두번째 부인, 즉 '예리한 검'이라는 별명을 가진 안 드 브르타뉴는 그의 허약한 건강을 이용하여 여러 가지 못된 짓을 하였다. 루이 12세는 전쟁터에서 매우 용감한 모습도 보여주었으나, 그는 근본적으로 기사적 왕이라고는 할 수 없었다. 그는 무엇보다도 매력적인 아내와 그가 가장 총애하는 대신, 즉 앙부아즈 추기경 등에 둘러싸여 지내는 블루아에서의 거의 부르주아적 삶을 좋아했다. 하지만 그의 치세 기간 동안에 기사도는 지극히 화려한 꽃을 피웠다. 지는 태양이 가장 찬연한 광휘를 발하듯이 말이다.

이당시 루이 다르스 대위의 기수였던 바야르는 후에 프랑 노앵이 표현한 바, '프랑스적 기사도'를 추구하던 세대 전체의 모델이 될 것이다. 그리고 나중에 '겁도 없고, 흠도 없는 기사'라고 불리게 될 이 사람은 얼마 후 야심찬 유럽 제후들이 각축을 벌이는 투기장이라 할 수 있는 이탈리아땅에서 그의 드높은 무공을 뽐낼 기회를 갖게 될 것이다.

이탈리아 반도의 운명은 경각에 달려 있었다. 니콜로 마키아벨리는 세사레 보르자에게 모든 희망을 걸고 있었다. 피렌체 공화국의 국가 비서였던 마키아벨리는 이 교황의 아들이야말로 조국 이탈리아 통일을 실현할 수 있는 인물이라고 믿고 있었다. 마키아벨리의 저서 《군주론》의 모델이 된 이가 수단과 방법을 가리지 않고 로마니아 지방을 정복한 바로 이 무시무시한 야심의 소유자였던 것이다.

루이 12세는 비스콘티가의 유산이라 할 수 있는 밀라노를, 그리고 선왕의 이름으로 나폴리 왕국에 대한 권리를 동시에 주장하고 나섰다. 그는 1499년 9월 중순 군사를 일으켜 루도비코 스포르차를 축출하였다. 이 쫓겨난 권력 찬탈자는 이듬해 자신의 도시를 되찾을 수 있었으나, 결국에는 노바르에서 패배하여 포로가 되어 죽고 만다.

1500년 11월 11일, 루이 12세와 스페인 아라곤 왕국의 페르난도 2세는 그라나다 조약을 맺어 나폴리 왕국을 나누어 가질 것을 합의한다. 하지만 이듬해 나폴리 왕국의 대부분을 점령한 것은 프랑스군이었고, 결국 1502년 7월 프랑스와 스페인 사이에는 전쟁이 발발하게 된다.

이렇게 일어난 전투들 가운데서 가장 혁혁한 무공을 떨친 이는 '위대한 대장'이라는 별칭을 가진 코르도바의 곤살베였다. 이 용맹한 기사는 이미 레콘키스타 시절부터 그 위명을 떨친 바 있었다. 이 담대한 전략가 덕분에 스페인은 이후 150년간 유럽 각지의 전장에서 승리를 거두게 될 보병대 '테르시오스'를 보유하게 되었던 것이다.

귀족들도 상당히 포함되어 있는 이 정예 부대의 보병들은 세 부류의 군인들로 구성되어 있었는데, 그것은 화승총수·창병, 그리고 투창과 둥근 방패로 무장을 한 방패병이었다. 코르도바의 곤살베가 모범으로 삼은 것은 육상전투에서 그 효율성을 입증한 바 있는 로마 보병대였다. 1503년 곤살베의 테르시오스는 세미나라와 세리뇰라에서 프랑스군을 연이어 격파했고, 이로부터 얼마 되지 않아 프랑스군은 나폴리를 잃는다. 이에 새로이 즉위한 무장(武裝) 성직자라 할 수 있는 교황 율리우스 2세는 "이 땅을 떠나라, 프랑스 오랑캐들아!"라고 외치며 전쟁을 벌이는 이탈리아인들을 독려하였다.

곤경에 처한 프랑스군은 프랑스의 용장들, 특히 바야르에 큰 기대를 걸고 있었다. 그는 명예를 건 일대일 대결에서 알론소 데 소토마이요에게 승리를 거두고, 그를 죽였다. "하지만 스페인 사람들은 전혀 굴복할 줄 모르고, 또 명예심이 머리에서 발 끝까지 배어 있는 사람들이었다"고 이 도핀 지방 출신 영웅의 전기를 쓴 루아얄 세르비퇴르는 적고 있다. 13인의 스페인 기사들과 13인의 프랑스 기사들은 서로 창을 꼬나쥐고 결투를 벌였다. "만인을 능가하는 우리의 훌륭한 기사는 여기서 뛰어난 무공을 발휘하여서 그에 대한 소문과 명성은 하늘 높이 치솟았다. 왜냐하면 이 결투에서 스페인 사람들은 흠씬 두들겨 맞았기 때문이다."

가릴리아노 다리를 수호한 것은 바야르가 행한 셀 수도 없이 많은 서사시적 전설들 중 하나에 불과하다. 약 30분에 걸쳐 그는 단신으로 이 다리를 지나려 하는 2백여 명의 스페인 군사들에 맞서 싸웠다. 하지만 이러한 초인적 무훈들에도 불구하고 프랑스군은 도처에서 패배를 맛보고 있었고, 이탈리아 남부 각지에서 그들의 정복지들을 다시금 상실해 가고 있었다. 결국 루이 12세와 아라곤 왕은 1504년 9월 블루아에서 강화 조약을 체결한다.

이 조약을 통하여 루이왕은 밀라노 공작으로 인정되었고, 롬바르디아와 리구리아를 차지하게 된다. 이렇게 하여 프랑스의 군주가 이탈리아의 국민들을 다스리게 되었으며, 결과적으로 프랑스 백성들에게 거두어들이는 세금을 줄일 수 있게 되었다. 1506년 있었던 삼부회에서 그가 '국민의 아버지'라는 영예로운 칭호를 얻게 된 것도 우연은 아니었다. 이해 프랑스 추기경의 조카가 자행한 착취 행위로 말미암아 제노바 지방에서는 반란이 일어났고, 이것은 이듬해에도 마찬가지였다. 이에 바야르가 진압군을 이끌고 출정하였다. 이제 프랑스 왕은 모든 일에 있어서 그의 충고를 경청하고 있었다. 루이 12세와 페르난도 데 아라곤은 사본에서 다시 만난다. 프랑스 왕은 이 만남 가운데 스페인의 곤살베에게 성대한 향응을 베풀어 주었으며, 또 스페인의 아라곤 왕은 프랑스군 대장 루이 다르스와 '두려움 없고 나무랄 데 없는 기사' 바야르을 찬양하며 "나의 형제 프랑스 왕이여, 이런 훌륭한 두 기사를 거느리고 있다니 당신은 정말 다복하신 분이오"라고까지 말했다.

자존심 강한 공화국 베네치아는 전국민이 한 마음이 되어 프랑스에 대적했다. '굶주린 사자들, 인간들의 피와, 영토와 부에 목말라 날뛰는 사자들' 이것은 한 프랑스 연대기 기자가 당시의 베네치아인들을 묘사한 구절이다. 이제 프랑스에 대한 증오심을 잠시 접은 교황 율리우스 2세는 프랑스·합스부르크 제국·피렌체, 그리고 스페인의 여러 나라들을 한데 결집시켜 캉브레 연맹을 결성한다. 1509년 5월 1일, 루이 12세는 이탈리아에 도착한다. 그는 샤틀라르 대장 이하 보병대를 바야르에게 맡기고, 그의 부관 피에프퐁에겐 국왕직속 기병대의 지휘를 맡긴다. 또 용맹한 제후인 라 팔리스, 그의 동생이며 '작은 사자'라는 별칭을 갖고 있는 방드네스·트리빌스·라 트레모이 등 쟁쟁한 백전노장들 역시 거느리고 있었다. 이러한 전력을 보유하고 있는 프랑스 국왕으로서는 하늘 아래 능히 하지 못할 것이 없는 듯 보였다.

한편 이들에 맞서 싸우는 베네치아의 용병 대장 알비아노와 피틸리아노는 베네치아 당국으로부터 지연 작전을 벌이라는 명을 받았다. 하지만 대담한 성격에 공을 세우고자 안달이 나 있는 바르톨로메오 달비아노(알비아노)는 1509년 5월 14일 아그나델 전투에서 프랑스군을 정면으로 맞선다. 루아얄 세르비퇴르는 다음과 같이 적고 있다. "맹렬한 격투과 치열한 혼전이 벌어졌다. 왜냐하면 처음에는 베네치아 공국 병사들이 정말로 잘 싸웠기 때문이다."

그러나 루이 12세는 그가 용기 있는 왕이라는 사실을 보여주었다. 베네치아군의 대포에 의해 수많은 사상자를 낸 프랑스군들이 잠시 동요를 보이자 국왕은 외치고 나섰다. "겁이 나는 자들은 내 뒤에 서라!"

이에 프랑스군은 다시 용기를 되찾았다. 결국 베네치아군은 바야르와 그에 못지않은 다른 프랑스 장수들의 용맹 앞에 무릎을 꿇게 된다. 포로가 된 바르톨로메오 달비아노는 프랑스 국왕의 거처로 끌려간다. 이렇게 성 마르코[베네치아의 수호성인]의 사자(獅子)는 능욕당했다. 루이 12세는 페스키에라에 이르기까지 모든 도시와 광장들을 차례차례 점령해 간다.

다음해 다시 태도를 바꾼 율리우스 2세는 이번에는 베네치아 공화국과 화해하고, 이탈리아인들에게는 다시금 프랑스인들에게 맞서 싸우라고 독려한다. 1511년 교황은 스페인, 새로이 영국 왕으로 등극한 헨리 8세, 스위스의 자치주들, 그리고 베네치아인들을 한데 모아 신성 연맹을 결성한다.

루이 12세로서는 큰 위험에 직면한 것이다. 하지만 이 '국민의 아버지'는 밀라노의 운명을 그의 조카인 가스통 드 푸아, 즉 느무르 공작에게 맡긴다. 이 젊은 영웅은 이때 22세에 불과했다. 하지만 아직 어린 나이에도 불구하고 그는 대장이 갖추어야 할 모든 자질을 지니고 있었다. 담력·용맹함, 그리고 상대의 실수를 놓치지 않는 기민함 등등…… 그래서 프랑스의 모든 기사들은 열렬한 충성심으로 그를 따를 수 있었던 것이다.

1512년 2월, 한겨울에 이 젊은 영웅은 군대를 이끌고 눈 덮인 길을 지나 볼로냐에 당도하였으나, 교황은 농성(籠城)전을 전개하며 그에 맞섰다. 하지만 느무르 공작은 발레치오에서 베네치아군을 격파하고 이어 브레시아를 공격한다. 출정에 앞서 루이 12세가 그에게 권고한 것은 인정사정 보지 않는 전쟁을 하라는 것이었다. 그는 왕의 충고를 따라 점령한 도시를 무자비하게 약탈했다. 때문에 바야르는 이 와중에서 이전에 자신을 환대해 주는 등 신세 진 일이 있었던 이탈리아 귀부인들을 보호해 주기 위하여 부상한 몸을 이끌고 진땀깨나 흘려야 했다.

4월 11일, 후일 이탈리아를 정벌하게 될 나폴레옹의 선배라 할 수 있는 느무르 공작은 라벤나에서 스페인군과 끔찍한 전투를 벌이게 된다. "신이 이땅을 창조하신 이래로, 프랑스군과 스페인군 사이에 벌어진 이 전투보다도 더 거칠고 잔혹한 싸움은 다시 없었다. 그들은 싸우다 숨을 고르기 위하여 적군의 등에 몸을 기대고 있을 정도였다. 그러다 힘이 솟으면 다시 투구의 면갑(面甲)을 내리고 전보다도 한층 더 맹렬하게 싸웠다. 스페인 군사들처럼 처절하게 싸운 자들은 다시 없을 것이었다. 그들은 팔다리가 잘려 떨어져 나가면 이로 적들을 물어뜯으며 싸웠다." 이렇게 이 전투에 참여한 한 증인은 적고 있다. 사람들은 이 피비린내 나는 격전을 묘사할 때 12세기의 무훈시들을 인용하곤 한다. 이 전투중에 모두 1만 5천 명이 전사했는데 그중 5천 명은 프랑스군이었다.

가스통 드 푸아 역시 이 전투에서 목숨을 잃었다. 그는 총 열여덟 군데나 부상을 입었다. "턱에서부터 이마에 이르는 긴 자상(刺傷)을 입었고, 다 합하여 열넷 내지는 열다섯 군데에 부상을 입었다. 이것은 이 용맹한 귀족이 싸움중에 결코 적군에 등을 돌리지 않았다는 증거이다" 하고 루아얄 세르비퇴르는 말하고 있다. 그의 유해는 밀라노 성에 안치되어 있으니, 바로 롤랑의 무덤이다. 평정한 표정을 짓고 있는 이 젊은 영웅은 이마에는 월계관을 두르고 두 손으로는 검의 날밑을 잡고 누워 있다. 그는 최후의 승리를 거둔 바로 그날 저녁에 한 명의 용맹한 영웅으로서 전사한 것이다.

율리우스 2세는 1513년 2월 21일 사망한다. 새 교황 레오 10세는 선대의 교황처럼 전쟁광이 아니었고, 메디치가 출신 특유의 쾌락주의적 성향을 보여주는 인물이었다. 하지만 가스통 드 푸아가 죽은 이후로 루이 12세에게는 불행한 일들이 끊임없이 일어났다. 프랑스군은 노바라에서 스위스군에게, 그리고 기니가트에서는 영국군에게 패배한 것이다. 1513년 8월 15일은 프랑스 국왕전속 기병대로서는 더 없이 치욕스런 날이었다. 그들은 두려움에 휩싸여 가련한 몰골로 뿔뿔이 도망쳐 버렸던 것이다. 가장 용맹한 군대도 이처럼 약한 모습을 보일 수도 있었던 것이다. 이제 프랑스 왕국의 국력은 소진되어 있었고, 루이 12세는 강화 조약에 조인하지 않을 수 없었다. 이렇게 하여 프랑스는 밀라노를 잃었다.

1514년 1월 9일, 왕비 안 드 브르타뉴는 국왕이 그토록이나 바라던 왕자를 결국 생산하지 못하고 세상을 뜨고 만다. '국민의 아버지' 루이 12세의 후계자는 모친 루이즈 드 사부아와 누이 마르그리트의 귀염을 한 몸에 받는 프랑수아 앙굴렘 백작이었다. 그는 1514년 5월 18일 클로드 공주와 결혼함으로써 왕의 사위가 된다. 이어 10월 9일, 늙은 군주는 영국왕 헨리 8세의 누이이자 불덩이 같은 성격의 소유자인 빨간머리 매리 튜더와 재혼한다. 실로 한 통치자의 종말을 예고하는 사건이었다. 이 '영국 탕녀'와 한 침대에서 자면서 장수하기를 바랄 수는 없었다.

이렇게 '국민의 아버지'의 치세는 실패로 마감된다. 하지만 그의 최근의 전기작가 베르나르 키예는 "나폴레옹을 제외하곤 루이 12세만큼 넓은 영토를 다스린 (물론 짧은 기간 동안이긴 하지만) 프랑스 군주는 없었다"라는 사실을 지적하고 있다. 가스통 르 푸아의 뜻밖의 죽음이 역사의 흐름을 바꿔 놓은 것일까? 젊은 느무르 공작이 살아 있었다면 밀라노 공국을 지킬 수 있었을까? 하지만 역사를 돌이킬 수는 없는 법이다.

여러 차례, 그리고 오랜 기간에 걸친 이탈리아 정벌전 동안 많은 프랑스 기사들은 빛나는 영광을 획득했다. 바야르 · 가스통 르 푸아 · 라 팔리스 등은 이 영웅적인 무훈담의 주인공들이었다. 하지만 기니가트에서의 한심스런 패배는 프랑스 귀족들의 양심 위에 어두운 그늘을 드리우고 있었다. 이 치욕스런 사건으로 인해 그들이 획득한 월계관의 빛이 퇴색된 것이다. '무장한 사냥개들'라는 별명으로 불렸던 당시의 프랑스 기사들…… 이들은 더럽혀진 명예를 회복할 수 있는 새로운 전쟁을 요구하고 있었다. 만약 발루아 공작, 즉 프랑수아 앙굴렘 백작이 왕위에 올랐었더라면 전쟁에 목마른 그들을 이끌고 그들의 자존심을 회복할 수 있는 승리를 위해 또 다른 정벌전을 떠났을 것임은 분명한 사실이다.

23

고귀한 프랑수아왕이여 승리하라!
용맹한 기사들이여 영광받으라!

마리냐노 전투(1515년 9월 13-14일)

1515년 1월 1일과 2일 사이의 몹시 추운 밤이었다. 거세게 쏟아지는 눈보라 속에서 보기에도 즐거운 기색으로 말을 달리는 일단의 젊은 기사들이 있었다. 발루아 공작·몽모랑시 공작·플뢰랑주 공작·보니베 공작, 그리고 몽시뉘 공작 등, 이 젊은 기사들은 새로 즉위한 국왕의 거처로 들어섰다. 그들의 얼굴을 익히 알고 있는 호위병들은 그들을 순순히 왕궁 안에 들어가게 했다. 그러자 왕궁 뜰 안으로 들어온 그들은 공중에 모자를 집어던지며 들뜬 목소리로 외쳤다. "국왕 만세! 국왕 만세!"

왕궁 내에서 이런 행동을 하는 것은 사실 조금 도에 지나친 것이었다. 하지만 이유를 알고 보면 이 행동은 이해할 수 있었다. 이로부터 몇 년 전, 장차 프랑스 왕위 계승 후보자 중의 한 명이었던 현 국왕이 그의 어린 동무들에게 프랑스 왕국의 중요한 직위들을 하나씩 나누어 주었었고, 이 유치한 아이들의 놀이가 지금 현실로 실현된 것이었다.

프랑수아 1세는 친구들에 대한 우의가 유난히 강한 인물이었다. 그는 어린 시절 동무들이 원하는 바를 모두 들어준 것이다. 몽모랑시는 당장에는 프랑스 대원수가 되지는 못했으나(대원수직은 샤를 드 부르봉—몽팡시에에게 주어졌다), 대신 나중에 가서 프랑스 원수직을 차지하게 될 것이었다. 보니베는 해군 제독, 그리고 몽시뉘는 대시종장이 되었다. 브리옹과 플뢰랑주 역시 군부의 고위직을 맡게 되었다. 이 젊은 장교들 앞에는 빛나는 미래가 열리고 있었던 것이다. 그들의 충성심에 보답할 줄 아는 주군 밑에서, 그들의 생은 빛나는 영광들과 정열적인 사랑들로 가득 차게 될 것이었다.

국왕은 어린 시절 가정교사였던 아르튀스 드 부아시를 프랑스 국사(國師)로 삼았다. 하지만 국왕은 선왕 때 중책을 맡았던 라 팔리스가 행한 공적 역시 잊지 않았고, 그를 프랑스 원수로 삼았다. 그리고 프랑수아 1세는 루이 12세 때 활동했던 대장들 역시 계속 전폭적으로 신임하였으니, 생토뱅 뒤 코르미에 이후 헤아릴 수 없는 전투를 치른 트리뷜세 원수, 라 트레모이 같은 노장들이 바로 그들이었다.

국왕에게는 만인이 알고 있는 정부가 하나 있었다. 이 미인의 오빠들인 레스쿤·로트레크, 그리고 레스파르는 푸아 백작 후손으로 프랑스에서 가장 고귀한 혈통을 가진 귀족 가문에 속하고 있었다. 프랑수아즈 드 푸아는 애교가 넘치는 도발적인 갈색머리 젊은 여인으로서, 국왕은 이 여인의 남편의 의심에도 불구하고 자기 궁정 안으로 끌어들이는 데 성공하였다. 하지만 국왕과 정부 사이에는 항상 문제가 끊이지 않았다. 왕은 바람둥이였으며, 정부 역시 그다지 정조를 굳게 지키는 여인은 아니었기 때문이다. 조르주 보르드노브는 세간에 떠도는 전설과는 달리 그녀의 오라비들이 높은 자리에 '승진'한 것은 여동생 프랑수아즈 드 푸아 때문만은 아니라는 사실을 지적하고 있다. 사실 지극히 지체 높은 가문 출신인 이들은 이미 루이 12세의 궁정에서부터 확고한 위치를 차지하고 있었던 것이다.

1515년 1월 25일 랭스에서 대관식을 거행한 프랑수아 1세는 다음

달 15일 의기양양하게 파리에 입성한다. 왕궁의 행사였으나 파리 시민들도 함께 참여한 국왕의 파리 입성식은 그때까지 볼 수 없었던 화려하기 그지없는 축제였다.

하지만 새로 즉위한 젊은 군주가 꿈꾸었던 것은 전쟁에서 승리하여 영광을 획득하는 것이었다. 이를 위하여 무엇보다도 우선 상실한 밀라노 공국을 되찾기를 원했다. 루도비코 스포르차의 장남이자 밀라노 공작이기도 한 막시밀리안 스포르차는 그의 아버지처럼 약삭빠른 두뇌는 지니고 있지 못했다. 그렇긴 했지만 그는 스위스와의 동맹 관계는 확보해 놓고 있었다. 당시 스위스는 시온의 주교 추기경이며 지극히 호전적인 성직자인 마티아스 시너의 주도 아래 프랑스에 대한 전의를 불태우고 있던 터였다. 스페인왕 페르난도 데 아라곤과 교황 레옹 10세 역시 스위스 편이었으나 적극적으로 개입하지는 않고 있었다. 프랑수아 1세는 영국왕 헨리 8세로부터는 매우 비싼 대가를 지불하고 중립 약속을 얻어냈다. 장차 그 유명한 카를 5세[프랑스어 이름은 샤를 켕이며, 스페인쪽으로 보면 카를로스 1세가 된다]가 될 합스부르크 왕가의 카를은 조부 막시밀리안이 갖고 있는 황위(皇位)를 노리고 있었으나, 선거후들이 자신에게 우호적이지는 않다는 사실을 잘 알고 있었다. 그는 프랑스와 스위스의 지원을 받는 밀라노 공국 사이의 분쟁의 결과를 예의주시하고 있었다. 반면 베네치아는 프랑수아 1세에게 연합을 제의했다. 베네치아 공화국은 프랑스 왕에게 탄탄한 전력을 지닌 자신의 군대로 지원해 줄 것을 약속했다.

1515년 7월 12일, 프랑수아 1세는 위풍당당한 기세로 리용에 입성한다. 하지만 그는 이 부유한 도시가 제공하는 쾌락에 빠져서 한없이 그곳에 머물러 있지만은 않겠노라는 각오를 다지며 다가오는 모험을 기다리고 있었다.

스페인이 파견한 몇 개 대대의 지원을 받는 스위스군은 전통적으로 프랑스군이 이탈리아로 갈 때 취했던 통로인 몽주네브르, 몽스니스, 그리고 파드수즈 협로들을 지키고 있었다. 하지만 프랑수아 1세와 그의 막료들은 이런 스위스군의 허를 찔렀다. 이해 8월 4일에서 9일에 이르는 기간 동안 프랑스군은 엄청난 위험을 무릅쓰고 아르장티에르 협로를 통하여 알프스 산맥을 넘은 것이다. 이들은 급류 위에 가교를 설치하고, 72문에 달하는 장포(長砲), 그리고 이보다는 구경이 작은 3백여 문의 대포를 밀고 혹은 당겨가며 그 험난한 산맥을 통과했던 것이다. 이런 식으로 비할 바 없는 담력의 소유자 부르봉 대원수가 이끄는 전위대와, 국왕 자신이 거느리는 후위대는 8월 중순 알프스를 넘는다.

한편 용감한 라 팔리스는 브리앙송을 통하는 지름길로 이탈리아에 도착했다. 그는 그곳에서 멀지 않은 곳(빌라프란카)에 교황군의 총대장인 프로스페로 콜론나가 이끄는 이탈리아군이 있다는 정보를 얻게 된다. 그에 관련된 전설과는 달리 라 팔리스는 대담할 뿐 아니라 영리하기도 한 인물이었다. 콜론나가 호화스럽게 차려진 식탁에 앉아 있을 때, 그는 극소수의 정예만을 이끌고 적진을 급습했다. 그리고 순식간에 이탈리아군은 와해되어 버렸다. 전쟁에서 급습 효과는 결정적인 중요성을 지니는 법이다. 어안이 벙벙해진 교황 레오 10세의 총대장은 말했다. "프랑스군이 산을 넘어 날아왔단 말인가?"

프랑스군은 피에몬테에 있었다. 스위스군은 밀라노를 수비하기 위하여 서둘러 되돌아왔다. 프랑수아 1세는 시이저의 월계관을 꿈꾸고 있었다. 하지만 그는 사람들이 생각하는 것보다 훨씬 더 현명하고, 또 부하들의 목숨을 아끼는 사람이었다. 그는 스위스 연맹군과 막시밀리안 공작에게 타협안을 제시했다. 그는 스위스군에게는 금화 1백만 에퀴를 줄테니 롬바르디아를 포기하라고 제안하였다. 또 그렇게 한다하여도 스위스군은 막시밀리안 스포르차를 배신하는 것은 아니라고 말하였다. 왜냐하면 프랑스는 스포르차에게 밀라노에 대한 보상으로서 프랑스에 있는 한 풍요한 영지를 줄 것이기 때문이다. 용담공 샤를의 패배 이후 스위스군은 그 누구도 이길 수 없는 군대로 인식되고 있었다. 따라서 이들과의 정면 충돌은 주저하는 프랑수아 1세의 고민은 충분히 이해될 수 있는 것이었다.

하지만 라 팔리스의 이 모든 노력들이 허사로 돌아갔다. 어떤 프랑스 장교가 멍청하게도 토리노에 주둔하고 있는 스위스 병사들을 포로로 잡은 것이다. 이것은 스위스군의 자존심을 건드린 사건이었다. 게다가 뒤에서는 마티아스 시너가 계속 전투를 벌이라고 스위스군을 충동질하고 있었다. 양군은 어쩔 수 없이 칼을 부딪혀야만 했다.

프랑스 국왕은 휘하 3만에 달하는 보병, 화승총수, 가스코뉴 쇠뇌수, 창병, 미늘창수들을 보유하고 있었는데, 이들은 왕의 충성스런 신하인 겔드르 공작이 파견한 병력이었다. 또 국왕은 4백 문에 달하는 대포, 그리고 무엇보다도 귀족들로 구성된 1천2백 명의 창기병과 또 말을 타고 움직이는 9천 명의 궁수·검수들로 이루어진 위풍당당한 국왕전속 기병대 역시 거느리고 있었다. 그리고 이 모든 병력을 지휘하고 있는 사람은 전설적인 무훈의 주인공이며 국왕의 절대적인 신임을 받고 있는 바야르 자신이었다.

강력한 포병대의 지원을 받는 2만 5천에서 2만 8천에 달하는 스위스군은 시온 추기경의 지휘하에 밀라노 성을 나왔다. 그들은 밀라노에서 몇 리 떨어지지 않는 마을 마리냐노(멜레냐노) 가까운 곳에 견고한 진영을 구축했다. 그들이 진을 친 장소는 수많은 해자와 시내, 그리고 작은 운하들 같은 천연의 방어물들로 보호되어 접근하기 어려운 곳이었다. 등 뒤에는 산퀼리아노라는 마을이 있었고, 왼쪽으로는 룸브라 강이 조용히 흐르고 있었다.

9월 13일, 양국 군대는 이 '거인들의 전투'를 앞두고 서로 마주 보고 있었다. '거인들의 전투'이는 프랑스 원수로서 20여 차례의 전투를 승리로 이끈 백전노장의 노장군 트리빌세가 나중에 이 전투에 붙인 이름이었다.

창과 미늘창을 치켜든 스위스 보병대는 오후 중엽에 행동을 개시했다. 프랑스 국왕전속 기병대, 창과 미늘창을 든 보병들, 그리고 심지에 불을 붙이고 언제라도 대포 발사 준비를 하고 있는 포병들은 두 발을 땅 위에 굳게 딛고서 다가오는 스위스군을 기다리고 있었다. 하지만 스위스 병사들은 마치 성난 산돼지들과도 같았다. 프랑수아 1세는 루이즈 드 사부아에게 보낸 편지 가운데 다음과 같이 적고 있다. "맹세컨대 부인…… 이들처럼 맹렬하고도 거칠게 달려드는 병사들은 세상에 다시 볼 수 없을 것이오……. 엄청난 먼지 구름이 일어서 앞을 분간할 수 없을 지경이었소……. 마치 밤이 온 것 같았소."

그 어떤것도 이 맹렬하게 돌진하는 스위스군을 저지할 수 없을 듯이 보였다. 프랑스 전위대는 추풍낙엽처럼 쓰러졌다. 이에 프랑수아 1세는 즉시 기네가트에서 당한 프랑스군의 패배를 설욕하고자 복수심에 불타 있는 2백 명의 국왕전속 기병대를 차출했다. 그리고 왕이 친히 그 선두에 섰다. 스코틀랜드 호위대는 그를 보호하려고 최선을 다했지만, 국왕은 조금도 자신의 안위를 돌보지 않고 싸웠다. 그 결과 위급하던 상황이 호전되었고 스위스군의 공세는 주춤해졌다. 과거 그랑송에서와 같은 대참극은 다행히 모면될 수 있었던 것이다. 하지만 "치열한 전투는 밤 11시 혹은 12시까지 계속되었고, 달빛마저 희미해져 어두운 밤중에 거의 30여 차례의 치열한 교전이 있었다." 그것은 거의 장님 상태로 서로의 목을 자르는 피비린내 나는 전투였다. 부르봉 대원수·라 트레모이·트리뷜세·라 팔리스·몽모랑시·보니베·바야르 같은 장수들은 산전수전 다 겪은 노장들의 용맹함, 혹은 아무것도 모르는 초보자의 용기를 가지고 싸웠다. 그때까지 전쟁 경험이 많지 않았던 프랑수아 1세나 그의 어린 시절 친구들로서는 그야말로 호되기 그지없는 전쟁 신고식이었다! 이제 사방이 칠흑같이 어두운 밤이 되어 있었다. 양측은 전투를 멈출 수밖에 없었다. 프랑수아 1세는 다시 다음과 같이 적고 있다. "스위스군들은 아군과 아주 가까운 곳에서 휴식을 취하고 있었소. 아군과는 단지 참호 하나만을 사이에 둔 그런 가까운 거리에 말이오. 우리는 밤새도록 손에는 말안장 위에서 창을 들고 머리에는 투구를 쓴 채로, 그리고 우리의 보병들은 전투 대형을 갖춘 채로 밤을 지새웠소."

9월 14일, 해뜨기 1시간 전, 프랑스군은 마리냐노 성읍 앞의 보다 유리한 위치에 포진하기 위하여 자리를 옮겼다. 이 의도적 철군은 매우 질서정연하게 이루어졌다. 동이 터 오자 스위스군은 프랑스 왕과 귀족 정예병들이 모여 있는 프랑스군 주력 앞에 대포들을 결집시켰다. "우리는 여덟 시간 동안 그 엄청난 스위스군 포병의 공격을 견뎌내야만 했소. 정말이지 그러면서 많은 사람이 목숨을 잃었다오" 하고 왕은 적고 있다. 이제 스위스군은 프랑스군의 좌우 측면을 노렸다. 프랑스군 우익은 부르봉 대원수가 지휘하고 있었고, 좌익은 알랑송 공작이 이끌고 있었다. 우익은 거의 뚫렸고, 수천 명이 전사하였다. 반면 좌익은 다행히도 때맞춰 당도한 베네치아군 덕분에 구조될 수 있었다. 그러자 스위스군은 이번에는 프랑스군 중앙을 궤멸시키려 애를 썼다. 하지만 이들은 국왕전속 기병대와 대포의 명인(名人) 갈리오 드 그누이약의 대포들에 의해 격퇴되었다. 이번에는 프랑스군과 베네치아군이 어깨를 나란히 하고 스위스군에 대반격을 가했고, 스위스군은 엄청난 손실을 입는다. 처음에는 2만 8천에 달했던 그들의 수는 이제 3천밖에 남지 않았고, 간신히 목숨을 건진 자들은 밀라노 성 안으로 도망가 숨었다. "전투는 어제 오후 3시부터 오늘 오후 2시까지 계속되었소. 하지만 승자가 누구이며 패자가 누구인지 알 수 없다오……. 이제는 국왕전속 기병들을 무장한 사냥개라고 불러서는 안 될 것이오. 왜냐하면 적군의 마지막 숨통을 끊어 놓은 건 바로 이들이기 때문이오……. (사냥개는 짐승들을 몰기만 할 뿐 마지막 숨통을 끊는 것은 사냥꾼의 몫이므로) 지난 2천 년 동안 이토록이나 잔혹하며, 또 이토록이나 자랑스러운 전투는 다시 없었을 것이오" 하고 프랑수아 1세는 열정적인 어조로 적고 있다. 그의 모친은 '그녀의 시이저'를 무척이나 자랑스러워했고, 또 그것은 당연한 일이었다.

그다음 이야기는 역사의 '참된 전설'이 우리에게 전해 주고 있다. 이에 따르면 승리를 거둔 젊은 왕은 아직도 전투의 열기로 몸을 떨고 있는 노장 바야르에게 자신은 그의 손에 의해 기사 서임을 받고 싶다고 말한다. 그는 이 '두려움 없고 나무랄 데 없는' 노기사 앞에 무릎을 꿇었고, 노기사는 주군의 어깨를 칼등으로 두드리며 '하나님과 성 미셸과 성 조르주의 이름으로' 국왕을 기사단의 일원으로 선포하였다. 그리고 일어선 프랑수아 1세는 늙은 트레모이 장군을 오랫동안 포옹했다. 노장수의 젊은 아들 탈몽 대공은 전투중 심한 부상을 입어 목숨을 잃은 것이다. 미남이었던 이 젊은이는 그의 가문의 가장 큰 희망이었던 것이다. 전쟁이 낳은 또 하나의 비극이었다…….

전쟁의 비극들과 영광들. 클레멘스 잔캥은 서사시 《전쟁》을 음악으로 옮길 때 바로 이 마리냐노 전투를 기억했다 한다. 이것은 웅혼한 영웅적 기상으로 충만한 작품이다. 무언가를 묘사하고 있는 듯한 이 곡의 하모니를 듣고 있노라면, 우리는 가스코뉴 보병대와 화승총수들이 저벅저벅 진군하는 소리, 대포들이 불을 뿜는 소리, 전마들이 울부짖는 소리들을 듣는 듯한 착각을 느낀다. 온갖 종류의 군기들이 이탈리아의 바람에 휘날리고, 전투를 독려하는 피리와 북소리가 울리는 가운데 전쟁이 주는 야성적인 환희에 취해 있는 사람들의 이미지가 떠오르는 것이다……. 이 교향시는 관악기들이 불붙는 듯한 음색으로 일제히 울부짖는 가운데 "골의 고귀한 왕, 고귀한 프랑수아왕에게 승리를!"이라는 우렁찬 구절로 끝을 맺는다.

전투는 조금도 결과를 예측할 수 없는 너무도 치열한 접전이어서, 전하는 말로는 젊은 왕은 위기에 처한 순간, 만일 그가 승리한다면 샹베리에 있는 성수의(聖壽衣; 지금은 토리노에 보관되어 있다)에 순례하겠노라고 맹세까지 했다고 한다. 하지만 이 전투는 바야르나 라 트레모이 같은 이들과, 그들이 이끄는 기사들에게 있어서는 마지막 광휘를 한껏 떨쳐 보일 수 있었던 기회였다. 30여 차례나 영웅적인 돌격을 감행한 프랑스 국왕전속 기병대는 이 전투로 인하여 롤랑과 올리비에, 고드프루아 드 부이용, 그리고 성 루이왕 등과 같은 전설 속의 용사들의 반열에 들었다고 말할 수 있다.

프랑수아 1세가 밀라노를 함락하는 것은 마치 잘 익은 과실을 따는 것만큼이나 손쉬운 일이었다. 막시밀리안 공작은 도주한다. 무치오 아텐돌로, 그리고 프란체스코 스포르차 등으로 이어져 내려온 용맹한 혈통은 이제 이렇게 몰락한 것이다. 한편 프랑수아 왕은 그가 맞서 싸웠던 어제의 적들에 대하여 큰 존중심을 품고 있어서, 그들과 이후 수세기를 걸쳐 효력을 발휘하게 될 평화 조약을 맺게 된다. 그리고 이 스위스인들로 구성된 근위대는 1792년 8월 10일 최후의 순간을 맞은 앙시앵 레짐(프랑스 대혁명 이전의 구체제)에 충성을 바치는 마지막 존재들이 될 것이다(18세기를 통하여 스위스인들은 22개에 달하는 다른 군대에서 봉사하였다!). 교황 레오 10세는 프랑수아 1세와 볼로냐 정교 협약을 맺게 되는데, 그 내용은 후에 프랑스 교회에 극히 불리한 것임이 드러나게 될 것이다.(1516)

이 치열한 전투 끝에 얻어진 승리는 기사들에게 다시 용기를 준 계기가 되었다. 물론 때맞추어 도착한 베네치아 용병대의 지원이 이 전투에서 큰 역할을 한 것은 사실이었다. 하지만 왕국군이 보여준 '용맹함'은 그들로 하여금 무한한 자부심을 갖게 하기에 충분한 것이었다. 그리고 이 기사들 앞에는 아직도 영광스런 날들이 기다리고 있었다. 유명한 스페인 소설 《골의 아마디스》을 읽고 열광한 젊고도 멋진 기사 왕이 즉위한 지 첫번째 해부터 시작된 그 영광스런 치세 동안에 말이다.

24

대참극 파비아 전투
(1525년 2월 24일)

    1515년의 유럽은 아직도 기사들이 지배하는 땅이었다. 하지만 이 기사들의 시대는 서서히 그 종말을 향해 다가가고 있었다. 프랑수아 1세는 그가 사랑하는 루아르 강 연안에 흩어져 있는 여러 성들에서 토너먼트, 가장무도회, 그리고 사냥 등을 즐기며 시간을 보냈다. 그의 부인은 샤토브리앙 백작부인, 즉 갈색머리의 매력적인 여인 프랑수아즈 드 푸아였으며, 그가 '아버지'라고까지 부르는 레오나르도 다 빈치는 그가 가장 총애하는 예술가였다. 그는 아직도 충직함·선의·명예심 등 모든 기사도적 미덕들, 그의 군사적 대부라 할 수 있는 바야르가 체현하는 이 모든 가치들에 대한 믿음을 간직하고 있었다.

    한편 합스부르크의 막시밀리안 황제는 늙어가고 있었다. 하지만 토너먼트에 대한 그의 열정은 아직 식지 않고 있었다. 알브레히트 뒤러가 이 게르만의 시이저가 죽기 얼마 전에 그린 초상화를 보면, 말년에 이른 이 몽상가의 얼굴은 기묘한 번뇌로 가득 차 있다. 이제 산산조각으로 분열된 그의 영토 가운데 선거후들과 제후들은 그의 말을 한 귀로 흘려듣고 있었다. 헝가리에서는 루트비히 2세가 어린 나이로 왕위에 오른다. 폴란드에서는 야기에우오가 선정을 베풀고 있었다. 스칸디나비아 반도는 다시금 분열되어 있었다. 스웨덴인 구스타프 바사가 일으킨 반란으로 말미암아 1521년 칼마르 동맹이 깨어졌던 것이다.

영국민은 유럽에서 가장 멋진 왕을 가졌다는 자부심을 품고 있었다 ('프랑스 왕보다도 더 멋진'이라고 베네치아 대사는 쓰고 있다). 헨리 8세는 겉으로만 보면 예쁜 여자 뒤꽁무니나 쫓아다니고 토너먼트나 즐기는 일개 풍류 기사같이 보였다. 하지만 이런 외관 속에는 매우 음험하고도 실용주의적인 정신이 숨어 있었다.

막시밀리안 1세는 1519년에 세상을 뜬다. 이제 샤를마뉴 대제의 황위는 경매에 붙여진 것이다. 부끄럽기 짝이 없는 흥정을 거친 끝에 선거후들은 조금은 순진한 모습을 보여 준 프랑수아 1세보다는 죽은 황제의 손자이며, 아라곤과 카스티야 왕인 카를 폰 합스부르크를 선택한다. 그는 당대에 가장 능란했던 정치가로서, 때로는 간계로, 때로는 단호함으로 사람들을 조종할 줄 알았던 인물이었다. 대담한 콘키스타도레스〔'정복자'라는 의미의 서반아어〕들 덕분에 곧 신세계 일부까지 차지하게 될 그는 "짐의 나라에는 결코 해가 저물지 않는다"고 말할 수 있게 될 것이고, 이것은 결코 근거 없는 말만은 아니었다.

호사스러움과 허영에 있어서 서로 우열을 가릴 수 없는 라이벌이라 할 수 있는 프랑수아 1세와 헨리 8세는 언젠가 직접 만날 것을 꿈꾸고 있었다. 그리고 1520년의 어느 화창한 봄날, 그들은 '황금천 캠프'에서 드디어 이 꿈을 이룬다. 여기서 튜더 왕조의 후계자 헨리 8세는 실망을 맛보게 된다. 우선 그의 수정궁이 세찬 바닷바람에 부서져 버렸다. 더욱 통탄스러운 것은 프랑수아 1세와 벌인 씨름 시합에서 참패를 당한 것이다. 이것은 어쩌면 당연한 결과인데, 프랑수아 1세는 브르타뉴 씨름꾼들에게서 씨름을 배운 전문가였던 것이다. 클로드 제르베즈와 윌리엄 코르니시가 연주하는 취주악 속에서 엄청나게 호사스런 축제가 열렸고, 이 가운데 양국의 왕가 및 조신들은 즐겁게 뒤섞였다.

하지만 고국으로 귀향하는 헨리 8세의 심정은 참담한 것이었다. 씨름에 졌을 뿐 아니라 평소 스스로 자신 있다고 여기던 분야, 즉 호사로움의 측면에서도 프랑스 왕가보다 못하다는 사실을 확인했기 때문이었다. 얼마 안 있어 헨리 8세는 카를 5세를 만나게 되는데, 이 현명한 군주는 매우 검소한 수행 행렬을 거느리고 나타나 헨리 8세의 허영심을 달래 주는 재치를 보였다. 엄청난 자존심의 소유자인 영국 왕은 이에 만족하여 게르만 황제에게 동맹 관계를 제의하기에 이른다.

하지만 당시 독일에서는 종교상의 반항의 움직임이 일어나고 있었다. 1517년 10월, 마르틴 루터는 비텐베르크 성당 정문 위에다 '95개조(條) 명제'를 게시하였다. 이에 교황 레옹 10세는 그를 추방했고, 뒤이어 신성 로마 제국은 1521년 5월 26일 그를 추방하게 될 것이다.

이 종교 개혁 승려가 바르트부르크에 있는 작센 선거후의 집에 숨어 있을 때, 혼란에 찬 당시의 정신을 보여주는 움직임이 일어나게 된다. 당시 독일의 기사들과 파산한 소귀족들은 강대한 권력을 지닌 대공들이나 주교들을 부러워했으며, 또 궁핍한 삶 속에 전락해 있는 그들은 부유한 자유시들을 질투했다. 1522년 그들은 트리어의 주교-선거후의 영지에 마치 먹이를 노리는 콘도르들 모양으로 달려들었다. 그리고 다른 자들은 수아브 지방의 번영을 구가하는 자유시들을 공격했다. 하지만 대공들과 자유시 민병들은 이듬해 이 기사들을 격퇴했으며, 여기에는 은거 생활을 마치고 돌아온 루터의 승인이 있었다. 이렇게 하여 대귀족들과 자유시 시민들은 제국 내에서 그들의 지위를 더욱 공고하게 한 반면, 전쟁에 실패한 빈한한 철갑 기병들은 이전의 비참한 생활로 되돌아가게 된다. 알브레히트 뒤러가 〈기사와 죽음〉을 그렸을 때 혹시 이러한 상황을 생각했던 것은 아닐까?

선대에 있었던 루이 11세와 용담공 간 반목의 자연스런 연장이라고 할 수 있는 카를 5세와 프랑수아 1세 사이의 대립은 1521년부터 프랑스와 제국을 다시 한번 피치 못할 전쟁 상태로 몰아넣었다. 프랑스 국경 곳곳에서 전투가 일어났다. 바야르는 대공들의 야망의 각축장 밀라노, 그리고 메지에르에서 끈덕진 방어전을 전개했다. 전쟁으로 인해 사람들의 심성이 거칠어졌다. 이탈리아로 돌아온 바야르는 그의 가장 용감한 동료들이 적의 총탄 아래 쓰러져 가는 모습을 지켜보아야 했다. 분노에 사로잡힌 그는 생포한 스페인 화승총수들을 높이 목매달아 처형할 것을 명했다.

1522년에서 1523년 사이는, 행운의 여신이 프랑스군에게 등을 돌린 기간이었다. 로트레크 원수는 라 비코크에서 참담한 패배를 당한다. 또 이탈리아에서 몸소 전쟁을 지휘하고 있는 카를 5세는 뜻하지 않은 원군을 만나게 된다. 바로 프랑스 부르봉 대원수의 합류였다. 그는 프랑수아 1세의 모친인 루이즈 드 사부아와 벌인 재판에서 패배한 것에 원한을 품어 조국을 부인하고, 대신 프랑스의 최대 원수(怨讎)인 카를 황제를 위해 칼을 빼든 것이다. 왕국에서 가장 높은 위치에 있는 무장(武將)의 배신은 실로 역사상 처음 있는 일이었기 때문에 프랑스인들을 그를 불구대천의 원수로 여겼다. 배신자가 내세우는 배신의 이유들이 무엇이었든간에, 그의 변절은 후대인들의 눈에도 결코 정당화될 수 없는 비겁한 행동이었다.

1524년은 프랑스 왕국이나 이탈리아에 있는 프랑스 영지들에 있어서 혹독한 시련의 해였다. 1백 인 무사대 대장이며 1521년부터는 성 미셸 기사단 기사이기도 한 바야르는 국왕에게 이탈리아 주둔군의 지휘권을 자기에게 맡겨 달라고 간청했다. 하지만 왕은 그 대신에 자신이 총애하는 구피에 드 보니베를 그 자리에 앉혔다. 처음에 보니베는 몇 번의 승리를 거두었다. 하지만 알고 보면 이것도 보니베 자신보다는 그의 지휘를 받게 된 '두려움 없고 나무랄 데 없는 기사' 바야르 덕분이었다고 할 수 있다. 그러나 결국 프랑스군은 배신자 부르봉이 이끄는 카를 5세 황제군의 공세에 밀리게 된다. 바야르는 퇴각하는 프랑스군을 보호하다가 치명적인 부상을 입고 만다. 비아그라소에서 적군이 쏜 화승총 탄환이 그의 척추를 부서뜨렸던 것이다. 최근에 그의 전기를 쓴 장 자카르는 죽어가고 있는 노장수와 부르봉 대원수가 만나 대화를 나누었다고 전하는 전설에 대하여 의문을 제기하고 있다. 그가 받은 부상은 너무도 심한 것이어서 이 위대한 노장수는 단 한마디도 할 수 없는 상태였던 것이다. 어쨌든간에 바야르가 숨을 거둔 1524년 4월 30일, 그리고 비아그라소땅은 프랑스군에게는 저주받은 날짜요, 장소였다. 이런 음울한 감정을 느끼고 있는 것은 적군도 예외는 아니었다. 그만큼 당시의 모든 사람은 그야말로 한 시대의 상징이라 할 수 있는 한 위대한 영혼이 사라졌다는 사실을 느끼고 있었던 것이다. 부르봉 장군이 바야르를 살해한 화승총수들을 교수형에 처한 것은 옳은 행동이 아니었을까? 어떤 '정신나간 소년병'이 발사한 탄환 하나가 그 누구와도 견줄 수 없는 위대한 협객의 생명을 앗아갔던 것이다. 이제 그 귀감을 상실한 기사도 이렇게 그의 종말을 향해 한 걸음 더 다가서고 있었던 것이다.

그러나 그해 가을, 정예군단을 이끌고 알프스를 넘는 프랑수아왕은 이런 생각을 결코 용납할 수 없었다. 1524년 10월 동안 그는 한해의 마지막 화창한 날씨들을 이용하여 밀라노 공국의 대부분을 회복한다. 27일, 그는 당시 안토니오 레이바가 지키고 있던 요새 도시 파비아에 대한 포위전을 시작한다. 이런 군사 작전을 암시한 것은 프랑스 왕에게 절대적인 영향력을 행사하고 있는 보니베 제독이었다. 하지만 여기에 대하여 마르탱 뒤 벨레는 다음과 같이 적고 있다. "하나님은 국

왕께서 더 나은 충고를 얻는 것을 허용치 않으셨다.” 그리고 플뢰랑주
는 파비아의 포위전은 ‘매우 잘못된 것’이었다고 생각하고 있다.

곤경에 처한 안토니오 레이바에게 강력한 원군이 도착할 것은 뻔한
일이었다. 하지만 열정에 불타는 프랑수아 1세와 휘하의 기사들은 마
리냐노 대첩을 다시 실현할 수 있는 정면 충돌을 원하고 있었다. 거기
프랑스 왕국의 신하들이 모두 다 모여 있었다고 해도 과언은 아니었
다. 왕의 처남, 즉 ‘모든 마르그리트 꽃(데이지꽃)들 중 가장 아름다운
마르그리트’의 남편인 알랑송 공작, 라 팔리스 원수와 몽모랑시 원수,
보니베 제독, 위대한 포병대장 갈리오 드 그누이약 · 플뢰랑주 · 브리
옹 · 몽시뉘 · 라 트레모이 · 산 세베리노, 장 드 메디시, 그리고 요크
가의 마지막 후계자이며 영국의 ‘백장미’라고 불리는 서퍽 등······.

이 모든 귀족들이 이렇게 모여 있는 것은 진정 굉장한 광경이었다.
아우크스부르크와 밀라노산 갑주로 몸을 감싸고, 알록달록한 깃털이
달린 투구를 쓰고, 섬세하게 만들어진 갑주로 옆구리를 감싼 명마들
을 타고 한데 모여 있는 이 모든 철갑 기병들을 말이다.

프랑수아왕은 갈리오 드 그누이약이 너무도 훌륭하게 운용하고 있
는 청동 대포들을 흐뭇한 시선으로 쳐다보고 있었다. 11월 6일부터 크
고 작은 각종 대포들은 파비아의 성벽을 끊임없이 폭격해 왔다. “동시
에 양쪽에서부터 공격을 하면 도시는 반드시 탈취될 수 있을 것이었
다. 3일간의 포격으로 성벽에 난 틈들은 공격을 위해 충분할 것으로
판단되었다. 라 팔리스는 동쪽에서, 그리고 왕과 보니베는 서쪽에서
군대를 이끌고 돌격하였다”고 샤를 테라스는 쓰고 있다. 하지만 레이
바는 성벽의 틈들을 다시 막는 데 성공했고, 결국 프랑스군은 정예 병
력 중 수많은 희생자와 함께 격퇴되었다. “사실을 말하자면 이 공격은
분별 있는 행동이 못되었다”라고 플뢰랑주는 결론짓고 있다.

강의 재판관은 티치노 강 물줄기를 끌어올 것을 제안했다. 이렇게 해서 엄청난 공사가 시작되었으나, 운수 나쁘게도 쏟아져 내린 가을비가 이 초인적인 대작업을 완전히 망쳐 놓고 말았다.

다음해 1월에는 대오스만투르크 제국의 황제가 보낸 칙사가 프랑스 왕을 알현하려 그의 막사에까지 찾아왔다. 칙사는 국왕에게 두 나라간의 결혼 동맹을 제의하러 온 것이다! 하지만 프랑수아 1세는 그를 정중히 접대하긴 하였으나, 동맹 제의에 대해서는 화를 내면서 거절했다. 교황 레오 10세는 이미 그를 다음번 십자군 원정대 대장으로 임명한 터였고, 또 그는 매우 신앙심 깊은 기독교도 왕이었던 것이다. 투르크 칙사는 빈손으로 귀국하게 된다. 이제 콘스탄티노플에 군림하고 있는 투르크의 대왕 슐레이만 1세는 자신의 때가 오기만을 기다리게 될 것이다…….

하지만 파비아 성내에서 농성전을 벌이고 있는 사람들에겐 희망의 서광이 비추기 시작했다. 8백 명의 창기병, 1천 명의 경기병, 그리고 2만 2천에 달하는 스페인군·이탈리아군·독일군, 그리고 특히 그 사납기가 스위스군 못지않은 용병들 등이 로디에 집결하여 그들에게 도움을 주기 위해 준비하고 있었던 것이다. 이들을 지휘하는 것은 3명의 매우 유능한 장수, 즉 부르봉 대원수, 플라망드인 라노이, 그리고 역사가들이 페스케르라고 부른 나폴리 사람 페스카라였다.

반면 프랑스군은 지리하게 계속된 포위전으로 몹시 지쳐 있는 상태였다. 그리송에서 온 6천의 스위스군은 그들의 고향으로 돌아가고 장 드 메디시 역시 부상을 입고 떠나 버렸다. 하지만 이에 개의치 않고 프랑수아 왕은 진지의 방어벽을 강화하여 난공불락의 것으로 만들었다.

교황 클레멘테 7세는 마지막으로 두 진영간의 화해를 시도했지만 성공하지 못한다. 보니베가 프랑수아왕에게 그 어떤 휴전과 평화안도

배제하라고 충고했기 때문이다. 1525년 2월 24일, 황제의 생일이기도 한 이날 양군은 최후의 운명을 향해 다가가고 있었다.

장 지오노는 다음과 같이 쓰고 있다. "이 본격적인 전투에 대하여 헤아릴 수 없는 많은 이야기들이 존재한다. 1525년 2월 24일 벌어졌던 이 전투 이후 6개월 동안 펜이나 붓, 심지어는 직물을 짜는 물레를 들 수 있는 사람〔그위에 전쟁 이야기를 그림의 형태로 표현하는 태피스트리 직공을 말한다〕까지, 무언가 이야기를 만드는 수단을 가진 사람이라면 누구나 이 파비아의 전투에 대하여 나름대로 이야기를 남기고 있다. 이 전쟁에 대한 소문은 (투르크를 거쳐) 중국에까지 흘러 들어갔다."

하지만 이후에도 사람들은 프랑스군이 참패를 당한 이 전투의 주요한 국면들을 묘사하고, 각자의 책임을 묻고, 뛰어난 무훈들, 혹은 부끄러운 행동들을 묘사하게 될 것이다.

23일 밤에서부터 24일에까지 적군은 프랑스군이 목재로 쌓은 견고한 방어진지를 집요하게 공격한 결과, 거기에 세 개의 꽤 큰 구멍을 낼 수 있었다.

프랑수아 1세는 전군으로 하여금 전투대형을 이루게 했다. 그는 국왕전속 기병대, 용병, 그리고 스위스군 등으로 이루어진 정예 부대의 중앙에 섰다. 알랑송 공작과 라 팔리스는 각각 우익과 좌익의 선봉에 섰다.

전투 개시 신호를 낸 것은 프랑스군의 대포들이었다. 갈리오 드 그누이약이 지휘하는 프랑스 포병대의 조준은 너무도 정확하여 합스부르크 황제군은 엄청난 손실을 입었다. 반면 황제군의 대포는 "너무 높은 곳에 배치되어서 거기서 발사되는 포환은 모두 프랑스군 위로 날아가 버렸다"고 샤를 테라스는 쓰고 있다.

전령들이 기쁨에 찬 얼굴로 도착하여 국왕에게 스위스군을 이끄는 플뢰랑주가 적군의 포병대를 생포하였으며, 브리옹은 그의 부대를 이끌고 적군 진영 깊숙이 진격해 들어갔다고 보고했다. 그리고 갈리오의 대포들은 계속하여 적군들을 쓰러뜨리고 있었다. 그리고 프랑스 군사들 가운데는 다음과 같은 함성이 터져나왔다. "프랑스! 프랑스! 승리다!" 제2의 마리냐노 대첩이 손에 잡힐 듯했다.

"이때 국왕은 이러한 유리한 국면을 유지하는 대신 적군과 정면으로 맞부딪히겠다는 결정을 내리게 된다"고 샤를 테라스는 쓰고 있다. "황제군이 거의 와해 직전에 있다고 믿은 국왕은 그의 전위 기병대를 이끌고 공격하게 한다. 그런데 이들이 황제군에 너무도 가까운 거리에 접근한 나머지 프랑스 포병대는 더 이상 포격을 가할 수 없게 되었다. 갈리오는 절망 상태에 빠졌다."

이것은 기사왕 프랑수아가 범한 돌이킬 수 없는 치명적인 실수였다. 그가 분별없이 명한 기병대 공격으로 말미암아 그 자신이 그토록 애지중지했던 포병대가 일시에 무용지물이 되고 말았던 것이다. 왕은 몸소 검을 휘둘러 이탈리아 경기병 대장의 목을 베었다. 하지만 이러는 와중에 그는 황제군 진영 가운데 너무 깊숙이 들어가 있었다. 보병대의 일부와 스위스군들 가운데는 더 이상 그를 따라갈 수 없어서 그대로 도망가 버리는 자들이 나왔으며, 용병들은 무지비하게 살육되었다. 알랑송 공작은 비겁하게도 티치나 강 저 너머로 도망가 버렸다.

"이제 전투 전체의 무게가 국왕의 어깨를 짓눌렀다"고 샤를 테라스는 쓰고 있다. "그는 성난 사자처럼 싸웠다. 그의 애마는 이미 죽어 그의 발 밑에 뒹굴고 있었다. 그는 두 발로 서서 싸웠다. 그의 둘레에서는 귀족들이 마치 사냥터의 노루들처럼 하나둘씩 쓰러져 가고 있었다. 스코틀랜드 호위대는 주군을 보호하기 위하여 목숨을 잃어갔다. 이제 숨이 목에까지 차 오르고, 땀으로 범벅이 된 국왕은 온 몸에 부상을 입고 있었다. 그리고 치욕감과 슬픔으로 거의 정신이 나가 있는 프랑수아 1세는 기진맥진한 상태로 투구의 면갑을 올린 후, 항복의 표시로 쇠사슬 토시를 벗어 앞에 있던 적장에게 건넸다. 그 적장, 즉 나폴리 부왕(副王)인 라노이는 무릎을 꿇고 정중하게 토시를 받았다. 이렇게 생포된 국왕과 함께 몽모랑시·브리옹·장 드라 바르·몽페자 등이 함께 사로잡혔다……."

라 트레모이·산 세베리노·서퍽·레스켕·생폴 백작, 그리고 사부아의 서자 등은 백합기의 명예를 위해 목숨을 잃었다. 라 팔리스는 그의 영광스러웠던 생애에 걸맞는 최후를 맞았다. 한쪽 다리가 넘어진 말 옆구리에 끼어 움직일 수 없는 상태인데도 그는 최후까지 검을 휘둘렀던 것이다. 이런 그를 잔인하게 죽인 것은 어떤 스페인 장교였다. 그가 일부분 책임이 있는 이 대참사를 목격한 보니베는 소리쳤다. "이 세상의 모든 재산들 다 준다 해도 이 처참한 파괴를 보고도 살아남지는 않겠노라!" 이렇게 외치고 난 그는 면갑을 올린 후 "그의 목을 적군의 검들에 그대로 노출한 채 싸우다 죽어갔다."

때맞춰 파비아 성에서 쏟아져 나온 농성군에 의하여 프랑스군의 대참사는 막을 내린다. 이날의 승리자인 스페인군 테르시오스들은 함성을 질렀다. '빅토리아! 에스파냐!' 프랑수아 1세는 적군에게 자신을 파비아에 있는 한 승원에 데려다 달라고 간청했다. 거기서 잠시 명상에 잠길 생각이었던 것이다. 그런데 운명의 장난이랄까, 이 생포된 왕이 승원의 성소에 들어서는 순간 승려들은 다음과 같은 성가를 부르고 있었다. "주여, 당신이 나에게 수치를 주심이 나에겐 복이나이다. 이로 인해 난 당신의 공의를 배울 수 있음이나이다."

이 참혹한 패배가 있었던 다음날 프랑수아 1세는 그의 모친에게 다음과 같은 편지를 보낸다. "어머님, 이 불운이 휩쓸고 지나간 후 이 몸에 남은 것이 있다면, 그것은 명예와 간신히 건진 이 한 목숨뿐이옵니다." 당시 그의 상황을 너무나도 정확하게 요약한 말이라 할 수 있을 것이다. 그의 모친 루이즈 드 사부아는 섭정직을 맡고, 이제 프랑스 왕국에 얼마 남지 않은 것이나마 간수하려 애쓰게 될 것이다.

*

6개월간의 힘겨운 포로 생활을 보낸 후(카를 5세는 그에게 조금도 왕에게 걸맞는 대우를 해주지 않았다), 프랑수아 1세는 1526년 3월 17일 토요일 라 비다소아 강기슭에 다시 서게 된다. 이를 위하여 그는 승자가 부과하는 냉혹한 법칙에 따라야만 했다. 그는 이해 1월 14일 굴욕적인 마드리드 조약에 서명해야 했던 것이다. 이것은 그야말로 프랑스 왕국으로서는 참담하기 짝이 없는 조약이었다. 그는 플랑드르 백작령과 아르투아 백작령, 그리고 나폴리 왕국과 밀라노 공국에 대한 종주권을 포기해야만 했다. 그리고 무엇보다도 큰 모욕은 선공 필리프와 용담공 샤를이 다스려 온 부르고뉴 공국을 이 카를 5세에게 반환하라는 것이었다. 카를 5세의 요구는 그야말로 무자비하기 이를 데 없었다. 프랑수아 1세는 그가 이 모든 사항들을 지키리라는 서약에 대한 보증으로 자신의 두 아들을 볼모로 남겨 놓아야만 했다. 이 두 아들, 즉 첫째와 둘째아들인 프랑수아와 앙리를 한번 포용할 시간도 없이 그는 쫓겨나야만 했다…….

"자, 이제 나는 왕이다!" 이것은 되찾은 자유의 기쁨에 취하여 왕이 발한 함성이었다. 하지만 마드리드 조약에 조인하기 이전에 이미 그는 이 부당한 조약을 서명시키기 위하여 그에게 폭력이 가해졌다고 항의한 바 있었다. 왕국에 돌아온 그는 파리의회로 하여금 의회의 이름으로 부르고뉴 양도를 거부하도록 명하였고, 다시 전쟁을 준비하기 시작했다. 신 앞에서 행한 서약도 그의 결심을 막을 수 없었다. 그는 이탈리아를 향해 출정할 때는 명예를 존중하는 기사왕이었으나 이제 교활하고도 실용적인 군주가 된 것이다. 그가 관심을 갖는 것은 오직 한 가지, 왕국을 지키는 것이었다. 설령 그로 인해 명예를 잃는다 하더라도…….

카를 5세는 이것은 파렴치한 배약 행위라고 소리 높여 항의했다. 이로 인해 볼모로 남겨진 프랑스 국왕의 두 아들은 그들의 신분에 걸맞지 않는 대우를 받을 수밖에 없었다. 심지어 그들을 수행하던 하인들은 이교도들에게 노예로 팔려져 갔다고 한다. 이 불행한 왕자들이 프랑스땅을 다시 밟을 수 있게 된 것은 그로부터 4년 후였다. 후에 앙리 2세가 될 왕자는 이 포로 생활을 통해 평생 남게 될 정신적 상처를 입게 될 것이다.

이제 프랑수아 1세는 나라를 구하기 위하여 그 어떤 것이라도 희생시킬 각오가 되어 있었다. 파비아에서 그는 슐레이만 대제의 제의를 거절한 바 있었다. 하지만 1536년 그는 대투르크 제국과 교역 조약을 체결한 후, 그 다음에는 합스부르크 황제에 대항하는 순수한 군사 동맹을 맺게 된다. 이제 그에겐 기독교 형제국이라는 관념은 더 이상 존재하지 않았다. 그렇다면 이 기독교 형제국이라는 관념의 버팀목이 되어 주었던 기사도는 어떻게 될 것인가? 프랑스 국왕은 십자군 운동마저 부정했던 것이다…….

1527년 니콜로 마키아벨리는 배은망덕한 도시 피렌체에서 사람들에게서 잊혀진 채 궁핍 속에서 사망한다. 그러나 그가 사라진 후 얼마 되지 않아 그의 저서 《군주론》은 엄청난 성공을 거두게 된다. 카트린 드 메디치 앙리 4세 같은 이들은 이 책을 항상 머리맡에 두고 읽었다고 한다. 마키아벨리는 다음과 같이 쓰고 있다. "어떤 군주가 자신이 한 말에 대해 신의를 지키고 솔직하게, 그리고 간계를 부리지 않고 행동하는 것이 얼마나 명예로운 일인가는 모든 사람이 잘 알고 있다. 하지만 이 시대에 우리는 이러한 신의 따위는 개의치 않고, 간계에 의하여 사람들 위에 군림할 수 있었던 군주들이 사실 얼마나 많은 큰 일들을 이루어 냈는가를 보았다." 마키아벨리와 그의 효율성의 윤리 앞에 이제 낡은 기사도 윤리는 뒷전으로 밀리고 있었다. 그를 위하여 중세의 그 무수한 기사들이 피를 흘렸던 그 고귀한 윤리 말이다.

여기서 우리는 기사도의 과거에 대하여 무비판적인 찬양만을 늘어놓지는 않을 것이다. 생폴 기사단의 창설자인 루이 11세조차도 그 시대에 이미 "숨길 줄 모르는 자는 군림할 수 없다"고 공언한 바 있다. 《군주론》을 한 줄도 읽지 않았던 그가 이렇게 말한 것이다. 하지만 피렌체의 사상가가 이전 사람들과 다른 점이 하나 있었다면 그는 인간의 근원적인 악성(惡性)을 철저히 믿고, 또 이를 바탕으로 하여, 인류를 위하여 (그는 이렇게 생각했다) 새로운 윤리, 즉 마키아멜리주의를 사람들에게 가르쳤다는 점에 있다. 속임수·간계·서약의 파기…… 이 모든 것들은 이제 그들의 시인, 그것도 매우 재능 있는 시인을 만나게 된 것이다.

25

모하치에서 마지막 기사왕 전사하다

(1526년 8월 29일)

야노스 후냐디와 마티아스 코르비누스의 후계자인 헝가리 왕 루트비히 2세는 용맹한 군주였다. 또 그는 용맹할 뿐만 아니라 냉철한 정신의 소유자이기도 했다. '이슬람 신도들의 사령관,' 쉴레이만 대제가 이끄는 투르크군은 그의 왕국의 국경에까지 접근해 있었다. 루트비히 2세는 원군을 얻기 위해 유럽 각국에게 호소하였다. "만약 전하께서 원조해 주지 않으신다면 우리 왕국의 운명은 끝난 것입니다"고 그는 영국의 헨리 8세에게 서한을 보냈다. 하지만 불행히도 런던은 너무나도 먼 곳에 떨어져 있었다. 한편 카를 5세는 코냐크 동맹(프랑스·교황 클레멘스 2세·영국·베네치아 공화국)과 맞서기에도 벅차서, 자신의 매부이기도 한 루트비히왕을 도와 줄 형편이 못되었다. 합스부르크 제국 의회는 사태를 대처하는 데 꾸물거리고 있었다. 그런데 쉴레이만은 1521년에 이미 베오그라드를 점령하고 있었다.

심지어 루트비히 2세 휘하 귀족들조차 서로 단결하지 못하고 있었다. 귀족들은 베르보엑시파와 궁중백작 바토리파, 두 개의 파당으로 서로 대치하고 있었다. 또 국왕의 권력을 질투하는 많은 귀족들은 자기들의 성에 틀어박혀 나오지 않고 있었다.

귀족들은 "심지어는 전장에서조차 단합을 이루지 못했다"고 앙드레

클로는 그의 탁월한 저서 《쉴레이만 대제》 가운데서 적고 있다. 그들은 야노슈 자폴랴와 프란지파니가 이끄는 크로아티아군 (전부 3-4만의 병력)을 기다리지 말고 즉각 전투를 벌일 것을 국왕에게 요구했다. 기독교군의 총 사령관직은 칼로크사 대주교인 폴 토모리가 맡고 있었다. 처음엔 이 직위를 맡기 꺼렸던 이 군인-성직자는 일단 사령관이 되자 자신의 작전 역량을 과신하게 되었으며, 또 헝가리 기병들이 천하무적이라고 확신하고 있었다.

 그런데 지금 그들 앞에 진을 치고 있는 것은 당시 세계 최강 군대 중의 하나, 아니 아마도 세계 최강 그 자체일지도 모르는 오스만투르크 대군이었다. 오스만투르크 군대는 10만의 대군과 3백 문의 대포를 보유하고 있었다. 우리는 앞에서 그 무시무시한 자니세르 용병대에 대하여 언급한 바 있다. 게다가 이 당시는 이 자니세르 용병대의 위력과 기세가 그 최절정에 달해 있던 때였다. 뛰어난 화승총수들인 이들은, 쉴레이만 대제에게는 이를테면 과거 에드워드 3세나 헨리 5세의 궁수들이 지녔던 것과 같은 중요성을 지니고 있었다. 쉴레이만 대제는 새로운 전쟁을 위해 비정규 용병대 바시부주크를 훈련시키고, 정규 기병대 시파이스를 보강시켜 놓았었다. 또 투르크 포병대의 위력 또한 프랑스군의 그것을 능가했다. 쉴레이만 대제의 거대한 대포들은 대제의 궁 안에서 주조되었는데, 이것은 많은 경우 배교한 기독교도들의 기술로 만들어진 것이다(현재 이스탄불의 토판 거리는 과거 대포 제조창이 위치하던 곳이다). 쉴레이만 대제는 기독교도들로부터 탈취한 무기들 역시 사용하였다. 후에 프랑수아 1세가 그의 동맹자가 되었을 때 대제는 왕으로부터 대포를 구입하기도 한다. 헝가리군 역시 막강한 포병을 보유하고 있었으나 경험이 부족했던 탓으로 이 멋진 대포들은 사실상 무용지물이었다. 페르낭 브로델은 1521년에서 1541년에 이르는 기간 동안 오스만투르크군은 약 5천 문의 대포를 헝가리군으로부터 탈취했다고 주장하고 있다.

투르크 병사들은 지휘관들에게 아무런 불평없이 복종하였는 데 반하여, 헝가리 병사들의 군기는 형편없었다. 당시의 헝가리군은 크레시나 아쟁쿠르 전투시의 프랑스 기사들처럼 봉건 시대 특유의 잡다하고도 무질서한 집단이었던 것이다. 칼로크사 대주교는 전투가 벌어지면 기꺼이 순교할 헝가리의 아들들이 족히 2만 명은 넘을 것이라고 장담했다. 하지만 여기서 중요한 것은 단지 (비록 그것이 영광스런 죽음일지라도) 죽는 것만은 아니었다. 헝가리 왕국와 기독교 세계를 수호하기 위해서는 적군을 무찌르는 것이 문제였던 것이다.

8월 28일, 쉴레이만은 어전회의를 소집했다. 거기 모인 사람들로는 대재상 이브라힘을 위시하여, 또 다른 재상들인 무스타파와 아야스, 성문(聖門)의 공식 대변인 야니아 베이, 그리고 자니세르 용병대의 지휘관들 등이 있었다. 최전방 사령관이기도 한 장교 한 명이 하나의 작전 계획을 건의했는데, 이는 고대로부터 지금까지 그 효용성을 충분히 증명한 바 있는 작전이었다. 즉 전단들 가운데를 열어 적 기병대로 하여금 아군 가운데로 빠져들게 한 다음, 적군의 양 측면을 친다는 전략이었다. 대재상 이브라힘은 모여 있는 군사들 앞으로 나아가 말했다. "여기 모인 모든 사람들은 알라신과 우리의 대군주를 위해 싸울지어다! 살아남는 자는 전리품을 얻게 될 것이요, 전사한다 할지라도 낙원에 가게 될 것이다!" 다음날 8월 29일 대재상은 루멜리아의 병사들을 전위로 세우고, 자신이 직접 지휘를 맡았다. 쉴레이만 자신은 아나톨리아 군단과 자니세르 용병들을 이끌 것이며, 포병 역시 지휘하게 될 것이었다. '술탄 중의 술탄, 군주 중의 군주, 지구상 모든 군주들에게 왕위를 분배하시는 이, 이 땅 가운데 나타나신 알라신의 그림자'(이렇게 쉴레이만이 스스로 붙인 오만스런 칭호였다), 이슬람 신자들의 사령관인 쉴레이만 대제의 군대는 스스로 자랑스러워 할만 했다. 이 군대는 완전한 승리를 가져다줄 것이라고 대제는 확신하고 있었다.

짤막한 포성이 한번 울렸고, 이를 신호로 전투가 시작됐다. 헝가리 귀족인 토모리와 페레니는 기병대를 이끌고 돌격을 감행했다. 루멜리아 병사들은 질서 정연하게 아나톨리아 병사들이 있는 쪽으로 퇴각했다. 이렇게 투르크군은 미리 정한 바대로 좌우로 물러섰다. 헝가리 기병들은 아무런 생각 없이 달려들었다. 각자는 자기가 술탄을 사로잡겠다는 꿈만 꾸고 있었던 것이다! 그런데 투르크군이 느닷없이 좌우 측면을 공격했다. 이 대목에서 앙드레 클로는 투르크 역사가 케말파샤자데의 화려한 문장을 인용하고 있다. "투르크군이 노도와 같이 달려들자, 거기에는 들끓는 듯한 거품이 이는 붉은 피바다가 일었다. 투르크군이 쓰고 있는 붉은 모자들로 인해 전장 전체는 마치 하나의 거대한 튤립밭과 같이 보였다……. 방패들은 장미 꽃송이가 쪼개지듯 쪼개졌고, 투구들은 장미꽃잎들처럼 붉은 피들로 가득 채워졌다……."

헝가리 기병들은 거의 초인적인 영웅적 행동을 보여 주었다. 그들 가운데 32명은 빽빽이 둘러싸고 있는 자니세르 용병들 가운데를 좌충우돌하며 길을 열어 말 등자 위에 발을 딛고 몸을 일으켜 사방에 큰 소리로 명령을 내리고 있는 술탄에 가까이까지 접근한 것이다. 하지만 자니세르들은 그들이 타고 있던 말의 발목을 잘라 쓰러뜨렸고, 땅에 떨어진 32인의 영웅들은 모두 도륙되고 만다.

루트비히왕은 나머지 병력을 규합하여 위기에 빠진 전위대를 구출하기 위해 달려왔다. 하지만 이들을 기다리고 있던 투르크군의 포병대에 의해 와해되어 버리고 만다. 이때 투르크군들이 달려들었고, 무자비한 육탄전이 벌어졌다. 이제 헝가리 대포들은 포성을 멈추고 있었다. 헝가리 포병들은 더 이상 제대로 조준하는 것조차 불가능해졌기 때문이다.

칼·반월도·창·단검 등 갖가지 무기를 든 사람들은 서로를 죽이고 또 죽였다. 결국 죽은 자와 또 죽어가고 있는 자들이 널려 있는 전장 위로 저녁의 어둠이 내려올 때까지…… 온몸에 부상을 입은 폴 토모리는 자신의 목숨을 헐값에 내놓지는 못하겠다는 듯 고래고래 소리(케말파샤자데는 "코끼리 울음 소리 같은 고함을 질러댔다"고 묘사하고 있다)를 지르고 칼을 휘두르며 적군의 머리들과 팔들을 베어 떨어뜨렸다. 자니세르 용병들은 마치 사격 연습이라도 하는 양, 그에게 마구 화승총을 발사했다.

하지만 날이 저물어 감에 따라, 용감한 헝가리 군사들의 손에서도 하나둘씩 무기들이 떨어져 내리기 시작했다. 그들은 퇴각하기 시작했다. 하지만 이 퇴각은 곧 무질서한 도주로 변했다. 많은 사람은 늪지대를 건너 목숨을 건지려 하다가 거기에 가련한 몰골로 빠져 죽었다.

들고 있는 병장기의 무게로 기진맥진한 루트비히 2세 역시 타고 있는 전마 위에서 전사했다. 부상당한 전마 역시 쓰러져 죽었다. 이제 사방을 분간하기 힘든 밤이 찾아와 투르크군은 패주하는 적군의 추격을 포기했다. 군주의 승리를 축하하기 위한 나팔과 북소리가 오래도록 어둠 속에 울려 퍼졌다.

새벽이 되자 재상들과 주요 장군들에게 둘러싸인 술탄은 자신이 거둔 승리의 규모를 정확히 확인할 수 있었다. 투르크 군사들의 시신도 적지 않았지만 산처럼 쌓여 있는 헝가리 군사들과 전마들의 시신은 한층 더 많았다. 술레이만의 군대는 미친 듯이 함성을 질렀다. "7명의 대주교가 포함된 2천 명의 수급이 술탄의 막사 앞에 피라미드 형태로 쌓여 올려졌다. 전사한 적군의 수효는 약 3만에 달했는데, 이중 4천은 기병이었다." 앙드레 클로의 글이다.

이 패전의 결과로 이후 헝가리는 오스만투르크 제국의 지배 아래 들어가고, 공물을 바치고, 승자가 임명한 총독들이 정하는 재정적 요구들에 복종해야만 했다. 이 참사에서 목숨을 건진 헝가리 귀족들은 술탄 앞에서 이마를 굽혀야만 했다. 이것은 그들이 과거 기독교도 군주에게조차 하기를 꺼려했던 치욕적인 자세였다. 하지만 투르크인들은 그들의 광대한 영토 안에서는 어디에서건 정복지 주민의 종교를 존중해 주었으며, 그들로 하여금 '감시 속의 자유' 가운데 살도록 허용해 주었다. 하지만 매년 바쳐야 할 공물의 양은 과중했다. 헝가리인들처럼 자존심 강한 민족에게 진정으로 견디기 힘든 것은 영광스런 과거에 대한 향수, 이교도들에게 복종해야 한다는 치욕감, 그리고 상실한 주권에 대한 그리움 같은 것들이었다.

이제 헝가리와 발칸 반도 전체의 주인이 된 투르크인들은 더욱더 과감하고, 심지어는 무모하기조차 한 일들을 자행하게 된다. 1529년 그들은 합스부르크 왕조의 중심지인 비엔나에 대한 농성전을 벌인다. 하지만 그들은 성을 함락하기 직전 실패하고, 유럽에 대한 그들의 침입의 발걸음은 여기서 멈춰지게 될 것이다.

*

그다음 세기, 루트비히 2세와 그와 함께 전사한 용사들의 원한을 갚아 줄 이가 한 명 나타나니, 바로 소비에스키였다. 1683년 투르크인들은 두번째로 비엔나 포위전을 전개하게 된다. 술탄의 대재상은 지난 세기 모하치 전투시의 전력에 못지않은 강력한 군사를 거느리고 있었다. 그런데 합스부르크 제국의 수도가 거의 함락되기 직전, 폴란드 왕

소비에스키가 전설적인 용맹성을 지닌 군대를 이끌고 당도한다. 1683년 9월 12일에 있었던 칼렌베르크 전투에서 그는 오스만투르크군에게 참혹한 패배를 안긴다. 이 패전 이후 오스만투르크 제국은 쇠락의 길로 접어들게 될 것이다. 투르크군은 지난 2세기간 유럽 전체를 공포로 떨게 만들어 왔었다. 그리고 이 소비에스키의 뒤를 이어 18세기에는 수보로프가 이끄는 러시아군이 투르크군에게 결정적인 승리를 거두게 될 것이다. 이때부터 오스만투르크 제국은 살아 있는 허깨비에 불과한 존재로 전락하게 될 것이다.

후기: 용자들의 황혼

— 1524년, 기사들의 모델인 바야르는 로마냐노 전투에서 어떤 무명 화승총수에 의해 치명적인 부상을 입는다.

— 1525년, 기사왕 프랑수아 1세는 파비아 전투에서 패배하여 포로로 잡힌다. 그에게 이 굴욕을 안긴 것은 그보다 새로운 전략을 보다 잘 사용할 줄 알았던 장수들이었다.

— 1526년, 또 다른 기사왕인 헝가리의 루트비히 2세는 모하치전투에서 가공스런 오스만투르크군에 패배한다. 그는 헝가리군이 패주하는 가운데 전사한다.

이 세 개의 날은 영광스러웠던 중세 기사도가 굴러떨어진 가시밭길의 세 지점을 표시하고 있다.

한 시대를 풍미한 영웅 바야르는 후방에서 벌어진 전투에서 마치 비천한 천민처럼 화승총에 맞아 죽음을 맞는다. 하나님이 내려보시는 가운데, 다른 기사와의 정정당당한 대결 가운데서 죽는 것을 그토록이나 원했던 그가 말이다. 그리고 그와 함께 명예스런 기사도의 가장 아름다운 꽃송이 하나가 떨어진 것이다.

포로가 된 프랑수아 1세는 앞으로의 세계는 정직하기보다는 능란한 군주들의 차지가 될 것이라는 사실을 깨달았다(마키아벨리의 《군주론》은 1532년에 출간되자마자 선풍적인 인기를 끈다). 그리하여 그는 자신이 마드리드에서 엄숙하게 서명한 조약을 후안무치하게도 어겼으며, 1526년 1월 14일에는 자신의 왕국을 구하기 위하여 이교도 투르크인들과 동맹까지 맺게 될 것이다. 이 행위는 기독교적 이상, 과거 기사도가 그 굳건한 버팀목이 되어 주었던 기독교 세계의 이상에서 볼 때 부인할 수 없는 배신 행위였다.

헝가리의 루트비히 2세는 모하치 전투에서 패배하여 목숨까지 잃었는데, 그것은 투르크군은 풍부한 보병 총수들과 대포들로 무장하고 있었던 반면 헝가리 기병대는 이런 것들을 너무 소홀히 하였기 때문이다.

이들 말고도 같은 세기에 죽어간 다른 기사들과 기사왕들 또한 없지 않다. 에를 들어 1578년 알카자르 키비르에서 이교도들과 싸우다 전사한 포루투갈 왕 세바스티아노 1세 같은 이들이다. 하지만 중세의 용자들의 황혼이 결정적으로 찾아온 것은 위에서 이미 언급한 파비아와 모하치 전투에서였다고 말할 수 있다.

이제는 '용맹함' 이라든지, '너그러움' 이라는 미덕들도 기사를 다른 평범한 사람들과 구별짓는 특질이 되지 못하였다. '용맹함?' 이제 용감무쌍한 기사도 등 뒤에서 발사된 총알 하나에 죽을 수 있었다. '너그러움?' 르네상스 시대 가장 아낌없이 돈을 쓴 예술보호자들은 국왕의 보호를 받는 '비열한 부르주아지' (이것은 1세기 후 생시몽이 씁쓰름한 어조로 내뱉은 표현이다) 출신의 은행가, 궁정의 신하들, 재정관들이었다.

카를 5세는 뮐베르크에서 승리를 거둔 후 이탈리아 화가 티치아노로 하여금 기사 복장을 한 자신 모습을 그리게 하였다. 하지만 이 그림에 나타난 그의 모습은 약간은 허황된 꿈에 사로잡혀 살았던 그의 조부 막시밀리안 폰 합스부르크와는 닮은 점이 조금도 없다. 그에게는 오로지 차가운 정치적 이성만이 존재하고 있는 것이다.

헨리 8세는 자신을 위하여 가장 호사스러운 기사 갑주를 제작했다고 명했으며, 토너먼트에 도취하기도 했다. 하지만 이러한 기사적 거칢의 이면에는 교활한 정치적 책략가가 숨어 있었으며, 그의 치세는 피비린내 나는 처형들로 점철되었다. 심지어 그는 처음에는 자신이 보호자임을 자처하던 로마 교회를 버리기까지 하였던 것이다.

앙리 2세는 스스로 기사왕임을 선포하였다. 그리고 그는 디안 드 푸아티에를 자신의 '구원의 귀부인'으로 삼고 있기도 하였다. 하지만 그는 과거 샤를 8세가 좇았던 이탈리아 정복이라는 꿈을 버리고, 세 개의 대주교구를 정복하여 카토 캉브레시스 조약을 얻어내는 보다 견실한 모습을 보여준다. 이제 시대는 효율성의 시대이지, 더 이상 구시대의 꿈을 좇는 시대는 아니었던 것이다.

이제 한 기사가 명성을 얻기 위해서는 토너먼트 같은 것만으로는 충분치 않게 되었다. 이제 기사의 자질을 발휘해야 할 곳은 밖이 아니라 그의 흉중에서였던 것이다. 하지만 당시 민간에 떠돌던 표현대로 말하자면 "더 이상 가슴(프랑스어에서는 심장·가슴·마음 등을 의미하는 **coeur**를 우리말로 옮긴 것으로 이는 '진정한 용기'라는 의미도 갖는다)이라는 것은 존재하지 않게 되었다."

이제 서약을 중시하고, 기사의 맹세를 하고, 또 귀부인들이 보는 가운데 거친 결투를 벌이는 것을 즐겨하던 십자군의 시대는 끝난 것이다. 이러한 이상들은 이제 영광스런 과거에 속한 것이 되었다(프랑스 마지막 마상결투대회는 1559년 6월 30일에 있었는데 이 행사의 끝은 매우 좋지 않았다. 여기에 참가한 앙리 2세가 운 나쁜 몽고메리라는 자의 창에 눈을 찔려 결국 죽음에 이르는 부상을 입게 된 것이다). 이제 현재와 미래를 지배하게 될 것은 재상들의 음험한 계략, 음험한 외교적 책략, 조약을 식은 죽 먹듯이 저버리고 하루 아침에 동맹 관계를 뒤집어버리는 행위들이었다. 카트린 드 메디시, 영국의 엘리자베스 1세, 그리고 후에 앙리 4세와 교활한 베아르네(하지만 그는 양심의 가치를 잘 알고 있었다) 등은 마키아벨리를 부지런히 읽게 될 것이다.

용자들의 황혼⋯⋯.

기사 바야르는 사라졌다. 지나간 시대의 이상이라는 수의를 두른 채⋯⋯ 그는 이 사실을 알고 있었을까? 아마도⋯⋯ 하지만 그는 아무 것도 후회할 것이 없었다. 그가 한 그 유명한 욕설은 만고의 배신자 부르봉의 면전에 대고 직접 퍼부어지지는 못했다. 하지만 이 말 가운데 담긴 기사의 맹세를 지고의 가치로서 지키라는 최후의 호소와, 겁도 흠도 없는 그의 뜨거운 가슴은 영원히 멈추지 않고 뛰게 될 것이다.

'요정을 위하여!' '기사의 맹세를 위하여!' 이것은 노르망디 지방의 고귀한 가문인 아르고주가가 전투시 발하는 함성이었다. 하지만 이제 맹세라는 것은 사람들의 발아래 짓밟혀졌다. 이제 사자는 죽고, 하이에나와 늑대의 시대가 도래한 것이다.

그의 우스꽝스럽기 짝이 없는 생애의 끝에 선 세르반테스의 돈 키호테는 모든 미망에서부터 깨어나 자기 도서관을 채웠던 기사도 소설들을 모두 불태워 버린다. 이렇게 돈 키호테의 초라한 성관의 아궁이 속에서 불태워져 재로 화하고 있는 것은 다름 아닌 지난 시대의 영광과 드높은 이상들이었던 것이다. 실로 서글픈 상징이 아닐 수 없다.

부 록

역대 교황(14,15세기와 16세기초)

보니파키우스 8세(케타니가 출신, 1295-1303)

베네딕투스 11세(보카시니가 출신 1303-1304)

클레멘스 5세(본명은 베르트랑 드 고)(1305-1315)

요한 22세(자크 뒤에즈, 1316-1334)

베네딕투스 12세(자크 푸르니에, 1334-1342)

클레멘스 6세(피에르 로제 드 보포르, 1342-1352)

이노켄티우스 6세(에티엔 로베르, 1352-1362)

우르바누스 5세(기욤 드 그리모아르, 1362-1370)

그레고리우스 11세(피에르 로제 드 보포르, 1370-1378)

로마 교황

우르바누스 6세(바르톨로메오 프리냐노, 1378-1389)

보니파키우스 9세(피에트로 토마첼리, 1389-1404)

이노켄티우스 7세(코시모 미글리오라티, 1404-1406)

그레고리우스 12세(안젤로 코레르, 1406-1415)

마르티누스 5세(오도네 콜로나, 1417-1431)

외젠 4세(가브리엘레 콘둘메르, 1431-1447)

니콜라우스 5세(토마조 파렌투첼리, 1447-1455)

칼리스투스 3세(알론조 보르지아, 1455-1458)

아비뇽 교황

클레멘스 7세(로베르 드 주네브, 1378-1394)

콘스탄츠 공의회가 열릴 때까지 아비뇽에는 반(反)교황들이 계속된
다.(1414-1418)

새 반교황들이 나타나나, 이들은 별다른 권위를 갖지 못한다. 마지막 반
교황은 펠릭스 5세(사부아 공작 아메데 8세)로 그는 1449년 교황위에서 물
러난 후 1451년 사망한다.

피우스 2세(에네아 실비오 피콜로미니, 1458-1464)
바오로 2세(피에트로 바르보, 1464-1471)
식스투스 4세(프란체스코 델라 로베레, 1471-1484)
이노켄티우스 8세(조반니 바티스타 치보, 1484-1492)
알렉산드로스 6세(로드리고 보르지아, 1492-1503)
피우스 3세(프란체스코 토데스키니-피콜로미니, 1503)
율리우스 2세(줄리아노 델라 로베레, 1503-1513)
레오 10세(조반니 다 메디치, 1513-1521)
아드리아누스 6세(아드리안 플로리스조온, 1522-1523)
클레멘스 7세(줄리오 다 메디치, 1523-1534)

역대 프랑스 왕

카페 왕조
필리프 4세('단려왕,' 1285-1314)
루이 10세('완고왕,' 1314-1316)
필리프 5세('장신왕(長身王)' 1317-1322)
샤를 4세('단려왕' 1322-1328)

발루아 직계 왕조

필리프 4세(1328-1350)

장 2세('강용왕' 혹은 '선왕,' 1350-1364)

샤를 5세('현명왕,' 1364-1380)

샤를 6세('광왕,' 1380-1422)

샤를 7세('현신(賢臣)들의 왕,' 1422-1461)

루이 11세('천라지망 거미왕,' 1461-1483)

샤를 8세(1483-1498)

발루아-오를레앙 왕조

루이 12세('국민의 아버지,' 1498-1515)

발루아-앙굴렘 왕조

프랑수아 1세('문예의 아버지,' 1515-1547)

역대 영국 왕

플랜태저넷 직계 왕조

에드워드 2세(1307-1327)

에드워드 3세(1327-1377)

보르도를 다스린 에드워드 2세('흑세자,' 1377-1399)

플랜태저넷-랭커스터 왕조

헨리 4세(1399-1413)

헨리 5세(1413-1422)

헨리 6세(1422-1461, 그리고 1470-1471)

플랜태저넷-요크 왕조

에드워드 4세(1461-1483)

에드워드 5세(1483)

리처드 3세(1483-1485)

튜더 왕조

헨리 7세(1485-1509)

헨리 8세(1509-1547)

역대 독일 황제(14,15세기와 16세기초)

알브레히트 1세(합스부르크가, 1298-1308)

하인리히 7세(룩셈부르크가, 1308-1313)

루트비히 4세(바이에른가, 1314-1347)

(프리드리히 3세('단려왕'이라는 별칭의 반-황제, 1314-1330))

카를 4세(룩셈부르크-보헤미아가, 1346-1378)

벤첼 4세('주정뱅이왕'이라는 별칭으로 룩셈부르크가, 1378-1400)

로베르트(바이에른가, 1400-1410)

요세(모라비아가, 1410-1411)

지기스문트(룩셈부르크가, 1411-1437)

알브레히트 1세(합스부르크가, 1438-1439)

프리드리히 3세(합스부르크가, 1440-1493)

막시밀리안 1세(합스부르크가, 1493-1519)

카를 5세(합스부르크가, 1519-1556)

주요 연보

1455 장미 전쟁 시작

1471 생미셸 기사단 창설

1477 용담공 샤를 사망

1485 영국 튜더 왕조의 도래

1492 그라나다 함락

1493 황제 막시밀리안 1세 즉위

1494 이탈리아 전쟁 시작

1512 라벤나에서 가스통 르 푸아 전사

1513 마키아벨리, 《군주론》 저술

1515 마리냐노 전투

1519 카를 5세 황제로 선출

1524 바야르 사망

1525 파비아 전투

1526 모하치 전투

1527 마키아벨리 사망(그의 사후 얼마 안 있어 그의 흩어진 글들이 한데 취합된다)

1532 《군주론》 출판

참고 문헌

근대 이전의 역사 텍스트

Anonyme: *Anciennes Chroniques de Flandre*(S.H.F. éditées par Natalis de Wailly et Léopold Delise).

Anonyme: *Chroniques de la Pucelle*(Panthéon littéraire, Coll. J.A.C. Bûchon).

Anonyme: *Grandes Chroniques de France*(S.H.F. éditées par J. Viard).

Anonyme: *Chronique des quatre premiers Valois*(S.H.F. éditées par Siméon Luce).

Ayala: *Chroniques castillanes*.

Bacon(Francis): *Histoire des règnes de Henry VII et de Henry VIII*.

Basin(Thomas): *Histoire de Charles VII*.

—— *Histoire de Louis XI*(éditées sous la direction de Charles Samaran pour les Belles Lettres).

Bellay(Guillaume et Martin du): *Mémoires*(Panthéon littéraire, Coll. J.A.C. Bûchon).

Boucicaut(Le livre des faits du maréchal)(Panthéon littéraire Coll. J.A.C. Bûchon).

Bourgeois de Paris: *Journal*(S.H.P. édité par E. Tuetey).

Brantôme(Pierre de Bourdeille, seigneur et abbé de):

—— *Les Dames galantes*.

—— *Les Dames illustres*.

—— *Vie des hommes illustres et grands capitaines français*(Panthéon littéraire, Coll. J.A.C. Bûchon).

Burchard: *Diarium* ou *Journal*.

Cagny(Perceval de): *Chroniques*(éditées pour la S.H.F. par Moranvillé).

Chartier(Jean): *Histoire de Charles VII*(éd. J. Vallet de Viriville. Bibliothèque Elzévirienne).

Chastellain(Georges):

—— *Chroniques*(éd. baron Kervyn de Lettenhove. Heussner. Bruxelles).

—— *Éloge du Bon Duc Philippe*.

—— *Éloge de Charles le Hardi*(Panthéon littéraire, Coll. J.A.C. Bû-chon).

Clercq(Jacques du): *Chroniques*(Panthéon littéraire, Coll. J.A.C. Bû-chon).

Cochon(Pierre): *Chronique normande*(A. Le Brument, éd. Charles Robillard de Beaurepaire).

Coussinot de Montreuil(J.): *Chronique de Jeanne d'Arc*(éditée pour A. Delays par Vallet de Viriville).

Commynes(Philippe de): *Mémoires*(Pléiade, Gallimard).

Cuvelier(Jean): *Chronique rimée de Bertrand du Guesclin*.

Dukas: *Histoire byzantine*.

Elmham: *Vita et gesta Henrici anglorum regis*.

Escouchy(Matthieu d'): *Chroniques*(Panthéon littéraire, Coll. J.A.C. Bûchon).

Fenin(Pierre de): *Chroniques*(Panthéon littéraire, Coll. J.A.C. Bûchon).

Fleuranges(Robert de La Marck, seigneur de): *Mémoires du jeune adventureux*.

Froissart(Jean): *Chroniques*(S.H.F., éditées par Siméon Luce; Panthéon littéraire, Coll. J.A.C. Bûchon).

Gruel(Guillaume): *Chroniques*(Panthéon littéraire, Coll. J.A.C. Bû-chon).

Guichardin(Jean): *Histoire des guerres d'Italie*(Panthéon littéraire, Coll. J.A.C. Bûchon).

Hall: *Chroniques*(J. Johnson et F. Rivingston).

Juvénal des Ursins(Jean): *Histoire de Charles VI*(Panthéon littéraire, Coll. J.A.C. Bûchon).

La Marche(Olivier, seigneur de): *Chroniques*(Panthéon littéraire, Coll. J.A.C. Bûchon).

Le Bel(Jean): *Chroniques*(S.H.F., éd. J. Viard).

Le Bouvier(Gilles, dit le héraut Berry): *Chroniques de Charles VII*.

Le Fèvre de Saint Rémy(Jean dit le héraut Toison d'or):

—— *Chroniques*(Panthéon littéraire, Coll. J.A.C. Bûchon).

—— *La Vie du bon chevalier Jacques de Lalain*(Panthéon littéraire, Coll. J.A.C. Bûchon).

Louis XI: *Correspondance*(S.H.F., éd. J. Vaesen et E. Charavay).

Loyal Serviteur(le): *Histoire du gentil seigneur de Bayard*(Balland).

Machiavel(Nicolas): *Histoires florentines*(Pléiade, Gallimard, éd. Edmond Barincou).

Molinet(Jean): *Chronique rimée*(éd. Michaud et Poujoulat).

Monstrelet(Enguerrand de): *Chroniques*(Panthéon littéraire, Coll. J.A.C. Bûchon).

Nangis(Guillaume de): *Chroniques*(Brière, éd. Guizot).

Pie II(AEneas Sylvius Piccolomineus): *Commentarii*.

Pisan(Christine de): *Livre des Faitcs du bon roi Charles V*(Panthéon littéraire, Coll. J.A.C. Bûchon).

Religieux de Saint-Denis: *Chronique de Charles VI*(Crapelet, tra-duction de L. Bellaguet).

Roye(Jean de): *La chronique scandaleuse*(éditée pour le Panthéon littéraire par J.A.C. Bûchon sous le nom erroné de Jean de Troyes).

Schilling(Diebold): *Chronique de Berne*.

Walshingam(Thomas): *Chronique ou Histoire d'Angleterre*(Claudius Marnius. Francfort éd. G. Camden).

Wawrin(Jean de): *Anciennes chroniques d'Angleterre*(S.H.F., éd. Mlle Dupont).

근대 이전의 문학 텍스트

Anjou(René d'), roi de Sicile:

—— *Le Livre de cœur d'Amour épris*(10/18 U.G.E.).

—— *Le Livre des Tournois*(Verve).

Foix(Gaston Phœbus, comte de): *Livre de chasse*.

La Salle(Antoine de):

—— *Petit Jehan de Saintré*(Renaissance du Livre).

—— *Les cent nouvelles nouvelles*(Œuvres collectives).

Louis XI(inspiré par): *Le Rosier des guerres*.

Machiavel(Nicolas):

—— *Le Prince*.

—— *L'Art de la Guerre*(Pléiade, Gallimard éd. Edmond Barincou).

Orléans(Charles d'): *Poésies*(Seghers).

Pisan(Christine de): *Poésies*.

현대의 텍스트들

Autrand(Françoise): *Charles VI*(Fayard).

Bailly(Auguste): *Louis XI*(Fayard).

Battifol(Louis): *La Renaissance*(Hachette).

Beaucourt(Gaston du Fresne, marquis de): *Histoire de Charles VII*(Picard).

Bordenove(Georges):

—— *Charles V*(Pygmalion).

—— *Charles VII*(Pygmalion).

—— *Louis XI*(Pygmalion).

—— *François Ier*(Pygmalion).

Bourassin(Emmanuel):

—— *La Cour de France à l'époque féodale*(Perrin).

—— *Jeanne d'Arc*(Perrin).

—— *Pour comprendre le XVᵉ siècle*(Tallandier).

—— *Pour comprendre le siècle de la Renaissance*(Tallandier).

—— *Henry VIII*(Tallandier).

—— *Philippe le Bon*(Tallandier).

Boutaric(Edgar): *La France de Philippe le Bel*(Plon).

Brion(Marcel):

—— *Charles le Téméraire*(Tallandier).

—— *Laurent le Magnifique*(Albin-Michel).

Burckhardt(Jacob): *Civilisation de la Renaissance en Italie*(Trad. H. Schmitt, Livre de Poche).

Calmette(Joseph):

—— *Charles V*(Tallandier).

—— *Les grands-ducs de Bourgogne*(Albin-Michel).

—— *Le grand règne de Louis XI*(Hachette).

Castelot(André): *François Iʳ*(Perrin).

Chaffanjon(Arnaud): *Les grands Ordres de chevalerie*(Serg).

Champion(Pierre):

—— *Louis XI*(Tallandier).

—— *Charles d'Orléans*(Honoré Champion).

Churchill(Winston): *Histoire des peuples de langue anglaise*, Texte français d'Armel Guerne(Plon).

Clot(André): *Soliman le Magnifique*(Fayard).

Clouas(Ivan):

—— *Les Borgia*(Fayard).

—— *Laurent le Magnifique*(Fayard).

—— *Jules II*(Fayard).

—— *Henri II*(Fayard).

—— *Catherine de Médicis*(Fayard).

Contamine(Philippe):

—— *La Guerre du Moyen Âge*(P.U.F.).

—— *La Vie quotidienne en France et en Angleterre au temps de la guerre de Cent Ans*(Hachette).

Denieule(Anne):

—— *La Renaissance*(Arthaud).

—— *Rois fous et Rois sages de la Maison des Valois*(Perrin).

Desfourneaux(Marcellin): *La Vie quotidienne au temps de Jeanne d'Arc* (Hachette).

Druon(Maurice): *Les Rois maudis*(Del Duca).

Duby(Georges):

—— *Le Moyen Âge*(Hachette).

—— *Histoire de France*(Larousse).

Dupuy(Micheline):

—— *Bertrand Du Guesclin*(Perrin).

—— *Le Chaos d'où est sortie la France*(Perrin).

Favier(Jean):

—— *Philippe le Bel*(Fayard).

—— *La Guerre de Cent Ans*(Fayard).

—— *De l'or et des épices*(Fayard).

—— *Le Temps des Principautés*(Fayard).

Fossier(Raymond): *Le Moyen Âge*(Armand Colin).

Frederix(Pierre): *La Mort de Charles le Téméraire*(Gallimard).

Funck-Brentano(Frantz):

—— *Le Moyen Âge*(Hachette).

—— *Ce qu'était un roi de France*(Hachette).

Gauthier(Léon): *La Chevalerie*(Arthaud).

Giono(Jean): *Le Désastre de Pavie*(Gallimard).

Hardy(Robert): *Le grand arc*(Denoël).

Hérubel(Michel): *Gilles de Rais*(Perrin).

Huizinga(Jean): *L'Automne du Moyen Âge*, précédé d'un entretien avec Jacques Le Goff(Payot).

Janssen(J.): *L'Allemagne et la Réforme*(Trad. Paris).

Labande-Maillefert(Yvonne): *Charles VIII*(Fayard).

Lahnstein(Peter): *Dans les pas de Charles Quint*(La Table Ronde, trad. de G. Fritsch-Estrangin).

Larivaille(Paul): *La Vie quotidienne en Italie au temps de Machiavel: Florence et Rome*(Hachette).

Le Cam(Anne): *Charles le Téméraire*(In Fine).

Lecat(Jean-Philippe): *Quand flamboyait la Toison d'or*(Fayard).

Lefèvre(Raymond): *Le cinquième Henri*(La Salamandre).

Le Roy-Ladurie(Emmanuel): *L'État royal*(Hachette).

Levis-Mirepoix(Antoine duc de):

—— *La Monarchie française*(Perrin).

—— *Le Moyen Âge*(Tallandier).

Lucas-Dubreton(Jacques): *La Vie quotidienne à Florence au temps des Médicis*(Hachette).

Malet(Albert) Issac(Jules): *Histoire des XIVe, XVe et XVIe siècles* (Hachette).

Michelet(Jules): *Histoire de France*(Lacroix et Cie).

Mourreau(Jean-Jacques): *Les Chevaliers Teutoniques*(Balland).

Murray-Kendall(Paul):

—— *Louis XI*(Fayard).

—— *Warwick, le Faiseur de Rois*(Fayard).

—— *Richard III*(Fayard).

—— *L'Angleterre au temps de la guerre des Deux-Roses*(Fayard).

Mollat(Michel): *Genèse de la France médiévale*(Le Seuil).

Pernoud(Régine):

—— *La Libération d'Orléans*(Gallimard).

—— *Vie et mort de Jeanne d'Arc*(Hachette).

—— *Jeanne d'Arc*(en collaboration avec Marie-Véronique Clin)(Fayard).

Petit-Dutaillis(Charles): *Histoire de la France* in *Histoire de France* de Lavisse(Hachette).

Pichon(Charles) von Matt(Léonard): *Dictionnaire des Papes*(Hachette).

Pirey Saint-Alby(Jacques): *Le Du Guesclin de la mer*(Coll. ⟨Le Masque⟩).

Quillet(Bernard): *Louis XII*(Fayard).

Savoie-Piémont(Princesse Marie-Josée de): *La Maison de Savoie*(Albin-Michel).

Schelle(Klaus): *Charles le Téméraire*(Fayard).

Schlumberger(Jean): *La Prise de Constantinople par les Turcs*(Albin-Michel).

Terrasse(Charles): *François Iᵉʳ*(Albin-Michel).

Wailly(Henri de): *La Bataille de Crécy*(Charles Lavauzelle).

Weygand(général Maxime): *Histoire de l'Armée française*(Flammarion).

가계학(家繼學)

Anselme(Père): *Histoire généalogique de la Maison de France* (Compagnie des Librairies).

Louda(Jiri) Maclagan(Michael): *Les Dysnasties d'Europe*(Préface de S.A.I. l'Archiduc Otto de Habsbourg-Lorraine. Introduction d'Arnaud Chaffanjon) (Bordas).

역사 소설

Druon(Maurice): *Les Rois Maudits*(Del Duca).

임호경
1961년생
서울대학교 불어교육과와 동대학원 불문학과 졸업
파리8대학에서 마르셀 프루스트의 소설에 대한 연구로
불문학 박사 학위 취득
현재 서울대학교 출강
역서:《들라크루아》(창해출판사)《작은 물건들의 신화》(궁리)
《신비의 사기꾼들》(궁리)《움베르토 에코 평전》(열린책들)
《조르조 바사리 평전》(열린책들) 등

문예신서
315

중세의 기사들

초판발행 : 2006년 2월 10일

東文選

제10-64호, 78. 12. 16 등록
110-300 서울 종로구 관훈동 74
전화 : 737-2795

편집설계 : 李姃昺

ISBN 89-8038-563-3 94920
ISBN 89-8038-000-3 (문예신서/세트)

【東文選 現代新書】

51	武藝圖譜通志 實技解題	正 祖 / 沈雨晟·金光錫	15,000원
52	古文字學첫걸음	李學勤 / 河永三	14,000원
53	體育美學	胡小明 / 閔永淑	18,000원
54	아시아 美術의 再發見	崔炳植	9,000원
55	曆과 占의 科學	永田久 / 沈雨晟	8,000원
56	中國小學史	胡奇光 / 李宰碩	20,000원
57	中國甲骨學史	吳浩坤 外 / 梁東淑	35,000원
58	꿈의 철학	劉文英 / 河永三	22,000원
59	女神들의 인도	立川武藏 / 金龜山	19,000원
60	性의 역사	J. L. 플랑드렝 / 편집부	18,000원
61	쉬르섹슈얼리티	W. 챠드윅 / 편집부	10,000원
62	여성속담사전	宋在璇	18,000원
63	박재서희곡선	朴栽緒	10,000원
64	東北民族源流	孫進己 / 林東錫	13,000원
65	朝鮮巫俗의 研究(상·하)	赤松智城·秋葉隆 / 沈雨晟	28,000원
66	中國文學 속의 孤獨感	斯波六郎 / 尹壽榮	8,000원
67	한국사회주의 연극운동사	李康列	8,000원
68	스포츠인류학	K. 블랑챠드 外 / 박기동 外	12,000원
69	리조복식도감	리팔찬	20,000원
70	娼 婦	A. 꼬르뱅 / 李宗旼	22,000원
71	조선민요연구	高晶玉	30,000원
72	楚文化史	張正明 / 南宗鎭	26,000원
73	시간, 욕망, 그리고 공포	A. 코르뱅 / 변기찬	18,000원
74	本國劍	金光錫	40,000원
75	노트와 반노트	E. 이오네스코 / 박형섭	20,000원
76	朝鮮美術史研究	尹喜淳	7,000원
77	拳法要訣	金光錫	30,000원
78	艸衣選集	艸衣意恂 / 林鍾旭	20,000원
79	漢語音韻學講義	董少文 / 林東錫	10,000원
80	이오네스코 연극미학	C. 위베르 / 박형섭	9,000원
81	중국문자훈고학사전	全廣鎭 편역	23,000원
82	상말속담사전	宋在璇	10,000원
83	書法論叢	沈尹默 / 郭魯鳳	16,000원
84	침실의 문화사	P. 디비 / 편집부	9,000원
85	禮의 精神	柳肅 / 洪熹	20,000원
86	조선공예개관	沈雨晟 편역	30,000원
87	性愛의 社會史	J. 솔레 / 李宗旼	18,000원
88	러시아미술사	A. I. 조토프 / 이건수	22,000원
89	中國書藝論文選	郭魯鳳 選譯	25,000원
90	朝鮮美術史	關野貞 / 沈雨晟	30,000원
91	美術版 탄트라	P. 로슨 / 편집부	8,000원
92	군달리니	A. 무케르지 / 편집부	9,000원